中国海洋大学"985工程"海洋发展人文社会科学研究基地建设经费资助
教育部人文社科重点研究基地中国海洋大学海洋发展研究院资助

环渤海经济圈低碳经济发展与环境资源耦合研究

The Coupling Research of low Carbon Economic Development and
Environmental Resources in Bohai Economic Circle

◎ 黄瑞芬／著

经济科学出版社
Economic Science Press

图书在版编目（CIP）数据

环渤海经济圈低碳经济发展与环境资源耦合研究／
黄瑞芬著 . —北京：经济科学出版社，2015.2
ISBN 978 - 7 - 5141 - 5436 - 8

Ⅰ.①环… Ⅱ.①黄… Ⅲ.①环渤海经济圈 – 节能 –
经济发展 – 研究②环渤海经济圈 – 环境资源 – 研究
Ⅳ.①F127②X372

中国版本图书馆 CIP 数据核字（2015）第 016640 号

责任编辑：段　钢
责任校对：郑淑艳
责任印制：邱　天

环渤海经济圈低碳经济发展与环境资源耦合研究

黄瑞芬　著

经济科学出版社出版、发行　新华书店经销
社址：北京市海淀区阜成路甲 28 号　邮编：100142
总编部电话：010 – 88191217　发行部电话：010 – 88191522
网址：www. esp. com. cn
电子邮件：eps@ esp. com. cn
天猫网店：经济科学出版社旗舰店
网址：http://jjkxcbs. tmall. com
北京万友印刷有限公司印装
710×1000　16 开　18 印张　320000 字
2015 年 4 月第 1 版　2015 年 4 月第 1 次印刷
ISBN 978 - 7 - 5141 - 5436 - 8　定价：56.00 元
（图书出现印装问题，本社负责调换。电话：010 – 88191502）
（版权所有　侵权必究　举报电话：010 – 88191586
电子邮箱：dbts@ esp. com. cn）

目　　录

第一章

低碳经济与耦合相关理论

第一节

低碳经济基本概念

一、低碳经济提出的历史背景

作为全球重要的环境问题之一——全球变暖，是当今世界各国必须面对的问题。在经济利益、科学水平和政治倾向等多因素的共同作用下，各国对于未来国际气候制度走向的争论一直很激烈。科学认知、经济评估和政治角逐一直是气候变化中国际论辩的焦点。最早，国际社会在开始讨论气候变化的原因时，主要关注是否是因为人类排放温室气体。这属于科学认知的层面，这种讨论多数集中在 1997 年以前。

关于这一层面的讨论，在 1996 年的 IPCC 第二次评估报告中得到明确的答复，报告认为气候变化是由于温室气体排放造成的，这一结论促使各国签订了《京都议定书》。第二阶段气候变化的讨论焦点上升到经济层面，主要是从 1998 年到 2005 年。在这一时期，国际上讨论了温室气体减排的代价以及技术可行性问题。从 2005 年 2 月开始，气候变化的国际争论逐步转向政治层面，而《京都议定书》也同时开始正式生效。政治层面的讨论主要是地缘政治大国相互之间的博弈，因为在全球气候变暖加剧的时代背景下，温室气体的排放容量也开始成为一种经济稀缺资源。所以各国为了合理使用稀缺的碳排放权资源，达到全球福利的最大化，必须进行谈判，达成共同维护的国际气候制度，进行以碳排放权为核心的气候博弈。碳排放的国际制度安排，其实质是各国最大限度地争取本国发展所需的碳排放权和发展空间。这一国际制度的安排也使政治、经济、贸易等方面的国际竞争更加激烈；由此，以节能减排、清洁能源为显著特征的低碳经济开始成为世界各国在政治、经济上新一轮的竞争焦点。

二、低碳经济概念的研究历程

联合国大会于1992年5月9日通过了《联合国气候变化框架公约》（简称《公约》），《公约》规定作为缔约方的发达国家，除了应采取措施限制自身温室气体的排放外，还应提供新的额外资金给发展中国家，以帮助发展中国家履行《公约》。但在此《公约》中并没有着重突出二氧化碳以及相应碳排放的规定。

1997年，在日本东京召开了《气候框架公约》第三次缔约方大会，在这次会议上通过了文件《京都议定书》。该文件最早提出了关于二氧化碳的排放量的标准的问题。为各个国家的二氧化碳的排放量规定了标准，此时，关于碳排放的进程又前进了一步。

在以上《联合国气候变化框架公约》和《京都议定书》两份文件组成的气候变化国际制度框架下，"低碳经济"这一概念率先由英国提出。英国能源白皮书——《我们未来的能源——创建低碳经济》，2003年由首相布莱尔发表。白皮书中为把英国从根本上变成一个低碳经济国家，设定了新的总体目标。这一目标规定：英国二氧化碳的排放量到2050年时，将比1990年削减60%。从削减二氧化碳排放量的总体目标可以看出，英国综合运用政府引导、商业激励，鼓励新兴低碳技术，制定明确、稳定的制度框架等措施，来为工业和投资者指明道路——发展低碳经济，从而转变整体经济结构。英国此举对打破世界各国在气候谈判中的僵局，对推进国际气候制度的建设起到了促进作用。

2006年10月，由前世界银行首席经济学家斯特恩推出的《斯特恩报告：气候变化经济学》提出，每年将全球GDP总额的1%进行投资，将会避免未来的经济损失5%~20%，由此呼吁全球向低碳经济转型。2007年IPCC第四次评估报告结论指出，全球未来排放趋势取决于各国的发展路径选择，越早采取行动越经济可行，各部门均有较大的减排潜力。在巴厘岛会议后，低碳经济理念备受关注。2008 年世界环境日主题为"戒除嗜好，发展低碳经济"，希望低碳经济理念能够成为各级决策者共识。2009 年哥本哈根会议的召开，是国际社会为 2012 年后的全球减排协议所做的安排，将对各国的发展模式进行重新约束或定义，低碳经济转型成为各国应对气候变化的主渠道。①

2010 年世界气候大会在墨西哥海滨城市坎昆举行，会议希望各国之间缩小分歧，避免重蹈哥本哈根会议的覆辙。

2011 年德班世界气候大会核心议题是"绿色气候基金"。2011 年 12 月，德班结束谈判，决定实施《京都议定书》第二承诺期并启动绿色气候基金。

2012 年多哈世界气候大会取得的最大成果是：最终就 2013 年起执行《京都议定书》（简称《议定书》）第二承诺期达成了一致；第二承诺期以 8 年期限达成一致。大会还通过了有关长期气候资金、《联合国气候变化框架公约》长期合作工作组成果、德班平台以及损失损害补偿机制等方面的多项决议。加拿大、日本、新西兰及俄罗斯已明确不参加《议定书》第二承诺期。

2013 年华沙气候变化大会会期比原计划拖延了一整天。经过长达两周的艰难谈判和激烈争吵，特别是会议结束前最后 48 小时，各国代表挑灯夜战，最终就德班平台决议、气候资金和损失损害补偿机制等焦点议题签署了协议。

三、低碳经济概念的界定

"低碳经济"这个说法，最早是 2003 年在英国政府发布的《能源白皮书》中第一次被提到。《能源白皮书》指出："低碳经济是通过更少的自然资源消耗和更少的环境污染，获得更多的经济产出；低碳经济是创造更高的生活标准和更好的生活质量的途径和机会，也为发展、应用和输出先进技术创造了机会，同时也能创造新的商机和更多的就业机会。"②

但是，现在对于"低碳经济"的概念，英国环境专家鲁宾斯德的阐述得到了国际上的广泛引用。他认为："低碳经济是一种正在兴起的经济模式，其核心是在市场机制基础上，通过制度框架和政策措施的制定和创新，推动提高能效技术、节约能源技术、可再生能源技术和温室气体减排技术的开发和运

---

① 庄贵阳：《低碳经济转型与城市的责任》，载于《乌蒙论坛》2010 年 4 月。
② 徐丽娜、朱瑞娜：《低碳经济的研究综述》，载于《品牌（理论月刊）》2010 年 12 月。

用，促进整个社会经济向高能效、低能耗和低碳排放的模式转型。"①

低碳经济，既包含降低碳排放的含义，又包含发展经济这方面内涵。它是在可持续发展理念的指导下，为实现经济社会的发展和保护生态环境这双重目标，将新能源开发、产业转型及制度创新和技术创新等多种手段进行综合运用，以减少能源消耗的一种新型经济发展形态。中国学者庄贵阳（2007）认为，低碳经济是通过对技术和制度进行创新，来改变人类对石化能源的依赖，从而减少温室气体（以二氧化碳为主）的排放，走低能耗、低排放、低污染的可持续发展道路。以实现能源技术创新、制度创新为核心，以减缓全球气候变暖、促进人类以可持续发展为目标的低碳经济，其实质就是提高能源效率、清洁能源结构的问题。

高广生（2009）认为，低碳经济就是一个经济发展的体系，该体系以减少温室气体排放为目标，是在可持续发展理论下的一个低碳发展模式。杨爱君（2010）认为，发展低碳经济一方面要考虑气候变化，减少二氧化碳排放；另一方面要增加经济产出，促进经济增长。中国环境与发展国际合作委员会在2009年发布的《中国发展低碳经济途径研究》中，将低碳经济界定为一个新的经济、技术和社会体系，这个体系与传统经济体系相比的优势在于生产和消费的过程中能够节省能源，减少温室气体排放，同时还能保持经济和社会发展的势头。② 贺刚（2012）也认为，低碳经济是继农业文明、工业文明之后，人类社会的又一次重大进步，它是一种以低污染、低能耗、低排放为基础的经济模式，其涉及能源利用、科技创新、产业结构调整、生产方式和生活方式及人类生存发展观念的转变等多方面内容。

低碳经济的内涵，有三种解读：一是绝对低碳，即零碳或无碳，能源供给来源于碳中型的生物燃料和无碳的核能、水能、风能、太阳能等；二是满足一定目标的低碳；三是相对低碳，即相对于国内生产总值（GDP）的增长速度，温室气体排放的增长速度要小。很明显，实现经济的正增长（GDP增长率大于零）是达到以上三种情形低碳发展的前提条件。由于各国的发展方式不同，不同的发展方式存在不同的碳排放情景，因此，如果给大气中温室气体的浓度设定一个限制范围，各国的发展路径、规模和速度肯定会受到一定的约束。对于发达国家来说（如英国等），绝对的低碳经济应该是其追求的目标；相对而

---

① 徐丽娜、朱瑞娜：《低碳经济的研究综述》，载于《品牌（理论月刊）》2010年12月。
② 庄贵阳：《低碳经济转型与城市的责任》，载于《乌蒙论坛》2010年4月。

言，发展中国家相对的低碳发展应该是其目标。低碳经济以低碳为重点，以发展为最终目的，它是要寻求一种长时间尺度的、在全球水平上的可持续发展。低碳经济为了实现在保持经济增长的同时，减少温室气体排放的最终目标，各国把大气中温室气体的浓度稳定在一个合理的水平上，这一水平能够防止气候系统受到人为干扰的威胁。

四、低碳经济与其他概念的区别

在解读低碳经济概念时，经常会出现低碳经济、绿色经济和循环经济三者的混淆。这三种经济发展模式既有区别又有联系：

相比而言，循环经济比较狭义，只考虑生产利用过程，除了强调减量、再循环利用外，不考虑整个生产过程是绿色还是低碳。相比循环经济，绿色经济的概念相对宽泛，不仅进行绿色生产，还强调绿色消费。绿色经济不仅考虑简单的再循环，还考虑环境友善。低碳经济的概念比循环经济也要宽泛，也包括了生产、消费两个方面。

低碳经济不同于绿色经济。低碳经济范围比绿色经济小，针对性特别强。而绿色经济包括了伦理、经济、环境等各方面。所以一种经济是绿色经济但不一定是低碳经济。中国关注和强调绿色经济是由于中国传统的生态环境问题尚未解决，如水污染、大气污染和固体废弃物污染等问题。从经济评价的角度来讲，对绿色经济的评价比低碳经济困难，如绿色 GDP 的核算。

低碳经济与循环经济、节能减排相比，三者虽然都在追求绿色 GDP，在实现可持续发展的道路上一脉相承，但在内涵上三者还是有所区别的。循环经济侧重于对能源和物质的高效利用，并且以"减量化、再利用、资源化"为原则。自我国"十一五"规划纲要实施后，节能减排这一说法开始被提出，其主要强调对物质资源和能量资源进行节约，并减少废弃物以及对环境有害的物质的排放。低碳经济的侧重点在于严格控制温室气体的排放。目前，高碳能源的使用量在长期仍将继续增长，在这一前提下对温室气体的排放进行控制意味深重。首先这意味着对传统高碳行业技术进行改造，并且提高能源使用率，开发新的清洁能源；其次还要发展碳捕获和利用存贮技术，建立低碳社会生活方式，推进固碳工作等。因此，以实现能源减排、产业结构升级和技术创新、制度创新以及实现人类社会发展观念的根本性转变为核心的低碳经济，将促进人类社会实现由工业文明向生态文明的跨越。

目前多数学者认为低碳经济是一种以低能耗、低污染、低排放为基础的经济发展新模式。我们认为低碳经济中有两层含义：其一是低碳：这就是说，在经济发展的过程中要注重能源的低消耗，此时的低碳并不仅仅局限于"碳"这一专有物质，还包括石油等传统能源的消耗；其二是经济：低碳经济与以往经济的不同之处就在于在经济的发展是可持续的，是建立在通过新能源技术，减少环境污染的基础之上。因此，我们可以将低碳经济定义为：以低能耗、低排放、低污染为基础，通过碳排放中的"耦合"，来达到经济持续发展的经济模式。

第二节

低碳经济的理论研究

低碳经济的发展历史并不久远，但是其重要性是无可厚非的。近些年来，国内外对于低碳经济的理论研究逐渐增多，对于如何发展低碳经济大体上有以下几种理论研究。

一、基于库兹涅茨曲线的研究

20 世纪 90 年代产生的环境库兹涅茨倒"U"型曲线（Environmental Kuznets Curve，EKC）假说，这一假说用来研究环境污染与经济增长之间的关系，这是格罗斯曼（Grossman）和克鲁格（Krueger）在研究经济发展与环境污染程度之间关系时得出的重要结论，通过研究发现当人均收入达到一定程度后，环境污染反而随着人均收入的增加而减少，用图形来形象表示就是倒"U"型，现在很多学者也利用这一理论来研究碳排放与经济之间的关系。

研究库兹涅茨曲线的常用模型是构建污染指标与 GDP 的二次或三次多项式，如下：

$$\ln E_t = \beta_0 + \beta_1 \ln GDP + \beta_2 (\ln GPD)^2 + \alpha_1 Z_t + \varepsilon_t \qquad (1-1)$$

其中，$\ln E_t$ 代表第 t 年的污染物排放量，Z_t 为环境质量的其他变量，如产业结构、技术进步等。如果公式中 $\beta_1 > 0$，$\beta_2 < 0$，那么这一假说便成立，如果出现更加复杂的情况可以构建三项式，就是在以上公式中再加入一项便可以。

在对二氧化碳与经济发展之间的库兹涅茨曲线进行研究的时候，很多国内外的学者得出了并不尽相同的结论。例如，塞尔登（Selden，1994）、宋（Song，1994）和兰扎（Lanza，2005）认为存在二氧化碳的库兹涅茨曲线（简写为 CKC），儒帕森黑特尔（Rupasinghaetal，2004）在利用美国的县级截面数据分析经济增长与环境污染关系时，使用过空间误差模型（SEM），并发现在空间计量模型基础上的 EKC 估计结果是稳健的，且模型变得更切实际。然而麦迪森（Madddison，2006）在基于空间滞后模型（SLM）检验跨国 EKC 模型时，发现人均二氧化硫的排放量和一氧化碳的排放量，都受到相邻国家排放的影响，并指出，忽略空间滞后变量会使 EKC 的估计结果产生偏移。查普曼（Chapman，1999）、里士曼（Richmond，2006）、考夫曼（Kaufmann，2006）、罗卡（Roca，2001）、理查德（Richard，2009）等国外学者在研究中均发现并不存在 CKC。

国内学者也对 CKC 进行了相关的研究。根据 IPAT 方程，刘扬、陈邵锋（2009）发现人均碳排放、碳排放强度和碳排放总量三个变量之间存在倒"U"型曲线。韩玉军、陆旸（2009）则认为不同的国家由于收入水平不同，因此存在着不同类型的 CKC。

许广月（2010）采用因素分解法来估算我国的省域碳排放量，并运用面板单位根检验和协整检验方法对两者之间的关系进行了相关研究。从而确定了我国以及各省域达到碳排放拐点的时间，为我国碳减排的规划提供了依据。在其研究中得出了东、中、西部不同的相关关系。我国及其东中部地区的人均碳排放曲线呈现倒"U"型，而西部地区的人均碳排放曲线呈现正"U"型曲线。并且还发现人均 GDP 与人均碳排放的关系，随着经济发展阶段的不同而有所不同。在我国东部和中部地区，在经济发展的初级阶段，温室气体的排放随着经济的增长而逐渐增多；而在西部地区，虽然碳排放随着经济的增长也有产生，但这些排放量可以被大自然系统本身自我净化掉。所以随着经济增长，西部地区的碳排放会减少。许广月还发现当经济发展达到一定水平时，我国东部和中部地区的人均排放量会达到其峰值，随后就开始进入一个不断减少的理想状态。而对于将发展经济作为主题的西部地区，由于存在大量的基础设施投资，使能源消费迅速增加，因此碳排放的产量也日益增多。当碳排放量超过大自然系统的自净能力时，人均碳排放也会随着经济增长的同时表现出不断增加的趋势。

在国外，很多学者也检验了温室气体排放和经济发展两者之间的环境库兹涅茨曲线，这些检验都是基于本国或世界的相关数据。结果，大多数的学者得出了污染物排放总量与经济增长呈现倒"U"型关系的结论，这些实证分析佐证了库兹涅茨曲线假说的正确性，通过这些研究也进一步地证明了进行低碳经济势在必行的一种趋势。

二、"脱钩"理论研究

"脱钩"理论是研究经济增长与碳排放之间关系的一种理论，主要是测度物质消耗与经济增长两者在工业化发展过程中，是否保持同步的关系。在社会经济发展的过程中，社会用比以往更少的物质消耗产生比以往更多的经济财富是"脱钩"概念所要表示的。"脱钩"研究主要是通过建立反映物质消耗投入与经济增长和生态环境保护之间的不确定关系的脱钩指标，来测度两者之间的压力关系。在对其 30 个成员方的 39 个指标作为整体代表进行"脱钩"研究后，经济合作与发展组织（Organization for Economic Co-operation and Development，OECD）得出其总脱钩率为 52%。

经济合作与发展组织在构建指标时，考虑的主要问题是描述环境压力与驱动力变化两者之间的关系，以及衍生政策拟定这两个主要问题。其选择的环境压力（Pressure）指标为二氧化碳排放，经济驱动力指标为 GDP，如果这两个要素之间呈现出不平行关系，则表示经济体产生了脱钩关系。经济合作与发展组织为衡量脱钩指标构建变化，首先建立脱钩指数与脱钩因子，公式如下：

$$脱钩指数 = (EP/DF)期末/(EP/DF)期初 \qquad (1-2)$$

$$脱钩因子 = 1 - 脱钩指数 \qquad (1-3)$$

其中，EP 是环境压力指标值，DF 是经济驱动力指标。

在对 1970~2001 年欧洲交通业能源和二氧化碳排放量进行脱钩研究时，塔皮奥（Tapio，2005）引入弹性概念构建脱钩指标，具体公式如下：

$$r_{v, GDP} = (\% \Delta V/V)/(\% \Delta GDP/GDP) \qquad (1-4)$$

其中，r：运输量弹性值；v：交通运输量；该弹性值表示经济增长导致运输量增加的情况。

运输量与其产生的二氧化碳排放量之间的脱钩弹性由如下公式所示：

$$m_{co_2,r} = (\%\Delta co_2/co_2)/(\%\Delta V/V) \tag{1-5}$$

将以上两个公式相乘便可以得到二氧化碳弹性如下所示：

$$t_{co_2,GDP} = (\%\Delta co_2/co_2)/(\%\Delta GDP/GDP) \tag{1-6}$$

为了界定其构建的脱钩指标，塔皮奥运用弹性值范围作为脱钩状态，例如，介于 $0\sim0.8$ 为弱负脱钩，介于 $0.8\sim1.2$ 为衰退连接，其具体关系见表 1-1。

表 1-1　　　　　　　　　　　脱钩理论关系

状态	公式	Δco_2（环境压力）	ΔGDP（经济增长）	弹性 t
负脱钩	增长负脱钩	>0	>0	>1.2
	强负脱钩	>0	<0	<0
	弱负脱钩	<0	<0	$0<t<0.8$
脱钩	弱脱钩	>0	>0	$0<t<0.8$
	强脱钩	<0	>0	<0
	衰退脱钩	<0	<0	>1.2
连接	增长连接	>0	>0	$0.8<t<1.2$
	衰退连接	<0	<0	$0.8<t<1.2$

资料来源：Tapio P. Towards a theory of decoupling：Degrees of decoupling in the EU and the case of road traffic in Finland between 1970 and 2001 J. Journal of Transport Policy，（12），2005：137-151.

三、成本与收益法

《斯特恩报告》是 2006 年英国前世界首席经济学家尼古拉斯·斯特恩编写。他首先分析了气候变化本身的经济影响证据，并探索了稳定大气中温室气体的经济内涵。

他的研究表明 2006 年时大气中的温室气体水平相当于大约 430ppm 二氧化碳，这一水平在工业革命之前仅为 280ppm，这样一个浓度足以使全球变暖摄氏半度。即使每年的二氧化碳排放没有超过现在的这一浓度，到 2050 年温室气体在大气中的存量也会比工业革命之前增加 1 倍，但是我们知道二氧化碳的排放速度每年是呈现递增的状况，可能到 2035 年便会达到 550ppm。按照这一水平，全球平均气温上升超过 2 摄氏度的概率至少是 75%，也许还会高达 99%。

《斯特恩报告》对温室气体排放，以及排放后导致全球变暖以及一系列的后果做了比较详尽的描述：从生态环境到粮食产量，从发达国家到发展中国家。在对经济产生的影响中他采用了综合评估模型，提供估计金额总计的方法来分析气候变化的风险和成本。过去的大部分正式模型把全球变暖定在 2 ~ 3 摄氏度，在这样一个温度范围内，气候变化的成本与气候不变化的全球产出相比，相当于永久失去全球产出的 0% ~ 3%。发展中国家可能会比这一数字还要高。但是斯特恩认为早期的模型对变暖的预测比较保守，他的研究表明全球变暖的温度会高于 2 ~ 3 摄氏度，因为之前的许多研究把一些最不肯定但有可能最有破坏性的影响排除在外。根据斯特恩的研究，下个世纪全球变暖可能达到 5 ~ 6 摄氏度，这样的估计将造成全球 GDP5% ~ 10% 的损失，而穷国可能还会比这一数字要大。

对于低碳经济发展的成本分析还有学者基于大卫·李嘉图的比较优势理论。根据李嘉图比较优势理论，每个国家不一定要生产各种商品，应集中力量生产那些利益较大或不利较小的商品，然后通过国际交换，在资本和劳动力不变的情况下，生产总量将增加，如此形成的国际分工对贸易各国都有利。就像每种商品都有生产成本，世界各国的生产成本不同一样，在温室气体减排方面，各国会有不同的温室气体减排成本。有的国家温室气体减排成本低，也就有国家温室气体减排成本高，而且这种温室气体减排成本也会因行业不同而不相同。因此，比较优势和比较劣势就会在减排成本低的国家或行业和减排成本高的国家或行业中产生。根据日本 AIM 经济模型测算，减少 1 吨二氧化碳的边际成本在日本境内需要 234 美元，欧洲国家需要 198 美元/吨碳，美国需要 153 美元/吨碳。要实现在 1990 年基础上减排 6% 温室气体的目标，日本的 GDP 发展量将损失 0.25%。而在发展中国家，温室气体的减排成本平均而言，仅为几美元至几十美元。巨大的减排成本差的存在，使温室气体排放量或排放权成为一种特殊的商品进行贸易成为可能，国际排放贸易也应运而生。

四、碳排放权

碳排放权是由排污权交易而来，最早有关这一方面的研究是基于科斯定理的排污权研究。本小节关于碳排放权交易的分析，将借鉴崔长彬（2009）在《低碳经济模式下中国碳排放权交易机制研究》中的分析。

通过图1-1进行说明：图中横轴代表碳排放水平和排污权，MAC代表边际治理成本，MEC代表边际外部成本。其中，MEC的斜率为正，它说明污染的边际成本是递增的，因为随着排污量的增长和环境的持续性恶化，每单位污染的增加对人及社会的危害也在慢慢增长。排污权总供给曲线L为一条垂线，由于政府是出于保护环境而非盈利目的发放排污许可证，因此用垂线表示许可证的发放数量不受价格变化的影响。排污权的总需求曲线可以用边际治理成本曲线MAC表示，因为污染者对排污权的需求主要取决于其边际治理成本。如果排污权价格高于边际治理成本，排污单位将选择治理污染；反之，如果排污权价格低于边际治理成本，排污单位将选择购买排污权，其机理如图1-1所示。

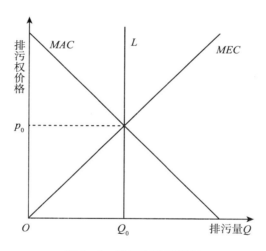

图1-1　排污权购买机制

下面将以企业碳排放为例来进一步说明这个问题。由于产权归属明确，企业的碳排放权和私人不受污染危害的权利均清晰可界定。因此，企业和私人之间可以通过谈判，来共同寻找最佳方案解决污染。一方面，由于产权清晰，企业可以将碳排放与生产效益两者相结合，根据自身碳治理成本的高低来选择买入还是卖出排放权，从而降低企业成本，增加收益；另一方面，作为生产者的企业，享有权利去利用环境资源，拥有排放权，但是如果排放量超出了一定范围，那么企业就要承担相应的赔偿责任。这种碳排放权的买卖，既能鼓励企业加强科技创新，开创使用新方法、新工艺来降低碳排放水平，又能保护环境，实现技术进步和环境保护的双赢。并且，企业之间的碳排放交易还可以使有限的环境容量资源得到合理有效的利用。

假设每个碳排放企业都具有一个初始排放权 q_i^0，那么所有碳排放企业的初始排放权的总和与环境可以容纳的排放总量必定相等。设第 i 个污染企业正常情况（即未进行任何碳削减时）下的排放量为 e_i，选择的实力水平为 r_i，根据费用最小化原则，企业决策的目标函数为：

$$(C_n)_{min} = C_i(r_i)_{min} + P(e_i - r_i - q_i^0) \qquad (1-7)$$

其中 p 是单位碳排放权的价格。令 $\dfrac{dC_i}{dr_i} = 0$ 得到 $\dfrac{dC_i(r_i)}{dr_i} = p$。

由上述公式可以看出，要使企业污染治理的总成本达到最小，只有当排放权的市场价格与企业的边际削减成本两者相等时才能够实现。企业为了实现自身的利益，使费用最小化，肯定会调整碳的削减数量，最终使排放权的市场价格与企业的边际削减成本相等，以满足有效控制污染的边际条件，即用最低成本来实现环境的质量目标。排放权的配置效应可以用图 1-2 说明。

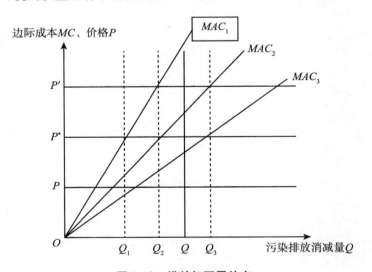

图 1-2 排放权配置效应

假定，市场由三个碳排放源即三个企业（用企业1、企业2、企业3表示）组成，其边际削减成本曲线分别用 MAC_1、MAC_2、MAC_3 表示；削减的碳数量用 $3Q$ 表示；为了简化，政府将碳排放权根据等量原则初始分配给三个企业。

如图 1-2 所示，当碳排放权的市场价格为 P' 时，P' 高于企业 2、企业 3 削减污染量为 Q 时的边际削减成本，所以企业 2、企业 3 也都希望多多减少碳排放量，同时卖出其排放权；而 P' 等于企业 1 削减排放量 Q 时的边际削减成本，企业 1 没有动机购买排放权。从整个市场看，排放权交易不能发生，因为只有卖方没有买方。

当碳排放权的市场价格为 p 时，p 低于企业 1、企业 2 削减排放量为 Q 时的边际削减成本，所以企业 1、企业 2 均愿意购买排放权；而 p 等于企业 3 削减排放量 Q 时的边际削减成本，所以企业 3 不会削减更多数量以出卖排放权。从整个市场看，排放权交易不能发生，因为只有买方没有卖方。

当排放权的市场价格是 p^* 时，p^* 低于企业 1、企业 2 削减排放量 Q 时的边际削减成本，企业 1、企业 2 将分别削减数量 Q_1、Q_2 的碳排放量，并从市场上购买 $Q-Q_1$、$Q-Q_2$ 数量的排放权；而 p^* 等于企业 3 削减排放量为 Q_3 时的边际削减成本，企业 3 愿意削减排放量 Q_3 并出售排放权数量 Q_3-Q。由于 $Q_1Q_2 + Q_2Q = QQ_3$，排放权交易实现平衡，因此交易得以进行[①]。

近年来关于排污权交易的著作逐渐增多，并且在科斯定理的排污权的基础上不断地进行丰富和发展，进而丰富并发展了科斯定理的排污权研究。蒙哥马利（Montgomery，1972）证明了市场均衡的确存在，并且整个污染控制区的联合成本在此均衡中可以达到最小化，另外，蒙哥马利还证明了排污权的初始分配与最终配置在总量控制的条件下是相互独立的。伯伦斯坦（Borenstein，1998）发现，由于生产市场的不完备性所造成的排污许可证，如果分配给效率较低的市场参与者，可能会阻碍排污许可证市场的有效配置。

碳排放权交易是基于各国政府对《京都议定书》做出减排承诺这一背景，各国的企业以二氧化碳的排放额度为标的物进行的一种交易。交易的最终目的是为了对各国二氧化碳的排放总量进行控制。一国的经济和碳排放有着"耦合"的关系，就传统经济而言，两者之间可以说是存在着某种程度上的正向相关关系，因此每个国家都希望自己的碳排放权尽可能的大。对于碳排放模型的研究，国外学者进行了大量的研究，比较著名的有四大类：（1）平等人均权利模型，这个模型是建立在平等原则的基础之上，它认为地球资源是为全世

---

　　① 崔长彬：《低碳经济模式下中国碳排放权交易机制研究》，河北师范大学硕士论文，2009 年 9 月 30 日。

界人民共有的，每个人都可以公平得到地球上的资源。（2）自然债务模型，这种观点认为碳排放所遵循的公平问题分为支付能力和基于积累人均排放的责任指数两部分。（3）基于文化观点的分配模型，这种观点认为碳排放要与二氧化碳的历史排放量相结合。（4）能源需求模型，这种观点是基于平等主义原则和差别原则以及纠正不当的不公平性原则提出，它认为我们不仅应当考虑发达国家的历史责任，更应当考虑我们对于后代的以及对于环境的责任。

通常情况下，二氧化碳排放量少于预期的公司可以出售剩余的额度，并获得回报，增加经济收益；而二氧化碳排放量超出限额的公司可以通过从市场上购买额外的许可额度，来避免政府的罚款和制裁。综合来看，碳排放交易会实现整个市场的经济利益最大化。目前，由于发达国家国内减少二氧化碳排放量的成本很高，因此，《京都议定书》建立了清洁发展机制（CDM），鼓励发达国家与发展中国家开展合作。这种合作以发达国家向发展中国家提供资金和技术的方式，向发展中国家中那些进行既满足可持续发展政策要求，又能达到温室气体减排效果的项目进行投资。通过这种方式，发达国家可以换取投资项目所产生的减排额度，作为其履行减排义务的回报。每帮助发展中国家分解 1 吨标准二氧化碳的温室气体，发达国家或企业就可以获得 1 吨标准二氧化碳温室气体的排放权。

为解决以二氧化碳为代表的温室气体减排问题，《议定书》把市场机制作为一条新路径。这一新路径是将二氧化碳排放权作为一种商品进行销售，形成二氧化碳排放权的交易（也称碳交易）。碳交易的基本原理是，买卖合同中一方支付费用给另一方以获得温室气体的减排额，购得的减排额买方可以用于减缓温室效应，从而实现其减排的目标。由于二氧化碳在 6 种被要求排减的温室气体中属于最大宗，因此碳交易的市场被称为碳市场（Carbon Market），碳交易的计算单位采用每吨二氧化碳量，通称为"碳交易"。

通过碳市场可以把碳排放市场化，碳排放空间这种稀缺资源产生最大的效益实现资源的最优配置。碳市场作为一个新型的市场，它的市场机制可能还不尽完善，市场所反映的信息（诸如价格、需求量等）还不能真正发挥到反映碳市场供求情况的作用。但是，从目前碳市场的交易量的稳定增产来看，碳市场在碳排放权的分配、能源有效利用率的提高以及经济发展的调节等方面将会发挥越来越重要的作用。

在《京都议定书》中规定了发达国家成员方的温室气体减排目标，同时也允许它们采取实现目标的两种方式：一种方式是购买减排量，另一种方式是直接开展减排活动。也就是我们所谓的碳市场。

当前，基于项目的市场（Project-based Markets）和配额市场（Allowance Markets）是全球碳市场的两个主要构成部分。

基于项目的市场中最主要的两个项目是清洁发展机制和联合履约。清洁发展机制简称CDM，是在发达国家与发展中国家之间进行的合作；联合履约简称JI，是在发达国家和中东欧经济转型国家之间进行的合作。综合来看，基于项目的市场主要是交易某一特定项目产生的温室气体减排量。其中，在基于项目的市场两个组成部分中，清洁发展机制（CDM）最具代表性，其所占的全球碳市场份额仅次于欧盟排放贸易体系（EUETS）。

配额市场主要包括以下相互独立的3个体系：欧盟排放贸易体系（EU-ETS）、新南威尔士市场（NSW）和芝加哥气候交易市场（CCX）。该市场是基于"总量控制与交易"（Cap-and-trade）机制而产生的，市场中每一个成员的温室气体排放量都被设置了一个上限，成员之间可以利用自己的减排量额度，根据单位减排成本相互进行交易。

第三节

低碳经济在中国的发展

一、融入中国特色的低碳概念

2010年1月，低碳中国论坛首届年会在北京隆重召开。该年会在"发展低碳经济、共建低碳中国"的宗旨指导下，将5月20日设立为全球"低碳日"，并出台了《2011～2020年中国低碳经济发展规划》。推动低碳产业、低碳城市发展，促进海内外的交流与合作，也是该年会的重要内容。

2010年4月，2010中国低碳经济论坛在北京举行。该论坛由金融时报、国际分布式能源联盟、中国高新技术产业开发区协会、台湾碳排放交易推广会、中国环境报、华尔街日报、美通社（亚洲）等多方机构共同举办。"低碳城市、低碳产业、低碳金融"是本次论坛的主题，以上各机构的参会者就世界以及中国后低碳金融、低碳经济的现状和未来进行了探讨，并且相互交流了相关的项目信息，分享了相关的产业经验。同一时间，在中国海南的博鳌小镇，举行了博鳌亚洲论坛。参会者由 2000 多位来自世界各地的政要、专家学者和商界精英组成。博鳌亚洲论坛的主题为"低碳能源：亚洲领先世界的机遇"。论坛深入探讨并分析了在后金融危机时期亚洲国家如何实现经济的绿色复苏，并提出了发展建议和思路。在论坛上，走绿色、低碳的可持续发展道路，获得了亚洲各国政要的一致赞成。参会者一致认为，在后金融危机时代，为共同应对全球气候环境变暖带来的挑战，亚洲各国必须在金融、消费、贸易等多领域多方面展开区域内外的创新合作，共同分享并把握新技术创新带来的发展机遇。

二、产业发展和结构调整的低碳选择

2010 年是不平凡的一年，发展低碳经济的热潮在全国如火如荼地兴起，各种论坛会议在全国各地相继举行。

2010 年 4 月 12 日，在成都召开了中国低碳经济发展论坛。参会的 500 名低碳专家与地方官员针对"什么是低碳城市、如何建设低碳城市"这一问题，对低碳城市提出了一个新的理解——"零碳成都"。论坛提出通过更多的市场元素，以及减税、抵投资税、财政担保、给予财政贴息等支持和优惠政策，吸引更多的外地低碳企业来成都发展，共同构建低碳成都。

16 日，江西省人民政府在江西南昌主办了金融环境高层论坛。"鄱阳湖生态经济区建设与区域金融可持续发展"是该论坛的主题。论坛高度关注鄱阳湖生态经济区的建设，强调努力打造良好的金融生态环境，推进江西金融业可持续发展，充分发挥金融业对鄱阳湖生态经济区建设的促进作用。论坛上，专家们还积极探索了限额碳排放交易制度的建立问题。

17 日，2010 武汉绿色地产高峰论坛以武汉房地产研究会主办、《武汉晚报》联办的方式在武汉市举行。与绿色地产低碳行动相关的问题在论坛上进行了讨论。低碳排放不仅是责任更是义务这一观点得到了与会专家的普遍认同。会议认为在低碳地产的竞争中，武汉应积极行动，紧紧抓住中部产业发展的新一轮机遇，在全国范围内争做低碳领导地位。

19 日，在上海新国际博览中心绿色橡塑行业论坛隆重举行。该论坛作为高端行业论坛与第二十四届中国国际塑料橡胶工业展览会同期举办。绿色橡塑行业论坛由雅式展览服务有限公司主办，以"绿色制造，共塑未来"为主题。

论坛汇聚了众多海内外的专家学者业界领袖和行业精英，为各界人士进行交流沟通提供了一个高效平台。低碳经济和制造业中的环保话题是绿色橡塑行业论坛关注的问题。同时，论坛也为其他行业设立了专场研讨会，如"建筑行业的绿色塑料方案"、"全球塑料行业面对可持续发展的挑战"、"包装行业的绿色塑料方案"、"汽车行业的绿色塑料及橡胶方案"、"电子信息及电器行业的绿色塑料方案"等研讨会。

5月12日，北京举行了由中国机电一体化技术应用协会主办的第四届工业自动化技术高峰论坛。该高峰论坛的主题是"低碳经济时代工业自动化核心技术创新方案"。行业主管部门的专家、领导以及中外企业的领军人物参加了会议，并深入探讨了当前中国制造业中存在的产业结构升级、结构调整以及技术创新的问题；并就企业提高产品性价比、增强自主创新能力与市场竞争力、延长产品生命周期等诸多方面提出了创新的解决方案。这对企业降低能耗、提高绩效、降低成本以及提高可再生资源的利用具有重要意义。

6月4日，以"绿色金融——创造绿金世纪"为主题的"低碳论坛2010"在北京召开。该论坛是由北京市金融工作局、北京绿色金融协会、国家发改委能源研究所和北京市东城区人民政府联合主办的。会议设立了多场专题论坛专场："低碳经济与期货市场"、"绿色金融与低碳地产"、"中澳低碳经济专场：打造'低碳经济的资本引擎'"、"哥本哈根后中国CDM市场现状与展望"等。

三、涵盖生活方式和价值观念的低碳经济

2010年4月9日，澳门环保局及澳门贸易投资促进局与中国石油和化学工业协会共同举办了低碳经济论坛。论坛一致认为发展低碳经济意义重大：首先，发展低碳经济是应对全球气候变暖，降低能耗、转变经济增长方式、提高可持续发展能力的必然要求；其次，发展低碳经济对于一国在国际竞争中取得创新优势、抢占制高点也是必不可少的。由于论坛正好在2010年澳门国际环保合作发展论坛及展览期间举办，因此，论坛的举办也受到了澳门各界的广泛关注。论坛认为在全球气候变暖的挑战下，走低碳经济道路已成为全世界的必然选择。特区政府将通过总体规划和区域合作、宣传教育、污染控制三方面措施，配合中央政府的碳减排计划，采取标本兼治、双管齐下的方针，以推动社会的可持续发展。

2010 年 4 月 14 日，2010 中国门业高峰论坛暨中国木质门诚信企业表彰大会在北京隆重举行。大会汇聚了房地产产业、木门行业的专家学者，木门行业的众多优秀企业家以及行业协会权威媒体的领导。论坛主题是"产业升级促发展、绿色品质铸名牌"。目前，中国处于转变经济发展方式的新形势下，所以论坛采取高端对话和互动的形式，通过这种形式研究新对策，探讨新途径，来实现中国木门行业的快速、持续、健康发展。王忠禹（第十届全国政协副主席、中国企业联合会会长）为大会的题词"加快林业产业发展、为国家低碳经济做贡献"使木门行业在林业产业中，以及在应对全球气候变暖、推进国家低碳经济中的重要作用得到凸显和关注。

2010 年 5 月 27 日，第 13 届中国北京国际科技产业博览会在北京举行，该博览会由教育部、国家知识产权局、科技部、商务部、中国贸促会、工业和信息化部以及北京市政府共同主办。本届科博会主题是"增强自主创新能力，加快发展方式转变"，最大热点却是"低碳"，"低碳经济"、"低碳城市"、"低碳能源"、"循环经济"、"低碳生活"等新型概念，以及低碳产业的技术创新，建设以低碳排放为显著特征的消费模式和产业体系等，各种不同层面的内容都得到了大会激烈的讨论。

2010 年 6 月 23 日，2010 第五届中国绿色财富论坛由中国环境科学学会在北京举办。关注绿色经济、低碳经济发展的人士以及环保领域的专家学者在会议上发挥了积极作用，带头研讨关于绿色经济、低碳经济的问题。其中，何为"绿色财富"及其理念，以及怎样发展绿色经济、低碳经济等诸多问题得到深刻探讨。该次大会以"推动经济转型，发展绿色经济"为宗旨，作为绿色财富的基础——绿色经济和绿色产业也得到了与会人员的重点讨论。绿色经济深入发展的战略、推进措施、人才和政策的扶持，以及投资融资问题和科学成果转换等多项议题得到了研讨与交流。

四、我国低碳政策

自 1992 年联合国环境与发展大会以后，作为一个负责任的发展中大国，我国率先组织制定了《中国 21 世纪议程——中国 21 世纪人口、环境与发展白皮书》（简称《白皮书》）。《白皮书》从我国基本国情出发，将建设生态文明确定为一项战略任务，强调要继续坚持节约资源和保护环境的基本国策，努力形成节约能源资源、保护生态环境的产业结构、增长方式和消费模式。

党的十七大报告明确提出了"要完善有利于节约能源资源和保护生态环境的法律和政策，加快形成可持续发展体制机制，落实节能减排责任制"。这表明了党中央发展低碳经济，加快可持续发展的坚定决心。

2004 年 11 月，中国政府公布的《节能中长期专项规划》对今后发展的目标进行了具体详细的规划。《节能中长期专项规划》要求在各方共同努力下，争取在 2010~2020 年的 10 年中把年均节能率提高到 3%，使能源强度在 2020 年下降到 1.54 吨标煤/万元，使近年来能源消费弹性系数大于 1 的趋势得到尽快扭转。

2005 年 2 月 28 日，《可再生能源法》正式颁布。政府会大力支持在农村边远地区对生物质能、地热能、太阳能、风能等新能源和可再生能源进行开发利用的项目；同时政府也将引入先进的风能技术，并推进多项技术示范工程，以推动风电的发展。尤其在最近几年，中国政府为了促进风电的发展，利用市场手段，开展了针对十万千瓦级风电场特许权的试点工作。

2005 年 7 月，中国、印度、韩国、美国、澳大利亚及日本六国发表了联合技术研究和开发的协定《亚太清洁发展和气候新伙伴计划意向宣言》；2005 年 9 月，中国和欧盟联合发表了《中国和欧盟气候变化联合宣言》。《宣言》提出中欧将在低碳技术的开发、应用和转让方面进一步加强合作。同时提高能源效率和促进可再生能源的开发也将是双方探讨的一个非常重要的课题。

为积极响应《京都协议书》，中国成立了国家应对气候变化及节能减排工作领导小组，发展低碳经济。国家发改委、科技部、财政部、外交部于 2005 年 11 月 30 日，联合发布《中国应对气候变化国家方案》、《清洁发展机制项目运行管理办法》，进一步明确了全球气候变化的指导思想、原则和目标，为控制温室气体排放制定有效措施。

2007 年 8 月，《可再生能源中长期发展规划》（简称《规划》）在国家发改委获得通过。《规划》提出：要充分利用经济性好、技术成熟的可再生能源，加快推进风力发电、太阳能发电、生物质发电的产业化发展，并逐步提高能源结构中优质清洁可再生能源的比例，争取到 2020 年达到 15%。《规划》制定了到 2020 年可再生能源年利用量的减排目标：二氧化硫年排放量约 800 万吨，二氧化碳年排放量减少约 12 亿吨，氮氧化物年排放量减少约 300 万吨，烟尘年排放量减少约 400 万吨，年节约用水约 20 亿立方米，约 3 亿亩林地可免遭破坏。可再生能源的开发和利用将对环境起到明显的改善作用。

2008 年 10 月 29 日，国务院新闻办公厅发表《中国应对气候变化的政策与行动》白皮书。白皮书明确指出中国将以可持续发展战略为指导，以优化能源结构、节约能源、加强生态保护和建设为重点，努力控制温室气体的排放量，不断提高自身适应气候变化的能力。

第四节

国外低碳经济发展模式

在低碳道路上，发达国家处于全球前列。主要发达国家的低碳现状主要表现在以下几个方面：首先，加强了相关立法，用法律保证低碳经济的发展。其次，重视新能源开发，积极发展低碳相关技术。再次，在国内倡导低碳生活，建立低碳社会。欧美国家通过政策引导、政府补贴等形式积极鼓励低碳技术的发展。最后，重视发挥市场的作用，开展排放权交易。欧盟在推动排放权交易方面走在世界前列。欧盟碳排放市场开始交易以来，其交易量和成交金额均稳步上升。

从国外发展低碳经济的经验来看，国外很多政府对低碳经济给予了很大的支持。在发展低碳经济的原则和方式上，发达国家先试先行。英国是低碳经济的开创者和"领头羊"，欧盟国家的低碳经济发展整体水平最高；日本将创建低碳社会放在重要位置；巴西则是南美洲积极发展低碳经济的坚定实践者。

一、英 国

英国作为低碳经济的开创者和"领头羊"，不仅是第一个提出低碳经济概念的国家，也是第一个公布"碳预算"的国家。英国气候政策的特色之一就是尽可能地利用已有的海洋资源，积极开发利用海上风能、海藻能源等新型能源，并采取激励机制促进低碳经济发展。具体措施包括：设立实施气候变化税制度、碳基金、启动温室气体排放贸易机制、推出气候变化协议等，这些具体政策之间并不是相互独立的，而是一个相互联系的有机整体。2003 年 2 月 24 日英国前首相布莱尔发表了题为《我们未来的能源：创建低碳经济》的白皮书，白皮书中对未来二氧化碳排放量的削减制定了详细的计划。计划中明确规定，为建立低碳经济社会，在1990年水平上，二氧化碳排放量到2010年减少20%，到2050年减少60%。英国政府又在2007年5月发布了新的《能源白皮书》，进一步明确了通过积极采用低碳技术、提高能效和选择燃料来实现低碳经济的能源总体战略。2007年6月，英国公布《气候变化法案》草案，法案明确承诺到2020年温室气体排放削减26%～32%，实现到2050年温室气体排量降低60%的长远目标。2007年全球第一部《气候变化法》在英国出台，英国也因此成为世界上第一个对二氧化碳排放进行立法的国家，也是世界上第一个开始征收气候变化税的国家，英国的低碳经济发展走在全世界的前列。2009年，英国作为世界上第一个通过立法形式确立、规划"碳预算"的国家，对碳排放目标与低碳发展计划进行了明确。2009年7月15日，《英国低碳转换计划》在英国又得到了正式发布，英国能源、交通和商业等部门也于当天分别公布了一系列配套方案，具体包括《英国可再生能源战略》、《低碳交通战略》和《英国低碳工业战略》等。目前，英国已经基本形成以市场为基础，以政府为主导，以全体企业、居民和公共部门为主体的互动体系。在低碳技术的研发推广、政策的建设以及国民的认知等各个方面，英国都位于世界领先水平。英国已经突破发展低碳经济的最初"瓶颈"，并走上了一条崭新的可持续发展之路。

二、日　本

立法、技术及政策三者并重是日本发展低碳经济的特色。

立法上，根据形势变化，为保障低碳经济的稳步推进，日本修改完善了现有的能源环境立法，并积极颁布了新的法律法规；1991～2001年，日本分别制定了众多法案，以大力促进低碳经济的发展。诸多法律文件如《合理用能及再生资源利用法》、《废弃物处理法》、《化学物质排出管理促进法》以及《2010年能源供应和需求的长期展望》等都是在这一期间制定的。2003年3月，为了给建设循环型低碳社会提供法律保障，促进创建循环型社会的基本计划在日本制定，并且形成了一套较为完整的法律法规框架体系。2004年5月，在公布的《新产业创造战略》中，日本将燃料电池等7个领域作为重点，制定了燃料电池的市场规模到2010年达1万亿日元，2020年达8万亿日元的目标。同年11月，日本环境省公布了一项旨在加速温室气体减排，完成《京都议定书》所规定任务的新环境税计划。根据新环境税计划，为帮助控制二氧化碳的排放量，日本每户居民每年将缴纳 3000 日元环境税。2007 年 1 月，日本政府颁布的一项旨在削减碳排放的"环境税"正式实施。

未来技术上，低碳技术的创新在日本受到高度重视。技术开发、技术使用与技术普及"三位一体"的创新机制的建立在日本也得到重点建设。目前，在许多能源和环境技术领域日本均位于世界前列，如利用发电时产生的废热、为暖气和热水系统提供热能的热电联产系统技术、太阳能与隔热材料的综合利用技术、削减住宅耗能的环保住宅技术以及废水处理技术和塑料循环利用技术等。在日本发展低碳经济中，这些技术都将成为日本的重要优势。此外，对化石能源的减排技术装备，日本还不断地进行投资，形成了国际领先的烟气脱硫环保产业，最典型的是投资燃煤电厂烟气脱硫技术装备。2007 年，为开发低碳排动力系统和燃料，日本经济、贸易和产业省共计划投资 17.2 亿美元。这新一代的动力系统和燃料的开发，有效地促进了石油消耗的消减以及二氧化碳排放量的减少。尤其值得关注的是，日本政府仍在继续投入资金来开发超越现有技术的、可为 2050 年大幅度削减全世界温室气体排放做出贡献的技术。

政策上，日本十分注重碳排放权交易制度、补助金制度，节能标签制度及领跑者制度的推行。在资金投入上，日本每年投入巨资发展低碳技术，在推动低碳经济的发展中起到"急先锋"的带头作用。根据 2008 年日本内阁发布的数字，在科学技术预算中，单独立项的环境能源技术的开发费用就达近 100 亿日元，而其中创新型太阳能发电技术的预算有 35 亿日元；在立法上，日本十分重视低碳立法工作，以法律保障低碳经济的发展。目前，日本已经形成了在能源政策基本法立法指导下的能源法律制度体系，该体系由能源利用合理化立法、煤炭立法、天然气立法、电力立法、原子能立法、新能源利用立法、石油立法等组成中心内容，其他部门法实施令等为补充。日本已经形成了金字塔型的能源法律体系。日本的能源立法既完备，又能够适应国内低碳经济发展的需要，根据国际国内形势的变化及时地做出修改。日本也成功位列世界可再生能源发展最快的国际行列。日本政府于 2009 年 4 月推出了"日本版绿色新政"四大计划。计划中规定可再生能源的利用规模从 2005 年的 10.5% 提高到 2020 年的 20%，这一要求将使日本的可再生能源的利用规模达到世界最高水平。日本非常注重以太阳能为主的可再生能源的开发利用。为降低太阳能发电系统成本，日本政府积极推进技术开发，进一步落实政府的鼓励政策，进一步加强并巩固日本在太阳能利用中世界前列的位置，这些措施都是为了大幅增加太阳能发电量。

三、美 国

美国对低碳经济政策的态度可谓起起伏伏。但是，自从奥巴马总统上台以后，美国在气候变化问题上的态度开始有了巨大转变。

奥巴马政府在上台之初就推行了著名的新能源政策：在未来 10 年内耗资 1500 亿美元刺激私人投资清洁能源，帮助创造 500 万个就业机会；在 2015 年前，以每台补贴 7000 美元的刺激政策，促使超过 100 万辆美国本土产的充电式混合动力汽车投入使用[①]。在 2025 年前，使美国的可再生能源占美国所用电能的 25%。实施"总量控制和碳排放权交易"计划，到 2050 年，在 1990 年水平的基础上，将温室气体排放降低 83%。宣布从 2012 年起对美国的污染、排放收费。奥巴马能源新政的实施，对推进美国能源结构的转变具有重大促进作用，对推动美国新能源的发展将产生重大作用。美国政府虽然没有签署《京都议定书》，但在其随后的可持续发展中，通过吸引大量的私人投资和风险资本，运用联邦法规进行生产税收减免等措施，也对积极推动美国开发、利用可持续能源、发展低碳经济起到了促进作用。美国 2006 年 9 月公布了新的气候变化技术计划战略规划，对控制温室气体的排放量，新规划将采取捕集、减少以及储存的方式来进行。为了应对气候变化问题，布什 2007 年提出"美国应对气候变化的长期战略"，在温室气体减排问题上力邀全球主要温室气体排放国设立长期目标，但是，他同时指出具体的减排比例应由各国掌握。美国参议院 2007 年 7 月提出了《低碳经济法案》，法案对减少温室气体排放的战略目标进行了设计。目标建议：2020 年时，将美国的碳排放量减至 2006 年的水平，2030 年，将美国的碳排放量减至 1990 年的水平。

在低碳技术的研发方面，作为世界上对低碳经济的研发投入最多的国家，在 2010 年年度预算中，美国划拨了 150 亿美元用于清洁燃煤技术的研究。目前，对下一代发电技术的研究、开发及示范工作美国正在加速进行，并努力建成世界上第一个零排放发电厂。

---

① 《我国低碳经济的发展对策研究》。

另外，美国政府制定了低碳技术开发计划。该计划旨在为从事低碳经济的相关机构和企业提供研发资金和技术上的指导等多方面的支持。与此同时，美国成立了专门的国家级低碳经济研究机构，在国家层面上对低碳技术的研发工作和产业化的推进工作进行统一组织与协调。

同时美国也通过差别化的税收政策来体现对发展低碳经济的支持。例如，美国政府规定了一系列税收优惠的具体事项：可再生能源中 20% ~ 30% 的相关设备费用可以用来抵税；企业对可再生能源进行投资可以享受 3 年的免税；可再生能源领域的相关企业和个人还可享受 10% ~ 40% 的税收减免；市民购买及安装地热设施、太阳能板、太阳能热水器、小型风能设备等新能源设备，可享受年终抵税；市民购买节能生物质炉、暖气等设施，可享受高额的税收减免。美国《清洁能源和安全法案》制定了"碳关税"，《法案》规定从 2020 年起对不接受污染物减排标准的国家实行贸易制裁，对不实施碳减排限额国家的输美产品征收关税。具体规定有：特定行业中碳排放强度和能耗强度比美国高的制造业企业国家；进口没有承诺严格减排目标的缔约国；没有签订行业减排协议的国家商品的进口商，均需要购买相应的排放配额。

四、德国

作为发达的工业国家，德国的环境保护技术和能源开发技术也都处于世界前列。为实现德国的可持续发展战略，德国政府制定了气候保护高技术战略，保护气候、减少温室气体排放。关于气候保护和节能减排的具体目标，德国政府采取了立法和制定约束性较强的执行机制来进行规划。德国政府大力倡导节约，积极提高能源利用效率，并投入巨额资金研究气候治理技术，实施气候保护高技术战略。为促使全国提高能源利用效率，德国政府采取了对企业进行补贴和收取生态税等一系列措施。在当前可再生能源发电成本高的背景下，德国通过对可再生能源发电进行补贴，使其可再生能源得到了快速发展。目前，德国可再生能源的发电比重为近 13%，可再生能源使用占初级能源使用的比重为 4.7%，这两项指标均已超过德国制定的 2010 年目标水平。另外，德国还积极参与国际合作，与许多国家，尤其是发展中国家，在气候保护领域开展了国际合作。在担任欧盟主席国期间，德国在欧盟与美国之间发起了"跨大西洋气候和技术行动"，该行动的重点是统一标准、制定共同的研究计划等，并且在欧盟与美国 2007 年 4 月召开的首脑会议上确定了该项行动的具体措施。

五、巴西

巴西充分利用国内的地理和资源优势，对减少温室气体排放也做出了承诺。为促进低碳经济的发展，巴西充分利用其热带气候，水资源丰富的优势，大力发展水电，其水力发电占总装机发电能力的 75%；巴西大力发展生物燃料业，并且对生物柴油的技术进行开发，并推广网络。巴西用蔗糖制乙醇替代汽油作为燃料占了 40% 的比例；另外，巴西为促进本国低碳经济的发展还推出了一系列金融支持政策。

除了以上几个国家外，瑞典、意大利等国家也采取相应的措施发展低碳经济。瑞典作为首个实行考驾照先学环保驾车的国家，积极鼓励国民使用环保型汽车，注重在生活细节中环保，这为世界上其他国家树立了榜样。意大利为对能源企业提高能源效率进行认证，推行白色证书制度或能源效率证。在全球气候变暖形势日益严峻的背景下，各个国家政府都在积极地采取相应的措施来应对，2009 年 12 月 7 日举行的哥本哈根气候会议各个国家都提出了自己的碳排放计划，对低碳经济的发展又做出了新的贡献。

第五节

耦合理论概述

一、耦合的基本含义

耦合是物理学的一个基本概念，是指两个或两个以上的系统或运动方式之间通过相互作用而彼此影响以至联合起来的现象，是在各子系统间的良性互动下，相互依赖、相互协调、相互促进的动态关联关系。[①] 概括地说，耦合就是指两个或两个以上的实体相互依赖于对方的一个量度。

---

① 王琦：《产业集群与区域经济空间耦合机理研究》，载于《东北师范大学博士论文》2008 年 10 月 30 日。

低碳经济与区域环境资源的耦合，可以看成是低碳经济与区域环境资源两个系统之间，通过各自的耦合元素产生相互作用、彼此影响的现象。

二、耦合系统概念介绍

通过协同理论，我们知道作为系统在相变点处的两类内部变量——快弛豫变量和慢弛豫变量，决定系统相变进程的根本变量是慢弛豫变量，即系统的序参量。系统内部的序参量之间的协同作用是决定系统由无序走向有序机理的关键所在，这种协同作用对系统相变的特征和规律发挥着重要作用，而度量这种协同作用的正是耦合度。所以我们可以把环渤海低碳经济发展与区域环境资源耦合度定义为：环渤海低碳经济发展与区域环境资源这两个系统根据各自的耦合元素产生的相互彼此影响的程度。耦合度的大小反映了环渤海环境资源——低碳经济系统的贡献程度与作用强度。

第六节

耦合理论的应用

一、生态学与耦合理论

"耦合"是一个相对于两个或两个以上主体之间物理关系衍生而来的概念。从生态系统学的角度来看，"耦合"是指两种或两种以上系统要素（或子系统）之间相互作用相互演变及其最后发展的结果[①]。系统的耦合和相悖反映了一个问题相对应的两方面。系统耦合表现为系统要素相互促进、紧密依存的关系，这种相互促进能使系统的生产、生态功能加强；系统相悖表现为系统要素相互破坏、相互干扰的关系，这种相互干扰使系统的生产、生态功能缩小。总之，系统耦合和系统相悖从生态位、时间和空间三个维度上在生态系统内起作用。实际上，生态系统从无序到有序、从局部到整体的发展过程就是生态系统的耦合建设；生态系统耦合建设不仅包括生态系统内各要素之间相互协调、相互促进，还

---

① 王琦：《产业集群与区域经济空间耦合机理研究》，载于《东北师范大学博士论文》2008 年 10 月。

包括系统要素之间的磨合、调控、约束甚至限制。总之，生态系统的耦合建设更加具有协调性、关联性和整体性，系统耦合是综合的升级和提高。

二、计算机科学耦合理论

耦合度是衡量多个模块间相互联系的，它是从模块外部出发来考察模块的独立性程度。耦合类型有以下几种方式：

（一）独立耦合

独立耦合指两个模块彼此完全独立，没有直接联系。它们之间的唯一联系仅仅在于它们同属于一个软件系统或同有一个上层模块。这是耦合程度最低的一种。当然，系统中只可能有一部分模块属此种联系，因为一个程序系统中不可能所有的模块都完全没有联系。[1]

（二）数据耦合

数据耦合指两个模块彼此交换数据。如一个模块的输出数据是另一个模块的输入数据，或一个模块带参数调用另一个模块，下层模块又返回参数。应该说，在一个软件系统中，此种耦合是不可避免的，且有其积极意义。因为任何功能的实现都离不开数据的产生、表示和传递。数据耦合的联系程度也较低。[2]

（三）控制耦合

若在调用过程中，两个模块间传递的不是数据参数而是控制参数，则模块间的关系即为控制耦合。控制耦合属于中等程度的耦合，较之数据耦合模块间的联系更为紧密。但控制耦合不是一种必须存在的耦合。当被调用模块接收到控制信息作为输入参数时，说明该模块内部存在多个并列的逻辑路径，即有多个功能。控制变量用以从多个功能中选择所要执行的部分，因而控制耦合是完全可以避免的。[3]

（四）公共耦合

公共耦合又称公共环境耦合或数据区耦合。若多个模块对同一个数据区进

---

①②③ 王琦：《产业集群与区域经济空间耦合机理研究》，载于《东北师范大学博士论文》2008年10月。

行存取操作，它们之间的关系称为公共耦合。公共数据区可以是全程变量、共享的数据区、内存的公共覆盖区、外存上的文件、物理设备等。当两个模块共享的数据很多，通过参数传递可能不方便时，可以使用公共耦合。公共耦合共享数据区的模块越多，数据区的规模越大，则耦合程度越强。公共耦合最弱的一种形式是：两个模块共享一个数据变量，一个模块只向里写数据，另一个模块只从里读数据。①

（五）内容耦合

内容耦合是耦合程序最高的一种形式。若一个模块直接访问另一模块的内部代码或数据，即出现内容耦合。内容耦合的存在严重破坏了模块的独立性和系统的结构化，代码互相纠缠，运行错综复杂，程序的静态结构和动态结构很不一致，其恶劣结果往往不可预测。②

第七节

低碳经济系统与环境资源系统的耦合原理

一、低碳经济系统与区域环境的耦合

伴随着人口的增长、城市化进程的加快以及经济规模的扩大，大量资源会被消耗，生态环境的压力也会随之增大，但是经济发展本身也会缓解其带来的对生态环境的压力。例如，加大对环境保护的投资、发明先进的清洁生产技术、制定更严格的政府干预政策等措施会有效地控制污染物的排放总量，从而由经济发展对生态环境产生的不良影响也会降低。正是这样两种正反力量的交互作用，区域经济对环境的胁迫机制的作用才得以发挥。

二、低碳经济系统与区域自然资源的耦合

自然资源指能够为人们所利用作为生产资料和生活资料来源的自然要素，

---

①② 王琦：《产业集群与区域经济空间耦合机理研究》，载于《东北师范大学博士论文》2008 年 10 月。

一般包括土地资源、水资源、生物资源、气候资源、旅游资源等。

从以上定义来看，既然低碳经济系统与区域环境存在耦合关系，那么低碳经济系统与自然资源也必定存在耦合关系。自然资源具有价值，是支撑经济社会的基础资源。低碳经济系统是经济社会发展的结果，自然资源支撑着或者限制着经济发展，也就意味着支撑或者限制着低碳经济系统的发展，反过来，低碳经济系统也在胁迫自然资源，这样一来，自然资源系统与低碳经济系统形成耦合系统。[1]

三、低碳经济系统同区域人力资源的耦合

环渤海经济圈内形成的低碳经济系统，地理位置比较集中，在经济圈内人员联系比较密切，相互了解比较深入，人际关系的信任度也较高，创新所需人才资源的开放性和包容性得到了提高，这有利于形成长期配合、合作攻关的稳定创新环境。低碳经济系统会促使与之相关联的人才、知识、技术、信息等要素在环渤海经济圈内聚集，这种集聚效应有利于人才在其中相互交流和学习，取长补短，从而优化整体的人才资源[2]。

第八节

低碳经济系统与环境资源系统耦合的时空规律

对于低碳经济系统与环境资源之间的耦合关系，从大空间尺度上进行求证，对指导低碳经济系统与环境资源耦合之间的规律的实证研究具有重要的理论意义。受经济发展规律制约的环渤海地区发展过程与受自然规律制约的环境资源演化过程之间，通过复杂的胁迫与约束机制，呈现耦合发展规律性，即环境资源与社会经济发展间的环境库兹涅茨倒"U"曲线以及低碳经济系统与环境资源之间的耦合曲线，如图1－3所示。该曲线是低碳经济系统与环境资源交互作用在空间序列上演化的轨迹，轨迹呈现五阶段的变化型式：Ⅰ下降、Ⅱ正"U"、Ⅲ上升、Ⅳ倒"U"和"V"再下降。

Ⅰ下降型：低碳经济系统处于初步发展时期，随着本地区经济的发展和对

---

① 黄瑞芬：《环渤海经济圈海洋产业集聚与区域环境资源耦合研究》，载于《中国海洋大学博士论文》2009年9月。

② 杨丹萍：《产业集群与技术创新的耦合机理分析》，载于《中国流通经济》2005年8月。

生态及环境的调和，生态及环境恶化指数呈下降趋势。

Ⅱ正"U"型：依托优势环境发展起来的环渤海经济圈经济发展规模逐渐扩大，生活污染和生产污染逐渐突破生态及环境的局部阈值，两者关系变为正"U"。

Ⅲ上升型：低碳经济系统进程继续加快，工农业生产规模也越来越大，粗放的生产方式对生态及环境的破坏，生态及环境恶化指数上升。

Ⅳ倒"U"型：随着生态及环境的进一步恶化，生态及环境恶化指数达到阈值，随着人们环保意识和可持续发展意识的加强，开始采用清洁生产技术和集约生产方式，各种资源的综合利用率大大提高，生态及环境恶化指数开始下降，两者之间的关系呈现倒"U"。

"V"再下降型：由于生产技术的变革，政府对污染产业发展的限制以及保护生态环境措施的实施，生态及环境质量开始好转，随着低碳经济系统度的提高，循环经济开始出现，生态及环境恶化指数开始降低。①

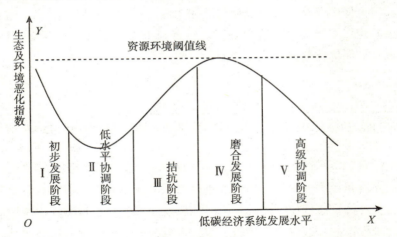

图1-3　低碳经济系统与资源环境耦合关系空间式演变轨迹

注：一个领域或一个系统的界限称为阈，其数值称为阈值。资源环境阈值线就是限定了生态环境恶化指数的上限。

---

① 黄瑞芬：《环渤海经济圈海洋产业集聚与区域环境资源耦合研究》，载于《中国海洋大学博士论文》2009年9月。

第二章

我国主要海洋经济圈低碳经济发展现状

第一节

环渤海低碳经济发展现状

环渤海经济圈广义上讲包括北京、天津、辽宁、河北、山西、山东和内蒙古中部地区，陆域面积共112万平方千米，包含城市151个，占全国城市总数的1/4，其中百万人口以上的大城市13个，占全国40%。狭义上的环渤海经济圈是指辽东半岛、山东半岛、京、津、冀为主的环渤海滨海经济带，按其带动作用，还可以辐射到山西、辽宁、山东及内蒙古中东部。陆地面积和渤海海域面积分别为51.4万平方千米、7.7万平方千米，约占中国国土面积的12%。目前，环渤海经济圈的经济总量和对外贸易占全国的1/4，在环渤海经济圈的海岸线上，大中城市众多，近20个遥相呼应，大中型企业多达数千家，大小港口星罗棋布，共包括天津、大连、青岛、秦皇岛等中国重要港口在内的港口60多个，在北京、天津两个直辖市的带动作用下，以此为中心形成的两侧扇形区域，在城市群、工业群、港口群等方面是中国乃至世界最为密集的区域之一。这些多功能的城市群体，在全国和区域经济发展中发挥着集聚、辐射、服务和带动作用，促进了环渤海地区特色经济的发展：首先，综合实力显著增强；其次，对外开放进一步扩大；最后，第三产业发展迅速。由此可以看出，环渤海经济圈将成为与长江三角洲、珠江三角洲并驾齐驱，具有旺盛活力的经济区域。

一、经济总量及能耗总量水平分析

环渤海经济圈经济总量大，在全国处于举足轻重的地位。环渤海经济圈的陆地面积共 49.87 万平方千米，占全国土地面积的 5.19%；2011 年人口约 2.46 亿，占全国人口的 18.28% 左右；环渤海经济圈国内生产总值约为 11.97 万亿元，占全国 GDP 总量的 25.31%。表 2-1 为环渤海经济圈的经济基本数据。虽然人口和面积只占全国的 18.28% 和 5.19%，但其经济总量 2011 年却占了全国的 25.31%，也就是说环渤海经济圈依靠全国 5.19% 的土地和 18.28% 的人口，为我国创造了超过 1/4 的经济总量。

表 2-1   **2011 年环渤海经济圈基本经济**

地区	人口 （万人）	面积 （平方千米）	GDP （亿元）	能源消耗量 （万吨标准煤）
环渤海经济圈	24635	49.9	119663.5	88560.52
全国	134735	960.0	472881.6	348001.66
占全国比重（%）	18.28	5.19	25.31	25.45

能源消费量是碳排放量的重要指标之一，地区标准煤的消耗量来看，其比重稍高于经济总值的比重为 25.31%，本地区传统的重工业耗煤相对其他新兴产业多。

环渤海经济圈经济总量以及占全国的比重稳步增长，见图 2-1，从图 2-1 可以看出，环渤海经济圈 GDP 总量呈逐年递增的梯度发展趋势，GDP 总量由 2007 年的 6.56 万亿元上升到 2011 年的 11.97 万亿元，GDP 增长了 82.3%。其在全国 GDP 中的比重也是上升的，由 2007 年的 24.7% 上升到 2011 年的 25.31%（见表 2-2）。

表 2-2   **环渤海经济圈 GDP 占全国比重变化**   单位：亿元

地区	2007 年	2008 年	2009 年	2010 年	2011 年
环渤海经济圈	65648.1	78447.84	86019.47	101358.52	119663.52
全国	265810.3	314045.4	340902.81	401202.03	472881.6
占全国比重（%）	24.70	24.98	25.23	25.26	25.31

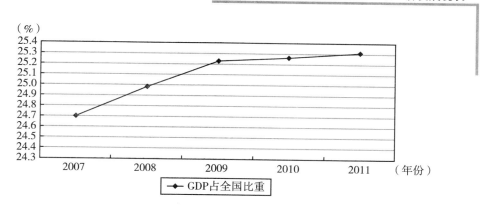

图 2 - 1   2007～2011 年环渤海经济圈 GDP 占全国比重的变化

二、人均 GDP 及人均能耗水平分析

人均 GDP 远远高于全国的平均水平。从图 2 - 2 中可以看出，2007～2011年，环渤海经济圈人均 GDP 在全国人均 GDP 之上，2007 年超出全国平均水平7900 元，到 2011 年则超出 13378 元，可以看出它和全国平均水平的差距有逐年扩大的趋势。

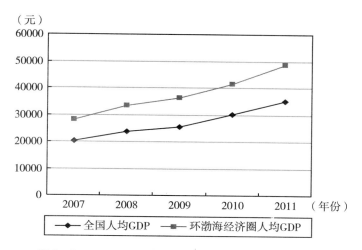

图 2 - 2   2007～2011 年环渤海经济圈与全国人均 GDP

人均能耗量高于全国的平均水平并逐渐上升。2009 年环渤海经济圈人均

能耗为 2.98 吨标准煤/人，全国平均能耗为 2.3 吨标准煤/人；2010 年环渤海经济圈人均能耗为 3.21 吨标准煤/人，全国平均能耗为 2.42 吨标准煤/人，能耗增长率比全国高 2.26%。

每亿元耗煤量高于全国的平均水平。2007~2011 年，环渤海经济圈每亿元耗煤量超过了全国的平均水平，观察图 2-3 发现与全国的差距在逐渐地缩小，截至 2011 年已经基本持平。

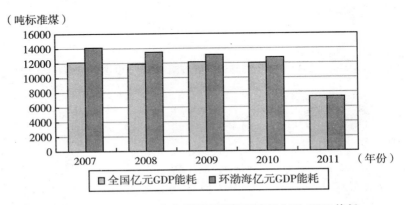

图 2-3 2007~2011 年全国及环渤海经济圈亿元 GDP 能耗

三、GDP 增长率及能耗水平增长率分析

环渤海地区 GDP 水平增长略有波动。2007~2011 年环渤海地区 5 年间的 GDP 增长速率分别为 15.76%、12.98%、12.23%、14.45% 和 13.19%，全国 GDP 的增长速率为 14.2%、9.6%、9.2%、10.4% 和 9.3%，可以发现，无论环渤海地区还是全国，2007 年 GDP 增长速度明显增快。

环渤海每万元地区生产总值能耗增长率为负值，2007~2011 年的增长率分别为 -4.81%、-6.54%、-7.28%、-4.03% 和 -17.25%，全国的增长率为 -4.84%，-5.8%、-3.57%、-4.63% 和 -23.30%，每年增长率都低于全国水平，并且都是负增长，说明我国环渤海区碳排放量从煤耗量指标来衡量是好转的（见图 2-4 和图 2-5）。

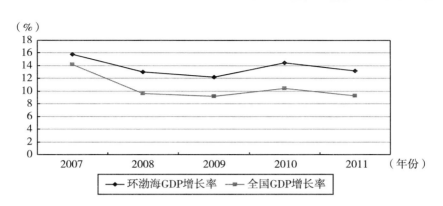

图 2 - 4 环渤海地区和全国 GDP 增长率

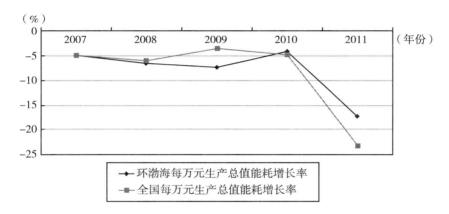

图 2 - 5 2007 ~ 2011 年环渤海地区和全国每万元生产总值能耗增长率

四、环渤海经济圈低碳产业发展状况

（一）新能源发展

低碳经济发展模式的实质是在经济发展中增加低碳能源（风能、太阳能、地热能、潮汐能等）的使用量，减轻对化石能源（煤炭、石油等传统能源）的高度依赖。尤其要注意的是，调整能源结构是实现低碳发展模式的重要途径之一。

1. 山东的新能源产业基地建设

新能源基地建设。新能源产业具有广阔的发展前景和非常巨大的潜力，属于战略性先导产业。综合考虑山东省的资源优势，研究发现从山东省自身出发，本身的能源基地主要倾向于风力和核电为主，所以构建了以风力发电、核电等为核心的建设和相关配套制造业的发展构成。

在环渤海经济圈中，山东省利用自己的区位优势积极发展风力发电、核电等新能源，促进了山东省的新能源的规模扩大，进一步加快了产业的发展步伐。这对产业结构的升级、能源结构的优化和经济发展方式的转变产生巨大的推动效果。在新能源资源有着较大的区位优势的青岛、威海、烟台等市，也正对于新能源这一新兴行业在较早的时候进行投入，新能源建设水平也处于比较高的水平，所以可以作为新能源的发展基地来进行建设。

由于地处浅海滩涂或者拥有面积较大的海岛区，因此青岛、烟台、威海、潍坊、东营等地市，具有丰富的风能资源，并且容易开发。在这些浅海滩涂或者海岛区可以利用先天的地理优势树立风机、建立测风塔，降低该区域风能的开发利用成本。另外，由于这些地市可开发的能源地呈现出一种集中性的曲线，可以对于这些区级采用集群式开发，形成规模效应和产业效益。这使电网铺设费用进一步降低，因此这些地市一直以来都是山东省发展风电的主要地区。

烟台市风电总装机容量实现 42.52 万千瓦，这在全省风电总装机容量中占比 36%，在全市电力总装机容量中占比 9.8%。与同等规模的燃煤发电厂相比，预计当风力发电量达到 8 亿千瓦时，风力发电可节约 25 万多吨标准煤，6 万吨灰渣，减少粉尘排放 2000 多吨、温室效应气体 3 万多吨。由此看出，风力发电具有十分明显的社会效益和节能减排效应。在东营市，1~7 月，有 3 户大规模的风力发电企业，风电累计完成 1.4 亿元工业总产值，1.78 亿千瓦时风力发电量，占东营市发电总量的 3%。从 2009 年开始，潍坊市昌邑、滨海、安丘等多地的风电场开始并网发电；生物质能方面，昌邑沼气发电项目和生物质发电项目等也开始并网发电，装机容量为 22.4 万千瓦。2008 年威海市已并网发电的风电装机容量就达 132750 千瓦，风电最高发电量可达全市用电负荷的 10%。如今，4 个风力发电项目在威海已经陆续并网发电。2010 年，威海的风电装机容量已达 40 万千瓦。总之，地理位置十分优越，有效风能蕴藏量丰富的山东沿海地区，具有明显的先发优势。所以山东省要以沿海地区丰富的风力资源和深厚的经济优势为依托，并加以充分利用，加快建设大规模并网风力发电场；争取到2020年，山东省风电建设规模实现1000万千瓦以上的目标。

2. 天津市的"三大板块、一个聚集区"

天津市在全国新能源产业发展中起步较早，近两年，在一批世界级新能源企业的引入下，天津市的新能源产业规模呈现出跨越式发展的特点。2009年产业总收入实现306亿元，与2005年相比增长5.1倍，年均增长57.3%，增长速度极快；产值达到240亿元，形成了3亿只镍氢电池、6亿只锂离子电池、110兆瓦光伏电池以及5600兆瓦风电整机的生产能力，其发展水平与国内其他省区市相比处于领先地位。

目前，天津市的新能源产业表现出良好的发展趋势，呈现出"三大板块、一个聚集区"的发展特点。三大板块指：绿色电池、风力发电以及太阳能电池；聚集区则指滨海高新区，其在风力发电、储藏能源、光伏产业等方面有较大的优势。目前为止，新能源产业占据整个工业产业的60%左右，有3家电力企业排名世界前五，天津已经成为我国风力发电聚集度最高的地区之一。滨海高新区作为"国家风力发电高新技术产业化基地"，拥有30家关键部件、风电整机和配套企业，并且已经形成了完整的产业系统。

（1）风力发电。2005年，天津市风力发电产业起步。目前天津市已形成了较为完善的风电产业体系，拥有6家风电整机制造商、3家风电场开发商、86家风电零部件厂商和15个风电服务机构。全球前十大风电整机制造商中，其中有五家已在天津市进行投资。天津市提供国内装机1217台，共计145.3万千瓦；实现162亿元产值，同比增长35%。目前，天津市已成为我国名副其实的"风能之都"和世界级风能产业中心，风电设备产能已占全国的1/3。

（2）绿色电池。目前，天津市绿色电池产业已占据核心位置。包括正负极材料、各种电池零部件、电解液等完整的锂离子电池产业链已形成，锂离子电池的市场份额在全国高达31.5%～38.7%，在全球也占5.7%～7%。正负极材料、电池零部件、电解液等市场份额也占全国的15%～20%。天津市拥有物理与化学电源产业基地以及国家级绿色二次电池产业基地。

（3）光伏发电。天津市引进了友达光电太阳能电池项目以及全球两大柔性薄膜太阳能电池生产企业，并且还有很多项目正在建设。由于引进国外先进企业技术，天津市在我国薄膜及聚光太阳能研发基地中处于领先地位，并且在非晶硅薄膜电池、铜铟硒薄膜太阳电池、非微叠层薄膜太阳电池等领域的研发生产中也具有较大的竞争力。

（二）低碳农业

1. 河北省大力发展低碳农业

联合国统计得出，农业尤其是农地耕种时候排放的二氧化碳等温室气体占据整个排放量的30%以上；畜牧业则占据了18%左右。而农业作为河北省的支柱产业之一，也产生了较多的温室气体。因此，发展低碳经济，促进绿色农业生产，对河北省农业的发展既是挑战也是机遇。

河北省大力发展低碳经济，尤其是农业低碳已经取得了较大的发展。国家发改委批复的《河北省农业灌溉适应气候变化行动计划建议报告》中规划，在大中型水利工程难以覆盖的地方，河北省将引导农民因地制宜地兴建一批水窖、集雨池等积水灌溉工程；在山区旱作农田每3~5亩将建成一座简易水窖、水囤、水池或其他储水设施。预计到2015年，全省计划投资将达17.5亿元，实现1000万立方米的新增旱作集雨补溉工程蓄水面积。除此之外，"土壤水库"建设、极端天气气候应急体系等工程将在河北省得到逐步实施。

发展低碳农业，实现由高碳经济向低碳经济的转变是实现农业可持续发展所必须的。河北省以低碳经济理论为指导，大力发展碳汇林业和沼气技术，发展低碳农业。首先，河北省大力发展碳汇林业。碳汇主要指森林吸收、储存二氧化碳的能力。据统计，我国每增加1%的森林覆盖率，大气中0.6亿~7.1亿吨碳就能够被森林吸收。因此，为加强碳汇林业的发展，河北省正在积极采取一系列措施。如加强植树造林、对森林植被进行保护和恢复、减少毁林、加强林业经营管理等。另外，河北省也在积极引进、发展"沼气产业化"。在先进的沼气技术的应用下，将废弃物综合利用；对畜禽废弃物进行分类搜集、综合开发、无害化处理以及资源化利用；尽力实现有机废弃物的循环利用和深度利用。发展"沼气产业化"，对节能减排，降低污染、减少温室气体排放以及发展低碳经济具有巨大的推动作用。

2. 辽宁省立体种养低碳农业

近年来，辽宁省立体种养低碳农业发展的成效已经开始显现：如首创了一种"四位一体"模式，该模式是以沼气为纽带的能源生态综合工程。沼气池、畜（禽）舍、厕所和日光温室在该模式下得到有机组合，积肥、产气同步进行，养殖、种植一举两得，能流、物流以及社会多方面的综合效益显著提升。据统计，一个大小为600平方米的"四位一体"，年产沼气可达300立方米，沼肥16立方米，出栏生猪10多头，生产蔬菜500多千克，农民增收5000元以上。

辽宁省积极实践低碳农业新模式，创新实行立体种养模式。在双汇、大江等加工企业的带领下，阜新市建成了15个千亩以上的农业园区，养殖业和有机农业、绿色农业的立体发展链条也得以建立。盘锦市建立了4个生态农业示范园区（鼎翔公司、太平农场、石山种畜场、西安生态养殖场）。其中以生产和利用水生植物为核心的西安生态养殖场，实行四级净化，五步利用，牧渔农相结合，进行资源的综合利用，实现循环经济，这种复合生态模式成为被联合国环境署命名的全球"500佳"之一。葫芦岛市在开展能源生态建设方面也不甘落后，在建昌、兴城、连山、绥中四个县（市）区中，推广"三位一体"、"四位一体"农村能源生态模式的户用沼气池多达8400户，推广太阳能采暖房6460平方米、太阳能热水器10平方米，推广高效节能组装炕连灶5万铺，连山区奶牛养殖场也建立起一个中型（100立方米）沼气池养殖小区，绥中县还建成一个秸秆气化集中供气工程，该工程可供150户农家用，这一举措既一方面提高了农业的收入，另外，也改善了环境。北票市积极推行"四位一体"生态模式，化零星养殖为规模养殖，为了改善室内种植的效率，提高供应，利用沼气发酵，将产生的二氧化碳和种植的蔬菜光合作用的氧气相结合，来提高生猪的生长环境。对于蔬菜的副产品，一方面，作为生猪的饲料；另一方面，作为原料来产生沼气。综合来看，这种模式可以有效地减少植物残留物的细菌侵染源，降低农药的使用量，最终形成一种太阳能房、日光温室蔬菜生产、养猪和沼气"四位一体"综合利用的良性循环模式。这种模式不仅节约了成本，提高了效益，并且在很大的程度上降低了废弃物的产生以及环境的污染，实现了经济效益和生态效益的统一。

3. 山东农业生态低碳绿色联盟

2013 年 8 月山东农业生态低碳绿色环保联盟是依托于第一届绿色环保农药、药肥、抗病虫种苗暨专业合作技术交流会成立的。在本次技术交流会上，山东农业生态环保学会等 20 家单位发起"加入农业生态低碳绿色联盟、参与农业环保低碳行动"的倡议，60 多位与会代表在倡议书上签字，他们代表来自山东省各地的 300 多家学会（协会）、农资企业、农民合作社和农产品生产基地。山东农业生态低碳绿色联盟将按照"节约资源和保护资源"的基本国策，围绕"生态、循环、绿色、低碳"的主题，积极推进农业的绿色发展、循环发展和低碳发展。该联盟的行动内容主要有从我做起，从现在开始，牢固树立生态文明理念，坚持低碳环保行动，带头抵制一切与之相悖的思想和行为；努力坚持生产过程、最终产品与大自然的和谐友好，推进科学、精准、高效地生产和使用农资产品，抵制盲目、粗放、浪费的农资产品投入，拒绝使用低劣、危害环境和人类健康的农化产品；努力研发高效生态、绿色低碳的农业生产资料，努力提供公众放心的安全健康农产品。

生态低碳绿色联盟未来将从五个方面开展工作：整合农业低碳环保资源，在考察、调研的基础上，积极宣传、推介环境友好型农业生产资料；组织农业环保、农业工程、农艺技术等方面的专家，对农资生产企业、农产品生产基地和农民合作社进行调查研究，分析现状、解决问题，分类指导，发挥组织力量，促进山东省生态低碳绿色农资企业和农产品基地的发展；组织各方面的技术人员协同创新、联合攻关，对重大创新和科研成果，争取政府相关部门立项，并组织实施；积极引导联盟成员之间的交流与合作，组织专题考察学习和技术培训活动；整合资源、搭建平台、疏通渠道，积极组织绿色环保农资供需和安全健康农产品生产销售方面的交流洽谈会。

（三）"低碳旅游"

1. 辽宁省"低碳旅游"

实践层面上，辽宁省"低碳旅游"已悄然兴起。旅游胜地也是最早倡导"低碳旅游"的发起者之一。早在多年前，一些旅游景区就规定禁止机动车进入，改以电瓶车代替，以减少二氧化碳的排放量。自此之后，为减少污染，提高景区环境质量，辽宁省的大部分景区也积极推进生态旅游、绿色旅游，紧跟时代潮流，不甘落后。目前，旅行社服务机构也在积极创新，推进新型旅游模式——"低碳旅游"。收获阳光、徒步、拼车、自行车旅游、隐身大自然等旅游产品设计上的内容被多家旅行社服务机构加入旅游行程中；在创办绿色饭店的理念指导下，饭店也开始逐步改善设备设施，倡导新的住店消费模式，以节能减排。据统计，使用节水龙头、宣传低碳出行的小标语在辽宁省绝大多数的餐饮业、酒店业得到了不同程度的运用；一些景区为响应"低碳旅游"也尝试举行各种活动，如辽阳市的龙峰寺景区迎来环保志愿者，倡导"低碳旅游"。

2. 山东绿色旅游饭店低碳化

旅游绿色饭店低碳化建设在山东省得到了旅游局的格外重视。2008 年 6 月，"节能减排——绿色环保行动"在全省的旅游饭店行业组织进行，该活动为期 3 年，目标在于立志实现达到国家"金叶级"或"银叶级"绿色旅游饭店标准的旅游饭店占全省旅游饭店的 80% 以上，跨入全国绿色旅游饭店行列。

使用节能节水减排技术，利用新能源新材料，广泛进行高效照明改造，减少温室气体的排放，在星级饭店得到山东省旅游局的大力支持。这一系列举措在德州市皇明微排大酒店作为试点饭店，进行了试验。山东省星级饭店行业在全省广泛开展了创建工作，积极响应国家绿色饭店低碳化的创建工作。全省绿色旅游饭店 2007 年年底达到 168 家，约占全国绿色旅游饭店总数的近 1/10，其中国家金叶级有 54 家，银叶级有 114 家。截至 2009 年年底，全省被评为绿色旅游饭店的共有 420 家。

早在 2002 年，青岛市就率先开始在全市范围内推广"绿色旅游饭店"市级标准，一批"绿色旅游饭店"按照市级标准获得了认证许可。

2005 年年初，绿色旅游饭店低碳化的创建工作在济南市开始得到全面推行。其中，山东翰林大酒店作为佼佼者，发挥了带头作用。其他酒店也积极参与：玉泉森信大酒店的中水系统，每年可节水 3.5 万吨；山东大厦的中央空调智能专家系统每年节约用电 37.5 万度；丽天大酒店对凉水塔进行改造后，耗水量与同期相比会降低 40%。诸多酒店用燃气炉替代原来耗能比较大的燃煤炉、燃油炉，这一改动使能耗下降 20% ~ 40%，其中贵友大酒店、东方大厦、丽天大酒店等都积极改用新燃气炉。"不使用六小件，就以客人名义捐赠一棵树"的活动，在银座泉城大酒店等也得以开展，该活动社会效益良好。

德州市充分利用太阳能资源，太阳能集热系统在太阳谷微排国际酒店中得到使用，顶层铺满功能众多的集热管，一方面为整个饭店提供所需的热水，另一方面也可以对冬季空调进行制热；位于楼体外层的太阳能板也得到充分利用，昼夜工作，白天主要发挥蓄热聚能的作用，晚上则点亮酒店外墙霓虹；另外，为了隔绝外界噪声并保温隔热，整个楼体使用了节能保温玻璃，外墙增加使用了保温板。

第二节

长三角地区低碳经济发展现状

长江三角洲是我国综合实力最强的区域，在我国的社会主义现代化建设全局中带动作用突出，处于重要的战略地位。自改革开放以来，通过开拓创新，锐意改革，长三角地区的经济社会实现了历史性的跨越。目前，在提升国家综合实力、增强国际竞争力方面，长三角地区充当着"主力军"的角色；也是带动全国经济实现又好又快发展的重要引擎。当前，在转型升级的关键时期，长三角地区必须着眼于国家区域发展的总体战略，进一步增强可持续发展能力和综合竞争力，从而应对复杂多变的国际金融形势。

根据 2010 年国家发改委制定的《长江三角洲地区区域规划》，长三角地区由上海市、江苏省和浙江省构成，区域面积 21.07 万平方千米。规划中长三角的核心区是由上海市和江苏省的南京、苏州、无锡、常州、镇江、扬州、泰州、南通，浙江省的杭州、宁波、湖州、嘉兴、绍兴、舟山、台州 16 个城市组成，统筹"两省一市"发展，辐射泛长三角地区。

一、经济总量及能耗总量水平分析

长江三角洲地区是我国经济活动最活跃、增长最具潜力的区域，也是中国最大的经济核心区。如表 2-3 所示，长三角地区的陆地面积共 21.07 万平方千米，占全国土地面积的 2.19%；人口约 1.5 亿，占全国人口的 11.15%，但长三角地区的 GDP 占全国比重为 21.28%，海洋产业 GDP 占全国 31.67%，长三角被誉为中国经济发展的发动机。2011 年，长江三角洲的海洋产业 GDP 为 1.44 万亿元，占长三角地区的经济总量的 14.32%，海洋产业占全国海洋产业的32.31%。其海洋产业第一、第二和第三产业的贡献率为3.38%、43.99%和52.65%，不同于环渤海经济区，其第三产业占绝对优势。长江三角洲的能源消耗总量为60397.18万吨标准煤，占全国耗煤量的18.24%，远远低于其GDP贡献率21.28%。

表2-3　　　　　　　　　2011年长三角地区基本经济

地区	人口（万人）	面积（平方千米）	GDP（亿元）	海洋产业GDP（亿元）	能源消耗量（万吨标准煤）
长三角	15027.57	21.07	100624.81	14408.4	60397.18
全国	134735	960.0	472881.6	45496	331173
占全国（%）	11.15	2.19	21.28	31.67	18.24

长三角地区经济平稳快速增长，各项经济指标均实现较大增长，高出全国水平。如图2-6所示，GDP逐年增长，且增长幅度较大，2011年GDP总值为10.06万亿元，是2005年GDP4.1万亿元的2.45倍。如图2-7所示，长三角地区能源消耗量虽然呈上升趋势，但其增长率远小于GDP的增长率，且其比重远低于其GDP在全国的比重，2007年能耗量为4.5亿吨，2011年增至5.7亿吨，增长了1.27倍。如图2-8所示，长三角GDP占全国比重稳定在21%左右，能源消耗总量占全国比重稳定在17%左右。

（亿元）

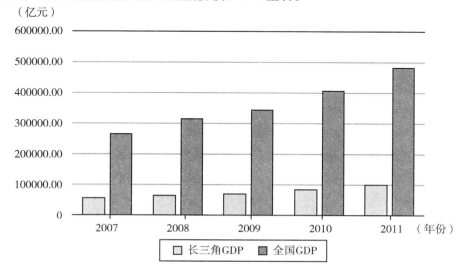

图2-6　2007~2011年长三角地区GDP

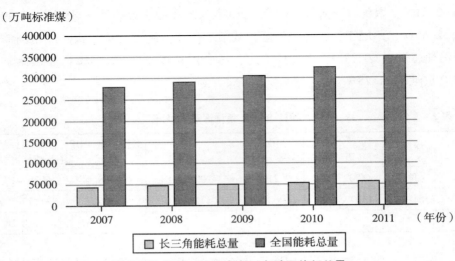

（万吨标准煤）

图 2-7　2007～2011 年长三角地区能耗总量

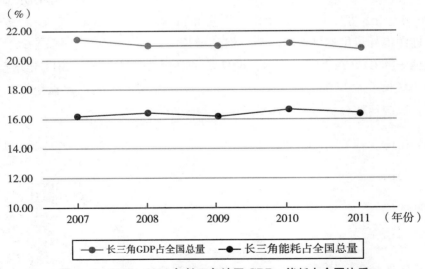

（%）

图 2-8　2007～2011 年长三角地区 GDP、能耗占全国比重

二、人均 GDP 及人均能耗水平分析

如图 2-9 所示，2007～2011 年长三角人均 GDP 远远高于全国的平均水平，且增长速度明显高于全国平均速度。2011 年长三角人均 GDP 比 2007 年增长 1.85 倍，

2007 年，长三角地区人均 GDP 是全国的平均水平的 1.67 倍，到 2011 年是全国平均水平的 1.77 倍。因此，可以得出以下结论，长三角地区人均 GDP 与全国平均水平的差距进一步拉大，这也显示出我国地区经济发展不平衡的现状。

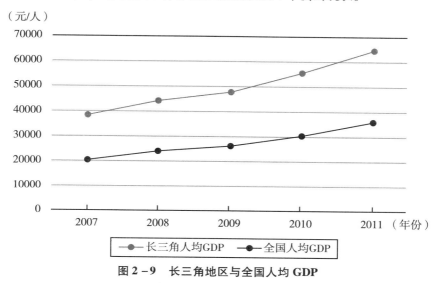

图 2-9　长三角地区与全国人均 GDP

从图 2-10 中可以看出，2007～2011 年，长三角的人均能耗量呈现出逐年下降的趋势，而全国人均能耗却呈现出逐年增长的趋势。如图 2-11 所示，2007～2011 年，在每亿元 GDP 能耗指标方面，无论是长三角地区还是全国，都呈现出下降的变化趋势，并且长三角地区每亿元 GDP 能耗要远远低于全国平均水平，下降速度也要快于全国平均水平。以上变化趋势说明，2007～2011 年长三角地区非常注重节能减排工作，低碳经济发展水平远远高于全国平均水平。

三、长江三角洲低碳产业发展现状

（一）新能源发展状况

1. 江苏省新能源发展

风能利用现状：濒临东海、黄海的江苏省，位于江淮下游，在我国属于风能资源中的较丰富区域。江苏省具有丰富的海岸线资源，长度约 954 千

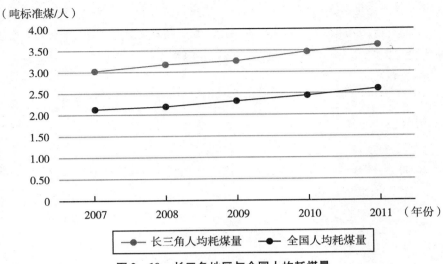

图 2 – 10　长三角地区与全国人均耗煤量

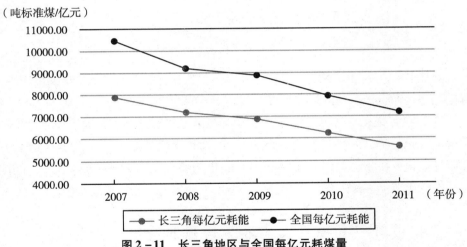

图 2 – 11　长三角地区与全国每亿元耗煤量

米，位于海岸线以外的领海、毗连区域大约有 4 万千米，而领海、毗连区域中包含的大片浅海沙洲是发展风能发电的最适合区域。国家已核准如东风电、东台风电项目、大丰风电项目。如东风电项目位于南通，一期 10 万千瓦和二期 15 万千瓦；东台风电项目和大丰风电项目位于盐城，一期均为 20万千瓦。如东风电一期 2006 年年底开始并网发电；2007 年如东二期的风电装机已达到 24. 64 万千瓦。2008 年 6 月，江苏如东 100 兆瓦风电特许权项目

（我国第一个建成投产的国家风电特许权示范项目），在江苏如东环港外滩风电场正式竣工投产。

核能利用现状：在全国，江苏省是第三个拥有核电的省份，在核电利用方面也走在我国前列。2007年5月，连云港田湾核电站1号机组（中国单机容量最大的核电站）正式投入商业运行。目前，田湾核电站2号机组也已经开始投入商业运行。田湾核电站两台机组的累计发电量，截至2008年8月16日零时已达到54.63亿千瓦时，实现累计上网电量49.53亿千瓦时。其中1号机组、2号机组分别实现累计发电量46.64亿千瓦时和7.99亿千瓦时，累计上网电量分别为42.25亿千瓦时和7.28亿千瓦时。

太阳能利用现状：江苏省太阳能资源丰富，可以进行开发利用的太阳能空间巨大，太阳能资源成为江苏省最具开发潜力的可再生能源之一。太阳能的利用主要是用来发热、发电。在太阳能发热方面，主要是制造为城乡居民供应热水的太阳能热水器。目前，江苏省太阳能热水器的技术完全实现商业化，全省太阳能热水器的面积约400万平方米。在太阳能发电方面，主要是光伏发电，光伏发电用途广泛，主要包括工业和商业，除此之外，在城市照明电源以及解决边远地区的供电等方面也运用光伏发电。目前，在光伏产业的总产量和产能两个指标上，江苏省均居全国首位。江苏省培育了一批上规模、高水平的骨干企业，如无锡尚德、南京中电、南通林洋等，共拥有发明专利20多项、自主知识产权60多项。在骨干企业的带动作用下，江苏省已经形成了相对完整的光伏产业链，产业链包括拉棒、切片、电池片、组件封装到系统集中和部分设备制造等各个环节。目前，光伏产业已成为江苏省最具发展潜力和最具国际竞争优势的高技术新产业之一，江苏省的太阳能硅电产能在全国所占的比例高达70%，在全球总量中也占1/4。

秸秆发电发展势头良好。由于气候适宜，江苏省苏北地区是一个产粮丰富的地区，因此，也是秸秆发电的主要地区。江苏省秸秆发电的主要地区如宿迁、射阳、如东、洪泽等市县都位于苏北地区。在上述市县中，有68处投入运行的秸秆气化集中供气工程，一年的供气量可以达到1500多万立方米，这些供气量可以供应1万多农户的生活用气，年利用秸秆1万多吨。一个气化站每年可生产天然气40多万立方米，这些天然气可以替代200多吨煤或40多吨液化气，200~300名农户的生活用燃料可以得到满足。秸秆气化技术，使富裕农村实现了炊事燃气化、管道化，农民的生活水平得以提高；另外，这一技术也为农作物秸秆的利用开辟了一个新途径。2008年11月，江苏省国信淮2X15兆瓦秸秆发电项目中1号机组正式投产发电，江苏省国信资产管理集团有限公司和江苏省新能源开发有限公司共同投资建设，促成了该项目，该项目投资总额约2.7亿元。另外，江苏省垃圾发电也势头良好，众多项目已建成投产，如盐城垃圾与生物质能混烧发电项目，无锡益多120兆瓦生活垃圾焚烧热电联产项目，南京、无锡垃圾填埋气发电项目均已投产。

2. 上海市新能源汽车

2011年1月，上海市正式成为电动汽车国际示范城市，而上海市嘉定区也成为电动汽车国际示范区。目前上海市是中国唯一的电动汽车国际示范城市，上海市市政府也针对电动汽车的推广制定了相应的补贴和扶持政策。有上海市居住证和沪籍身份证的市民在上海市购买新能源车最高可享受10万元的政策补助，并且还可以享受免费上沪牌的新能源车专属福利。考虑到现在一块普通沪牌（非沪C）平均7万元左右的拍卖成交价，在上海市买新能源车最多可以享受到17万元的综合优惠。为了鼓励新能源汽车的发展，上海市计划在全市范围内的营业网点、居民小区、办公基地、政府机关、公共停车场等公共区域安排建设充电桩1710个。其中，在核心区域安亭上海国际汽车城配套建设充电桩770个、上汽集团安研路基地118个、闵行交大70个。截至2012年9月，已有890个充电桩，12座各类充换电站建设完成，并且2座沪杭高速枫泾服务区城际互联充换电站也建成。"十二五"期间，全市规划建设的充电桩和各类充换电站数量分别为5000个和50座，中国（上海）电动汽车国际示范区、上海国际旅游度假区、虹桥枢纽综合商务区等示范区域是这些配套设施的主要建设场所。除了鼓励市民买新能源汽车，上海市还出现了为市民提供租车服务的公司，此外市民还可以在上海安亭国际汽车城申请免费试驾多款电动车型，在这里面有全国首家新能源车试乘试驾中心。

（二）"低碳旅游"业

上海市由于能源资源极度匮乏，因此十分注重低碳经济的发展。2010年上海世博会的园区规划中就始终贯穿了低碳理念和生态理念。如节能、生态效应，步行适宜距离以及持续利用等。在世博园区中，各国根据各自材质、功能和文化背景的不同，在国外各展馆的墙体设计，充分展示了各具特色的"低碳细节"。例如，葡萄牙馆以极具葡萄牙特色的并且可以回收的材料——软木，建成外立墙；巴西馆外墙也用可回收的木材进行装饰；丹麦馆外立面，在经济、节能的设计理念下，墙面上的孔洞可起到自然通风、调节场馆光线、夜间景观照明等功能。

2010 世博会为上海市展示各国城市的多元文化形象、融合低碳模式办博览会吸引旅游提供了一个平台。上海世博会也促进了上海旅游由传统旅游发展至新型旅游的更新换代，这其中最显著的就是"低碳旅游"。

在上海世博会开幕前两天，上海市松江佘山国家旅游度假区发起了佘山公共自行车活动，用实际行动发展"低碳旅游"。上海佘山国家旅游度假区拥有上海第一峰佘山，它是我国第一个在国家级旅游度假区中开展大规模公共自行车骑游的景区。4 月 29 日开始，公共自行车启动，4 月 30 日正式运营，最初 5 天发卡数量接近 2000 张，借车次数达到 6000 多次，最低的网点借车率也接近90％，5 天之内平均借车率最高的达 770％，单日借车率最高的竟然高达1400％，数字之大非常令人震惊。接车简单快速的服务流程大大提高了借车率，使"低碳旅游"的实现变成可能。佘山公共自行车对上海世博会中心城区中较大的游客服务压力起到了巨大的缓解作用，既锻炼体质，增强小孩的环保意识，又减低了污染的排放，一举多得。这一公共自行车骑游活动不仅带动了低碳及延伸产业，也开创了旅游服务业的新模式。

世博会激活了上海市新兴的旅游业，"低碳旅游"。现代都市会展旅游在产品开发中逐步形成旅游业的新秀；上海市应借机打造"低碳旅游"之都，积极引领国内外旅游的新潮流。

第三节

珠三角地区低碳经济发展现状

珠江三角洲地区由广州、深圳、珠海、佛山、惠州、肇庆、东莞、中山、江门、顺德、南海和番禺等十二个城市组成的城市带，珠三角地区全部为广东省省内城市，在此取广东省的低碳经济发展情况来衡量珠三角地区的发展现状。

一、经济总量及能耗总量水平分析

珠江三角洲宏观经济平稳。2011年，广东省经济快平稳发展，人均发展水平有所提高，经济初步呈现低投入、低消耗、低污染、高增长、高效益，以及城乡居民收入持续增加的"三低两高一增加"的良好局面。经济总量稳步增长，经济结构得以改善。全年进出口总额9838.15亿美元，比上年增长7.7%。其中，出口5741.36亿美元，增长7.9%；进口4096.79亿美元，增长7.4%。进出口差额1644.57亿美元，比上年增加140.49亿美元。其投资、消费、进出口协调性增强，对国外市场依赖性减弱。

广东省的国内生产总值多年来均在全国前列，对全国GDP的贡献举足轻重。珠三角地区的陆地面积共17.98万平方千米，占全国土地面积的1.87%；人口约1.05亿，占全国人口的7.8%左右，虽然珠三角的土地面积和人口数在三个经济圈中都是最小，但是珠江三角洲所在的广东省经济发展十分迅速，2011年，珠三角地区的GDP占全国比重为10.92%。

珠三角地区的标准煤消耗量为2.848亿吨，占全国耗煤量的8.61%，远低于其GDP的贡献率11.25%。可以看出珠三角的煤耗量是相对少的（见表2-4）。

表2-4 **2011年珠三角地区基本经济**

地区	人口（万人）	面积（平方千米）	GDP（亿元）	耗煤量（亿元）
珠三角	10505	18.0	53210.28	28480
全国	134735	960.0	472881.6	331173
占全国（%）	7.8	1.88	11.25	8.60

珠三角地区经济总量增长势头良好，呈逐年递增趋势。如图2-12所示，珠三角地区四年来稳定增长，GDP总量由2007年约3.11万亿元上升到5.32万亿元，增长了71.1%。其在全国GDP中的比重基本维持在11%，期间有小幅度波动。如图2-12所示，珠江三角洲的能源消耗量也呈递增趋势，但较为平缓。2007~2011年珠江三角洲能源消耗占全国的比率明显低于其GDP占全国的比率。其耗煤量占全国比重分别为8.06%、8.27%、8.46%、8.44%、8.74%和8.60%，可知此比重是相对稳定的。

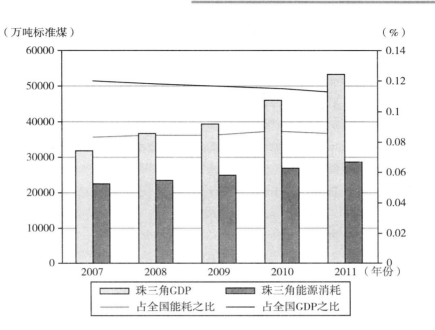

图 2 - 12　珠三角地区 GDP、耗煤量及分别占全国 GDP、耗煤量的比重

二、人均 GDP 及人均能耗水平分析

　　珠三角地区的人均 GDP 全国领先。如图 2 - 13 所示，2007～2011 年的时间序列中，珠三角地区人均 GDP 都超过了全国的平均水平，2007 年是全国平均水平的 1. 67 倍，虽然此后差距有些缩小，但到 2011 年仍然达到 1. 44 倍，远高于全国人均 GDP 水平。

　　珠三角的人均煤耗量随年产出的增加也成增长趋势。如图 2 - 14 所示，珠江三角洲的人均煤耗量由 2007 年的 23512. 54101 吨/万人增加到 2011 年的 27110. 89957 吨/万人，增长了 1. 15 倍，小于全国人均增长量 1. 21 倍。可以看出其增长率是低于全国平均水平的。

　　珠三角地区每亿元耗煤量成降低趋势。如图 2 - 15 所示，2007～2011 年，环渤海地区每亿元耗煤量都远低于全国的平均水平。2007～2011 年环渤海地区每亿元耗煤量由 84467. 67 吨降低到 62238. 53 吨，下降了 26. 3%。

（万吨标准煤）

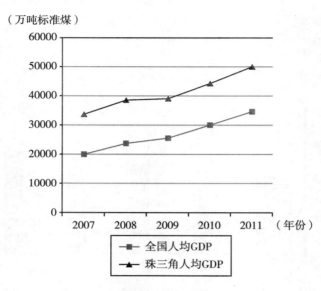

图 2－13 珠三角地区与全国人均 GDP

（吨/万人）

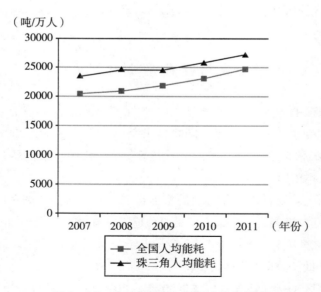

图 2－14 珠三角地区与全国人均耗煤量

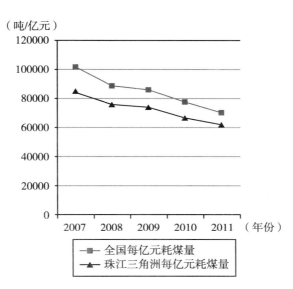

图 2 – 15　珠三角地区与全国每亿元耗煤量

三、珠三角低碳产业发展现状

珠三角经济区在推进国家低碳试点工作中，严格落实节能问责与奖惩制度，该地区的能耗水平也因此大幅下降，试点成效比较明显。2008～2012 年，珠三角地区的单位 GDP 能耗从 0.679 吨标准煤/万元下降到 0.531 吨标准煤/万元。在超额完成国家下达的"十一五"污染减排任务的基础上，2012 年珠三角地区的二氧化硫比 2010 年下降 4.75%，氮氧化物下降 1.51%，化学需氧量下降 6.73%，氨氮排放量下降 4.72%。2008～2012 年，珠三角地区还大力淘汰落后产能，钢铁、水泥、造纸产能均超额完成国家下达的任务；广东省全省累计淘汰的落后钢铁产能、水泥产能、造纸产能分别为 290 万吨、3465 万吨、66 万吨，关停小火电机组 709 万千瓦。另外，珠三角地区还大力推行建筑节能标准，2009～2012 年，该地区新增 3.67 亿平方米节能建筑，二氧化碳减排量约为 899.6 万吨。

（一）低碳交通

在交通节能方面，交通运输部将珠三角地区的广州市纳入建设低碳交通运输的试点城市。近年来，广州市采取一系列措施来系统推进交通行业节能减排，具体包括构建 15 个板块和 41 项具体措施。广州市还大力发展轨道交通，目前广州市已建成的通车地铁里程 222 千米，并且国家已经批复了新一轮的轨道建设规划，广州市尽力争取到 2016 年通车里程实现 500 千米。另外，广州市还实施中小客车总量调控政策，控制中小客车的保有量，这样将促进交通领域的节能减排。

国务院出台《节能与新能源汽车产业发展规划（2012～2020 年)》后，广东省政府严格落实，并针对自身条件提出了广东省的相关实施意见。相关实施意见包括：在珠三角地区，所有更新或新增的公交车要采用新能源汽车，到2015 年新能源汽车推广应用规模达到 5 万辆；另外，广东省对建立节能与新能源汽车产业链进行了具体的时间规划，该产业链的建设以骨干企业为核心，计划用五年左右的时间。而且计划用十年左右的时间建成节能与新能源汽车产业基地，该基地建成后应形成产业规模，并且具有位居国际前列的创新能力和品牌影响。近期，实施新能源汽车推广的应用示范工程是广东省在低碳交通方面的建设重点，广东省将大力建设一批新能源汽车推广应用示范城市，包括国家级和省级两个不同层面。

（二）"碳汇"林业

1992 年，《联合国气候变化框架公约》中正式提出了这一概念。"碳汇"是一种过程、活动或机制，该机制专门从大气中清除温室气体。森林"碳汇"交易，就是通过构建"碳汇"指标，利用市场机制由高排放地区出钱向低碳林区购买这一指标的交易。这一交易可能发生在国与国之间，也可能发生在省市区相互之间，交易的目的是通过抵消部分温室气体的排放量来达到间接减排的效果，最终实现森林生态价值的补偿。森林"碳汇"交易将森林每年的固碳量转变为具体的固碳指标，将森林生态保护和企业生产减排两者通过市场机制融合起来，实现可持续发展，其实质上是发挥了现有森林的生态功能。珠三角地区的森林"碳汇"重点造林完成 21.53 万亩，与 2008 年相比，2012 年珠三角地区的森林覆盖率增加了 1.42 个百分点，达 50.4%。

（三）新能源产业

2011 年广东省新能源产值达到 73 亿元，比 2010 年下降 1.3%。但随着国家海上风电招标政策、光伏上网电价政策等的出台，广东省在的新能源应用领域的投资迅速增长，2011 年新增项目 45 项，总投资达 235 亿元。广东省在可再生能源利用技术领域的研发和产业化方面具备优势，省内主要研发机构承担的新能源领域国家科技攻关项目占全国同类项目总数的 25% 左右，在大型生物质气化发电产业化关键技术、地热能高温热泵技术以及大型太阳能空调示范系统等领域，广东省的水平都处于国内领先，有些甚至达到国际先进水平。除了技术以外，广东省还拥有丰富的新能源和可再生能源资源：

1. 风力资源

广东省位于太平洋西岸，夏季风盛行，风力资源充足。广东省每年陆地上能开发约 600 万千瓦风能，再加上位于近海领域的风电场，广东省每年可开发风电容量达 2000 万千瓦，这一数字接近于 2020 年预计电力总装机容量的 20%。与其他可再生能源相比，广东省的风力发电技术已经成熟，可供开发风能的地区面积扩大，成本也大幅下降，因此风力发电更加具有优势。

2. 太阳能资源

广东属于亚热带地区，太阳辐射强而且濒临南海。由于纬度低，每年日照时间长、辐射总量大，广东省年均日照在 2200 小时左右，年辐射总量 4200 ~ 5800 兆焦耳/平方米，太阳能资源比较丰富。太阳能资源既节能又环保。在太阳能利用方面，广东省走在国家前列。自"十五"、"十一五"期间以来，广东省在太阳能路灯、太阳能景观灯、小型屋顶光伏系统等方面陆续展开了推广工作。"十二五"期间以来，金太阳示范项目和光电建筑一体化项目在广东省得到了积极推进，广东省的屋顶分布式光伏发电获得了较快发展。截至 2013 年年底，广东省的光伏发电装机容量约 30 万千瓦，与 2012 年年底相比增长近 3 倍。按照广东省 2015 年规划，光伏发电装机容量将实现 100 万千瓦、年发电量 10 亿度。

3. 海洋能资源

广东的海洋能资源也较丰富。海水是取之不尽的资源，主要作为制盐原料和海洋能资源。广东省沿海有 27 个县市产盐，盐田总面积 1.6 万多公顷。海洋能资源有潮汐能、潮流能和波浪能等。可开发的潮汐能资源坝址，在大陆沿岸有 23 处，理论总装机容量为 16.29 兆瓦，年总发电量为 32.24×10^6 千瓦/小时。

（四）碳排放权交易机制

2012 年 9 月，广东省正式宣布广东碳排放权交易试点启动。广东省政府先后发布《广东省碳排放权交易试点工作实施方案》、《"十二五"控制温室气体排放工作实施方案》，落实国务院应对气候变化工作的相关部署，探索低碳发展新模式。引入市场化的碳排放权交易机制，充分激发了转变发展方式的内生动力。服务于生态文明建设大局是广东碳排放权交易体系设计的总体定位。广东碳排放权交易体系的目标是在全面完成国家节能减碳约束性指标的基础上，通过体制机制创新，实现经济社会又好又快发展。自碳排放权交易试点启动后，广东省在 12 月 16 日和 19 日分别举行了首次碳排放权配额有偿拍卖和碳排放权上线交易；企业积极踊跃参加碳排放权配额有偿拍卖活动，碳排放权上线交易的活跃度也好于预期。

目前，首批参与广东省碳排放权交易的 200 多家企业，对碳排放权交易的态度已经实现了从被动接受到主动参与的转变，对碳排放权的认识上也有了很大的进步，已经将其上升为一种可经营的资产。由此看出，广东省碳排放权交易前景良好。

第四节

北部湾经济区低碳经济发展现状

一、北部湾经济区经济概况

地处中国沿海西南端的北部湾经济区，也就是广西北部湾经济区，人口 1300 多万，陆地国土面积 4.25 万平方千米，主要由南宁、钦州、北海、防城港四市所辖的行政区域组成。国家于 2008 年 1 月 16 日正式批准实施了《广西北部湾经济区发展规划》（简称《规划》）。《规划》提出把广西北部湾经济区建设成为重要的国际区域经济合作区，这是我国第一个国际区域经济合作区。广西北部湾经济区地理位置重要，处于我国对外面向东盟开放合作和对内实施西部大开发的重点地区。它的快速发展，能够继续推进国家实施区域发展的总体战略，并有力地推动互利共赢开放战略的践行。

2012 年，广西北部湾经济区生产总值 4316.36 亿元，占广西的 33.12%。其中南宁市 2012 年 GDP2503.55 亿元；北海市 2012 年 GDP630.80 亿元；防城港市 2012 年 GDP457.53 亿元；钦州市 2012 年 GDP724.48 亿元。环北部湾经济圈区位优势包括：交通便利，临近国际海运交通线，陆海空交通发达；人口密集，劳动力丰富；市场广阔，临近东盟市场；政策优势，广西北部湾经济区有国家西部大开发、沿海开放、少数民族自治、边境地区开放等政策，是我国目前政策最优惠的地区之一；资源丰富，南海油气、渔业等资源丰富。广西北部湾港已建成泊位 234 个，万吨级以上 63 个，拥有集装箱班轮航线 30 多条，每周 50 多个班次，与世界 100 多个国家和地区 200 多个港口通航，海运物流网络已伸向全球。2012 年完成货物吞吐量 1.74 亿吨，其中集装箱 82.43 万 TEU。广西北部湾经济区背靠大西南，沿海、沿边、沿江，向南面向东南亚，向东与广东、香港、澳门相邻，是中国西部地区中唯一沿海的区域，在中国东、中、西三大地带中属于交汇地点，更是西南最便捷的出海大通道，在中国对外开放、走向东盟以及面向世界的进程中处于重要门户和前沿地位。

此外，在经济和政治上，广西北部湾经济区也意义重大。在经济上，处于华南经济圈、西南经济圈和东盟经济圈的结合部，属于多个经济合作区，如泛北部湾经济合作区、中国—东盟自贸区、泛珠三角经济区、大湄公河次区域、中越"两廊一圈"等。在这些国内外区域经济合作中，广西北部湾经济区居于不可替代的战略地位。在政治上，在促进中国与东盟进行全面合作，以及促进中国沿海与东盟国家进行陆上交往的过程中，广西北部湾经济区起到重要桥梁和枢纽的作用。

北部湾经济区拥有 1629 千米的海岸线，规划港口岸线 267 千米。拥有丰富的海洋、矿产、旅游、淡水、农林等资源，是适宜布局现代港口群、重化产业群的区域。2012 年沿海港口吞吐能力达 1.74 亿吨，现有生产性泊位 240 多个，其中万吨及以上泊位 61 个，在建 20 万吨级、30 万吨级泊位和航道，与 100 多个国家和地区、200 多个港口通航，航线直达泰国、越南、新加坡等东盟国家。到 2015 年，将实现吞吐能力 3.36 亿吨以上，其中集装箱吞吐能力 400 万标准箱，全面打造面向东盟的区域性国际航运中心和交通大枢纽。

二、经济总量及能耗总量水平分析

2011 年广西生产总值增长 13% 左右，高于预期目标 3 个百分点左右；财政收入增长 25.5%，高于预期目标 12.5 个百分点；全社会固定资产投资约增长 30%，高于预期目标 10 个百分点。北部湾经济区 2011 年 GDP 总量为 3770.17 亿元，约占广西 GDP 总量的 15%，比 2010 年增长 23.9%，为广西增长速度最快的地区。北部湾经济区 GDP 总量约占全国总量的 0.79%，然而能源消耗总量仅为全国的 0.37%，说明能源利用效率要高于全国平均水平（见表 2 - 5）。

表 2 - 5   2011 年北部湾经济区及能耗概况

地区	人口 （万人）	面积 （平方千米）	GDP （亿元）	能源消耗量 （万吨标煤）
北部湾经济区	1227.64	4.25	3770.17	1288.70
全国	134735	960.0	472881.6	348001.66
占全国比重（%）	0.91	0.44	0.79	0.37

从图 2 - 16 可知，2006 ~ 2011 年，随着经济的突飞猛进，广西能源消费量呈现出快速增长趋势，其中能源消费量的增长速度远远高于能源生产量，能源生产量水平较为稳定。近几年，北部湾地区正在努力建设可再生能源开发项目，有效地解决了广西能源生产不足的难题。

三、北部湾经济区产业结构

2010 ~ 2012 年，北部湾经济区三次产业均实现了稳步的提升，其中第三产业产值均高于第一产业和第二产业。在我国的西部经济区中，如图 2 - 17 所示，理想的"三二一"的产业结构排序在广西北部湾经济区已经实现；从产业结构的合理性来看，广西北部湾经济区"三二一"的产业结构优于成渝经济区的"二三一"产业结构。近几年，北部湾经济区逐渐甩开简单粗放的产业转移式发展方式，依托创新设计，导入新型产业，培育新兴市场，完善产业

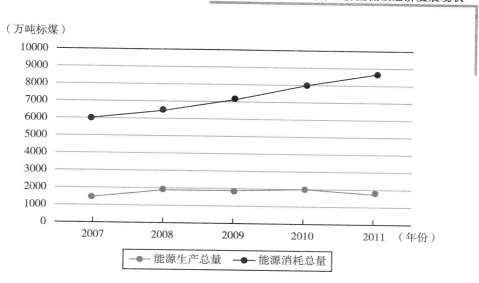

图 2－16　广西壮族自治区能源生产及消费状况（万吨标煤）

链建设，进一步促进了北部湾经济的转型升级。广西北部湾经济区目标成为中国—东盟开放合作的物流基地、加工制造基地、商贸基地和信息交流中心，成为带动和支撑西部大开发的重要战略高地，成为辐射力强、开放度高、经济繁荣、生态良好、社会和谐的重要国际区域经济合作区。北部湾经济区成为继珠三角、长三角之后崛起的经济增长热点地区之一。

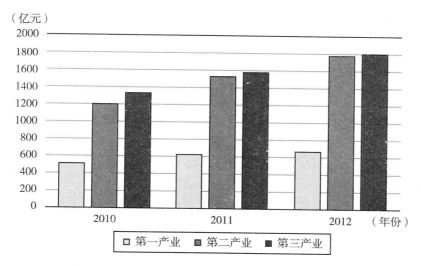

图 2－17　2010～2012 年北部湾经济区三次产业产值

四、北部湾经济区低碳产业发展现状

(一) 北部湾经济区低碳能源开发状况

北部湾地区三面被陆地环抱，一面朝海，面积接近 13 万平方千米。北部湾水深为 10～60 米，从湾顶向湾口逐渐下降，海底结构比较单纯，较平坦，属于新生代的大型沉积盆地，丰富的石油和天然气资源蕴涵在厚达数千米的沉积层中。

广西在 2006 年被国家发展改革委列入了可再生能源利用示范省（区），这一举措对推动新能源产业在北部湾经济区的发展发挥了重要作用。近些年，结合本地区在资源和区位上的优势，北部湾经济区，采取了诸多措施加快新能源建设。大力开发利用各种新能源，如风能、太阳能、核能及生物质能等。

1. 开发利用沿海风电

广西临海风能资源比较丰富，主要分布在沿海海拔较高的相对孤立的山区和北部湾地区。北部湾经济区海域的风能资源一般分布在沿海岸线一带，距离海岸 2 千米以内的沿海岛屿和平坦开阔的滩涂地区。在这些风能资源分布丰富的沿海地区，发展风力发电具有非常广阔的市场前景。广西政府在"十二五"规划中编制了海上风力发电规划。在政府政策的支持下，北部湾经济区应加快风力发电项目的建设，加大投资力度。推进广西首个高山风电场——金紫山项目建设，以及全州天湖风电工程、容山风力发电项目、北海西场等其他风电场项目。在发展沿海滩涂地区风电的基础上，进一步完善海上风电场的规划，待机建设海上风电场。

2. 适当发展太阳能产业

一般来说，根据全国各地区接受太阳总辐射量的多少，我国的太阳能资源在全国分为五类地区：最丰富地区、较丰富地区、中等地区、较差地区、最少地区。虽然，在我国太阳能资源的分区中，广西地区属于第四、第五类地区，但是，由于该地地理纬度在全国极低，太阳辐射的强度大。因此，在北部湾地区，太阳能的开发利用也极具价值和意义。积极推广太阳能热水器、太阳能温室、太阳房、太阳灶的使用，将太阳辐射能转换成热能。推进太阳能光伏发电、太阳能路灯等光电转化技术，积极将太阳辐射能转换成电能。加快对太阳能的利用，做好光伏发电项目的建设工作，在荒漠化地区推进太阳能光伏并网发电站的建设，尽量解决无电户的用电问题，最大限度地用风能替代传统火电，促进北部湾地区低碳经济的发展。

3. 积极发展核电

北部湾经济区目前正在积极稳步地推进核电项目建设，其中包括平南白沙和防城港红沙两个核电项目。并且力争到 2015 年，努力实现 400 万千瓦的核电投产规模；核电开发总规模到 2020 年，力争达到 1800 万千瓦，投产规模实现 1200 万千瓦。预计 2015 年，防城港核电站一期工程将建成投运，该工程投入运行后每年可提供 150 亿千瓦时电力，全社会总产出和相关行业总产出将被带动增长约 140 亿元和 700 亿元。另外，与同等规模燃煤电站相比，一期工程 2 台机组建成后，每年电煤消耗将减少 600 万吨，这将使"北煤南运"给交通运输带来的压力得到有效缓解；该工程将使二氧化碳排放量减少约 1482 万吨、二氧化硫和氮氧化物排放量减少约 13.64 万吨，巨大的环保效益相当于新增森林 9.82 万公顷，这对中国温室气体减排目标的实现，保护生态环境，将发挥积极作用。

4. 积极开发生物质能

广西十分注重对生物质能源的研究和开发利用，最早是从薪炭林开始，在全区建立多个薪炭林基地。近年来，以已经种植的木薯、油桐为基础，开始重点发展林业生物柴油树种。北部湾经济区在制造生物柴油、燃料乙醇，利用生物质能发电、发展生物质颗粒燃料以及沼气工程等方面取得了很大成绩。根据《广西新能源产业发展规划》，广西争取到 2020 年平均每 3～4 个县建设 1 个生物质发电项目。北部湾经济区在此政策号召下也因地制宜地发展生物质发电项目。例如，在燃料乙醇的生产方面，2007 年中粮集团在北海的 20 万吨燃料乙醇项目隆重开工。2011 年，利用生物质能（蔗渣）发电的项目——广西扶南生物能源有限公司正式开工，规模相当宏大。该项目为广西为发展生物质能重点推进的建设项目，利用糖厂废弃物作为主要燃料，是可再生的生物质能源。广西北部湾地区拥有丰富的可再生生物质能资源，具有很强的区位优势，这使该地区生物质能的开发利用具有非常广阔的市场前景。

（二）北部湾经济区"低碳旅游"业发展状况

"低碳旅游"是低碳经济下出现的一种新型旅游方式，这种新的旅游方式的产生为旅游业实现永久发展这一目标提供了保证。北部湾地区旅游资源丰富，自然景色多姿多彩，人文景观历史悠久且数目众多。依托丰富多彩的旅游资源北部湾地区形成了海滨旅游、民族风情旅游、森林旅游、边境旅游"四位一体"的旅游特色。作为广西的首府——南宁市，是自治区政治、经济、金融、文化、信息的中心。南宁市利用自身的优势，以"国际民歌艺术节"为切入点，大力发展都市风光旅游。目前，市区、郊区、周边地区几个层次的休闲旅游带在南宁市已经形成。"十一五"期间，全市接待入境旅游者由2005年的8.33万人次增加到2010年的16.75万人次，年均增长14.99%；国际旅游收入由2459.95万美元增加到5570.64万美元，年均增长17.76%；接待国内旅游者由1623.47万人次，增加3705.03万人次，年均增长17.94%；国内旅游收入由83.26亿元增加到234.1亿元，年均增长22.97%。

为了加快"低碳旅游"业发展，南宁市对生态环境的综合治理进一步加强。严禁居民和游客堆积、倾倒垃圾在江河两岸、河水中及旅游区附近；南宁市及各县城对噪声污染也严加监管，城区禁止汽车鸣笛，车辆进入景区后也限鸣喇叭；对于乡村旅游点的节柴灶和沼气池建设大力推进，改善环卫设施。

此外，南宁市引入绿色景区、绿色饭店、绿色产品、绿色经营的旅游业"四绿"理念，使旅游与环保相结合。促进形成"低碳旅游"方式，形成新型低碳机制。即通过旅游业发展，对其他产业产生良性替代，形成产业补偿，从而达到既节能减排又促进发展的双重目标。推进"绿色饭店"建设，倡导绿色消费，减少一次性用品的使用，在确保设施和服务不降低标准的前提下，物品尽可能地反复使用。推行建筑节能，采用太阳能、节能灯等节能技术，鼓励减少空调的使用。采用环保型旅游车船代替能耗高、污染大的车辆和游船，促进旅游交通节能，减少单位碳排放量。支持旅游企业积极利用新能源新材料，广泛运用节能节水减排技术，积极发展循环经济。采用绿色环保材料改造或新建景区、饭店等硬件设施；采取减震、隔音等手段降低游览区域噪声；大力推广应用以太阳能、电能、风能及水能等绿色能源为动力的设备；有效回收利用废弃物，促进游览区能源的循环使用；利用生物技术，对宾馆饭店等产生的污染进行防治；应用现代环保节水新技术，实现水资源的可持续利用。支持和引导乡村旅游点发展农村循环经济。按照变废为宝、循环利用、节约能源、优化环境的原则发展乡村旅游，促进乡村旅游点物质能量转换和资源循环利用，提高资源利用率、增加经济效益，实现人口、资源和环境三者的良性循环。加强重要生态功能保护区建设，促进生物多样性保护，加强南宁市城市生态环境建设和保护，切实加强城镇和农村生态环境保护，加强封山育林、植树造林，实施通道绿化工程。

（三）广西北部湾经济区低碳物流的发展现状

随着低碳经济在世界范围内的广泛发展，低碳的理念已经深入了各个领域，"低碳物流"的概念也应运而生。北部湾经济区保税物流体系初具规模，服务西南、华南、中南，面向东南亚的北部湾供应链日益完备。南宁保税物流中心、钦州保税港区、凭祥综合保税区等相继建成并全部投入运营，北海出口加工区扩建 B 区也获得国务院正式批准，一批现代物流园区已经建成。

在现代产业中，物流业已经成为国民经济的基础性产业之一。与我国东部经济发达省份比较，广西的产业结构比较单一，经济生产能力不足。北部湾物流业的发展可以改善广西产业结构单一的缺点，优化产业的区域性布局，提高经济竞争力。广西北部湾经济区处于多个区域合作交汇点，国内包括泛北部湾经济合作区、泛珠三角经济区、西南六省协作区，国际合作区域包括中越"两廊一圈"经济区、中国—东盟自由贸易区、大湄公河次区域等，这种区位优势使得北部湾经济区不仅可以与国内的一些地区实现技术交流、资源共享；更可以充分利用区位优势与东南亚一些国家进行交流，引入国外人才和资金，实现优势互补。自 2008 年 1 月，《广西北部湾经济区发展规划》被国家批准实施以来，北部湾地区的低碳物流业发展迅速。经过几年的发展，逐步形成了以作为交通枢纽和物流中心的南宁为核心，以防城港、钦州港、北海港、东兴、凭祥为主要发展城市的物流业布局。尽管北部湾经济区物流业的发展已经取得了长足的进步。但是该地区的低碳物流发展水平较低，节能低碳的物流技术普及率低。北部湾地区物流体系并没有建立在高效低碳的基础上，高效低耗核心物流企业和基地尚未形成，与现代物流配套的公路、物流装配、信息网路并没有形成，北部湾地区目前并不能满足低碳物流发展的需要。要发展低碳物流业，物流企业需要节能减排、采用绿色低碳技术，加快低碳物流业的发展。

（四）北部湾经济区低碳海水增养殖业的发展现状

发展低碳海水养殖，北部湾经济区具有先天优势。首先，北部湾属于亚热带地区，冬温夏热，降雨量充沛，并且季节分配比较均匀，丰富的贝类资源在广西北部湾水域分布；北部湾的海珍品（以海底的沉积物为生）如沙虫（方格星虫）、泥虫，可以利用沉积物中的有机碳，从而降低有机碳含量，使海底向空中排放的有机碳含量降低，起到保护环境的作用。其次，北部湾经济区具有丰富的浅海和滩涂资源。广西沿海 0～5 米、5～10 米、10～20 米等深线的面积分别约 13.48 万公顷、21.33 万公顷和 48.9 万公顷。并且，浅海和滩涂较小的坡度和沙质或沙泥底为主的底质，有利于方格星虫等的养殖，从而使碳汇渔业所占的比例增加。

另外，初级生产力较高。具有亚热带季风海洋气候的北部湾经济区，光热充足，雨水充沛，珠江等众多河流的注入带来了丰富的营养盐物质。这些营养盐物质称为海洋生物必不可少的营养基础，尤其是营养级较低的海洋动物在这种有利环境下生长迅速。因此，以浮游植物和有机碎屑为生的双壳贝类和方格星虫等生长速度极快，产量较高，从而产生较高的固碳效率。

（五）北部湾经济区低碳农业发展

从 2006 年开始，广西就开始注重低碳农业的发展。首先，节水省肥的低碳减排农业技术在广西内推广，测土配方施肥的推广累计面积达到 334.13 万亩，累计省肥 9222.08 万千克；推广地膜覆盖、集雨补灌等节水面积 92 万亩，累计节水 12 亿立方米。其次，实施农作物病虫害预警机制和建设控制区域站，通过建设"万家灯火"项目以及推广瓜果套袋、灯光诱捕和利用天敌等生物技术，减少农药的使用，提高农产品质量。最后，因地制宜，推广合理的农业技术。广西大力推广免耕和间种、套种技术，充分利用土地资源，减少人力劳动投入，增加农民收入。

1. 生态农业的发展

恭城模式是广西在生态农业方面的代表，所谓的恭城模式就是集养殖、沼气、种植为一体的循环农业模式。恭城模式经过创新和发展形成了"猪＋

沼＋果（稻、菜、蔗等）＋灯＋鱼"模式，即在恭城模式中加入养鱼和灯光诱杀害虫两个环节，养鱼就是在果园前后建立生态鱼池，发展特色养殖业，灯光诱杀的害虫可以用于养鱼，既可以减少农药、化肥的使用，控制病虫害的发生，又可以为养殖业提供食物来源，减少养殖成本，提高生态园区农作物的品质，增加农民的收入。经过几年的发展，广西累计推广循环生态模式250万亩，生态养殖池8.9万个，农户平均每年增收3000元以上。

2. 种植生物质能源作物

随着工业经济的发展，石油等不可再生化石燃料的存量越来越少，加之当前中东地区的时局动荡，造成了石油价格的不稳定性，为了应对石油资源的稀缺性和价格的不稳定性，发展生物质能源势在必行。以生物质能源为原料生产燃料乙醇，不仅可以减少经济发展对化石燃料的依赖，同时可以减少向大气中排放二氧化碳、硫化物的量，生物质能源生物燃烧后产生的二氧化碳又被植物吸收，因此不会向大气中产生过量的碳排放，发展生物质能源是发展低碳农业的主要方式。在广西起步较晚的生物质能源在国家和各级政府的政策扶持下取得了长足的进步，截至2009年，可以生产酒精的木薯的种植面积达到了30万亩，鲜薯总产量达750万吨。

3. 种植"高碳汇"作物

所谓的"碳汇"就是吸收、储存二氧化碳的能力，植物的碳汇功能就是植物从空气中清除二氧化碳的功能。在低碳农业方面，广西推行的是高碳汇植物，广西大面积种植的水稻、甘蔗、木薯等作物每年从空气中吸收的二氧化碳量大于这些作物向土壤中排放的二氧化碳的量，碳汇作用明显。

4. 积极发展低碳畜牧业

从2009年开始，广西推行零排放生物发酵床养殖技术。累计建设零排放生物发酵床3.73万平方米，可供4万头肥猪生长。使用该种养殖方法与传统的养殖方法比可使饲养过程中的料肉比减低20%，饲养时间缩短5～10天，节约用水70%以上，节约用药60%以上，平均每头生猪可以给养殖户增加收入80元以上。广西加快禽畜标准化养殖，推行制度化防疫和污粪无害化处理。2007～2010年的四年时间内，广西累计投入资金4.4亿元，建成了1535个标准化生猪养殖场和5个标准化奶牛养殖场。广西积极开展林下养殖，2009年广西林下养猪460万头，家禽类2.51亿只，分别占全区生猪饲养量和家禽饲养量的8.4%和24.9%。此外，为了加强对全省低碳养殖业发展的指导，广西统计秸秆资源的利用情况，据统计，2009年全年广西养殖业利用秸秆555万吨，占全区秸秆总量的14%左右。这些措施的推行提高了广西低碳养殖业的发展，提高了养殖的标准化和规范化。

第五节

海峡西岸低碳经济现状

海峡西岸经济区又称"海西"，其主体是福建，包含浙江、广东、江西的部分地区，区内有人口8000万，该经济区地理位置特殊，坐落于台湾海峡西岸，面向台湾，不仅是一个具有经济意义的经济区，而且是肩负祖国统一的特殊历史使命的区域性综合体。海峡西岸经济区还处于扩张的过程中，不断有新的地区纳入海峡西岸经济区的范围之内，截至目前海峡西岸经济区包括福建泉州、莆田、福州、龙岩、南平、厦门、漳州、三明、宁德以及福建周边的浙江丽水、温州、衢州；江西鹰潭、上饶、赣州、抚州；广东揭阳、潮州、梅州、汕头共计20市。

从2009年开始落实《国务院关于支持福建省加快建设海峡西岸经济区的若干意见》以来，国家不断加大对海峡西岸经济区建设的支持力度，将海峡西岸经济区定位为两岸链接中西部地区的通道。国家高度重视"海西"的发展，这给福建发展"海西"带来机遇的同时也带来了挑战，海峡西岸经济区的建设面临一些急需要解决的问题。例如，如何在实现经济发展、壮大产业群、建设城市群港口群过程中实现低碳经济的发展。近年来，作为迅速兴起的经济发展模式——低碳经济在各个领域的内涵上得到延伸，包含低碳产业、低碳城市、低碳技术等一系列内容。低碳经济通过相关技术和方法提高资源的使用效率，通过使用低碳能源和可再生能源，减少温室气体的排放量，维护自然界的平衡发展。发展低碳经济既是生活观念、生活方式的一种转变，又是在全球经济和能源背景下人类必须采用的经济发展方式。

一、GDP 及能耗总量水平分析

海峡西岸经济区是我国经济活动最活跃、增长最具潜力的区域，也是中国最大的经济核心区。随着国家对海峡西岸经济区投入的增加和政策扶持力度的增大，福建省的经济也得到了快速发展。2008 年福建省 GDP 突破 1 万亿元大关。2012 年全省 GDP 达 1.9 万亿元，同比增长 12.2%。低碳经济在福建省经济的飞速发展过程中扮演着重要的角色。

如表 2 - 6 所示，海峡西岸经济区的陆地面积共 12.4 平方千米，占全国土地面积的 1.29%；人口约 0.37 亿，占全国人口的 2.76% 左右。但海峡西岸经济区的 GDP 占全国比重为 3.7%，海洋产业 GDP 占全国 9.42%。"海西"被誉为中国经济发展的"发动机"。其耗煤量为 1.06 亿吨，占全国耗煤量的 3.06%，低于其占 GDP 的比重。

表 2 - 6　　　　　　　2012 年海峡西岸经济区基本经济状况

地区	人口（人）	面积（平方千米）	GDP（亿元）	海洋产业 GDP（亿元）	耗煤量（吨）
福建	3720	12.4	17560.18	4284.0	10652.60
全国	134735	960.0	473104.05	45496.0	348002.00
占全国	2.76%	1.29%	3.7%	9.42%	3.06%

海峡西岸经济区的海洋产业 GDP 为 0.43 万亿元，占海峡西岸经济区的经济总量的 24.4%，海洋产业占全国海洋产业的 9.42%。其海洋产业第一、第二和第三产业的贡献率为 8.4%、43.6% 和 48%，不同于环渤海经济区，其第三产业占绝对优势。海峡西岸经济区的标准煤消耗量为 1.06 亿吨，占全国耗煤量的 3.06%，低于其 GDP 贡献率 3.7%。

海峡西岸经济区经济平稳快速增长，各项经济指标均实现较大增长，高出全国水平。如图 2 - 18 所示，GDP 逐年增长，且增长幅度较大，2011 年 GDP 总值为 1.76 万亿元，是 2005 年 GDP 的 2.68 倍，海峡西岸经济区占全国 GDP 比重比较平缓，2008 年略有下降，基本为全国经济总量的 3.6%。海峡西岸标准煤消耗量虽然呈上升趋势，但其增长率小于 GDP 的增长率，且其比重低于其 GDP 在全国的比重，2005 年煤耗量为 0.61 亿吨，2008 年增至 1.07 亿吨，增长了 1.73 倍，小于 GDP 增长的 2.68 倍。但其标准煤消耗量的比重是略有上升的，分别为 2.6%、2.6%、2.7%、2.8%、2.9%、3.0% 和 3.1%。

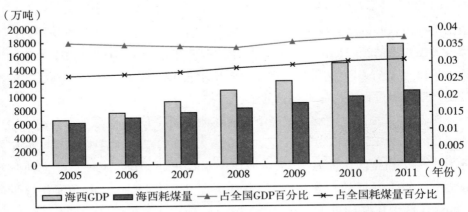

图 2－18　2005～2011 年海峡西岸经济区 GDP、耗煤量分别占全国 GDP、耗煤量的比重

二、GDP 及能耗人均水平分析

人均 GDP 远远高于全国的平均水平，且增长迅速。如图 2－19 所示，2005～2011 年，海峡西岸经济区人均 GDP 都超过了全国的平均水平，2005 年是全国平均水平的 1.31 倍，到 2011 年则达到了 1.34 倍，它和全国平均水平的差距比较稳定，但仍保持高速的增长。

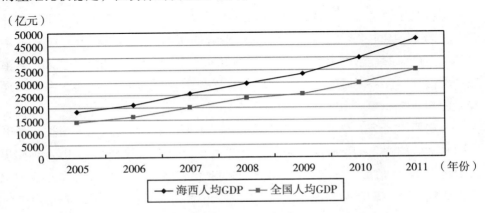

图 2－19　海峡西岸经济区与全国人均 GDP

海峡西岸经济区的人均煤耗量年产出的增加也呈增长趋势，2005～2007年都低于全国水平，2008～2011年高于全国平均水平。如图2－20所示，海峡西岸经济区的人均煤耗量由2005年的1.73吨/人增加到2011年的2.86吨/人，增长了1.66倍，大于全国人均增长量1.43倍。可以看出其增长率是逐渐增大的。

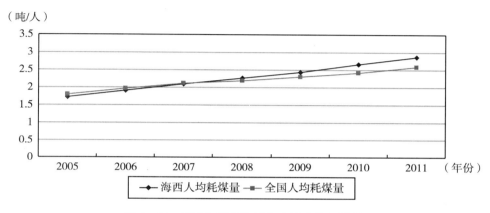

图2－20　海峡西岸经济区与全国人均耗煤量

海峡西岸经济区每亿元耗煤量与环渤海区不同，远低于全国的平均水平。如图2－21所示，2005～2011年，海峡西岸经济区每亿元耗煤量都低于全国的平均水平，2005～2011年海峡西岸经济区每亿元耗煤量分别是全国人均煤耗量的0.73、0.75、0.78、0.83、0.81、0.82、0.82倍，倍数变化表现出先升后降的趋势。

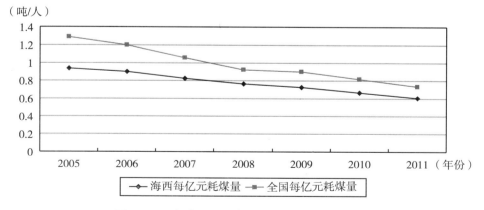

图2－21　海峡西岸经济区与全国每亿元耗煤量

三、GDP及能耗水平增长率分析

海峡西岸经济区人均GDP水平近几年出现波动，增长速度在2009年之前略低于全国的平均水平，2009年后超过全国的平均水平。2006~2011年海峡西岸经济区的人均GDP增长速率分别为14.80%、21.04%、16.16%、12.23%、19.55%和18.29%，全国人均GDP的增长速率为16.96%、22.76%、18.02%、7.16%、16.90%和17.73%。可以看出海峡西岸经济区和全国GDP的增长率波动比较明显。

海峡西岸经济区人均耗煤增长率总体来看有所降低，2006~2011年的增长率分别为10.31%、10.28%、7.98%、7.23%、9.20%和7.82%，2010年增长率略有增加，2009年增长率降低程度较大。全国人均耗煤增长率分别为9.03%、7.88%、3.37%、4.70%、5.46%和6.59%。全国与海峡西岸经济区增长率均有2007年略有增长、2008年降低，之后回升的趋势，全国降低幅度更大（见图2-22）。海峡西岸经济区每亿元耗煤增长率为负值，并且波动明显，2006~2011年的增长率分别为-3.91%、-8.88%、-7.04%、-4.45%、-8.66%和-8.85%，全国的增长率为-6.78%、-12.12%、-12.41%、-2.30%、-9.79%和-9.46%，说明我国碳排放量从煤耗量指标来衡量是好转的，海峡西岸经济区在煤耗量和控制碳排放方面要稍逊一筹（见图2-23）。

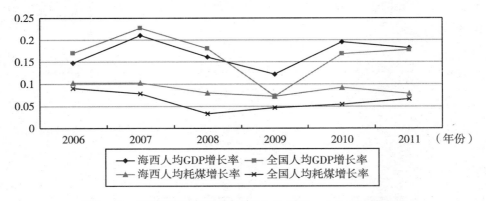

图2-22 海峡西岸经济区与全国人均GDP、人均耗煤增长率

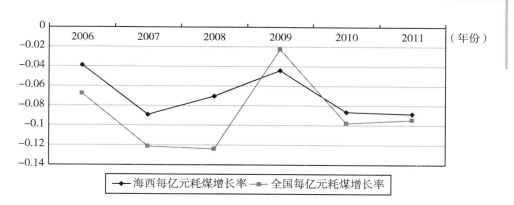

图 2 - 23　海峡西岸经济区每亿元耗煤量增长率

四、福建省低碳产业现状

福建省重视自然环境建设，加大力度对水、大气、生态环境进行治理改善，成为全国唯一一个三项指标全优的省份。63.1%的森林覆盖率使得福建省连续多年在这一指标上居于全国首位。经济发展的同时重视生态文明建设，一直是福建省在经济发展过程中的指导思想，因而在产业发展的过程中更加突出集约、节约和高技术的特点。福建省于2009年出台了有关汽车、新能源、环保等14个产业的产业调整方案，重点突出新能源等战略性新兴产业在产业结构中的地位，新兴产业占振兴方案项目总数的比重接近50%，其产值的年均增长率也将达到25%。福建省重视循环经济的发展，采取重视生态效益的新兴工业化道路。重视引进生态效益好的企业，福州经济技术开发区已经成为国家级生态工业试点单位，国家公布的循环经济第二批试点单位的名单中，福建省的三钢、厦钨、凤竹、泉港工业园区位列其中。在政府的号召下全省有6个区域、50多个企业参与到循环经济的试点中，有多家企业开展生产清洁审核并通过 ISO 14000 环境管理体系认证。

福建省正处于迈向重工业化过程的关键时期，考虑到该省总体上处于工业化中期的现状，在福建省现有的产业结构中占比重最大的还是资源依赖性产业。福建省重点发展传统产业集群、石油工业集群和机械制造与船舶修造产业集聚，这三大产业集群大多属于高污染、高能耗行业。依赖于这种经济增长方式单位 GDP 的能耗与排放相对较高，福建省要兼顾环境发展、降低单位 GDP

能耗、排放，需要继续坚持发展低碳经济。

（一）低碳农业

低碳农业最近几年在全世界范围内备受推崇，其宗旨在于利用最小的投入量来获得最大的产出，同时产生的污染却最小。在应用低碳农业技术发展当地农产品方面，福建省做出了许多有意义的探索。

福建省永春县将台湾地区先进的芦柑生产技术和福建当地气候特点相结合，开发出一套适合当地特点的芦柑生产技术。其主要技术要点包括：开心树形的修剪、平衡施肥、合理疏花疏果避免产量的大小年、果园覆草、生物防治病虫害等减少农业污染，降低农业生产的碳排，其技术的使用结果是使得永春芦柑的一级果率提高了三成左右，成本降低了两成，取得了非常明显的效果。

福建漳州改良香蕉的栽培技术，使用"新植蕉"模式，这种模式化栽培的新技术使用轮种栽培，从根本上改变了传统的香蕉园生产模式，这种栽培方式在增强土壤有机肥力的同时有效地减少了土壤中的病虫源，使得漳州香蕉的产量高达每亩 600 千克，每亩给农民增收 1200 元以上。

宁德蕉城推广了一系列的生产措施来配套当地的晚熟龙眼高接换种。这些措施包括有机配方肥的使用、生物天敌防治病虫害、树枝修剪、龙眼果实套袋等。这些措施的使用提高了龙眼的质量的同时减少了农业化肥和农药的使用，提高了农民的经济效益。蕉城区的晚熟龙眼的价格是中熟品种的 2 倍到 3 倍，达到 6~10 元/千克。

除了技术的推广，福建省也越发重视低碳农业人才的培养，整合当地的人才队伍，不断给予低碳人才技术上的支撑。此外，福建省大力支持低碳农业的发展，给予大规模使用低碳技术的企业以资金支持、税率优惠和保险基金补贴等。

（二）低碳水产养殖

目前，福建省灵川镇太湖、下尾等村，"蛤虾混养"这样的立体生态养殖已经蔚然成风，全镇有近百户水产养殖户都是花蛤、海参、对虾等多品种混养，既低碳、环保，又大幅度提高收入。

灵川镇太湖现代农业发展有限公司是该镇首先尝试低碳养殖的公司。公司抛弃以往的传统生产模式。2003 年成功引入高效率的海水池塘水产养殖项目，每年可以节约成本多达 50 万元，并且生产的产品都是绿色食品。

近年，城厢区积极推广低碳养殖新模式，低碳的水产养殖方式在灵川镇逐渐普及起来，并形成了大户推动、基地带动和异地联动的三轮驱动发展模式。通过养殖大户的示范作用，利用对虾、花蛤和梭子蟹等生态养殖技术模式承包池塘。目前已带动养殖户 200 多户，养殖面积 2000 多亩。每亩可提高产值 3000 多元。通过"808"基地成功对接海水池塘高效生态养殖等项目，建立"农业部水产健康养殖示范基地"，并通过项目示范作用，带动 100 多家农户实行生态健康养殖，每年可节约饲料成本 100 多万元。通过少投或不投饲料健康的异地联动养殖模式，投资 1000 多万元，从辽宁、山东等地引进海参到下尾、太湖越冬，每年可节约饲料成本 200 多万元。

（三）太阳能产业

自 2007 年 4 月，由福建省政府颁布了《福建省促进 LED 和太阳能光伏产业发展的实施意见（2007～2010 年）》，福建省 LED 和太阳能光伏产业政策效应显著，产业发展势头良好。

据福建省光电行业协会不完全统计，截至 2011 年，全省 LED 和太阳能光伏企业已超过 200 家，生产产品涵盖 LED 屏幕显示、LED 外延、LED 器件及配套材料、芯片生产、LED 背光源、LED 道路照明等应用产品；多晶硅、单晶硅太阳能电池及组件、太阳能光伏 LED 应用产品等。全省以 LED 和太阳能光伏电子项目为重点的光电信息产业园区共有 12 个，分别分布在福州、厦门、泉州、漳州和龙岩等地，主要园区有：厦门市火炬高新区、泉州南安光电信息产业园、泉州惠安绿谷光电产业基地、漳州华安光电产业园、云霄光电产业园等，区域性光电产业聚集效应显现。

福建省 LED 和太阳能光伏产业发展的主要特点：

（1）太阳能光伏产业初具规模，物理冶金法技术特色鲜明。

太阳能级多晶硅的生产"西门子法"核心技术主要由美日德三国掌握，在该产业上形成了技术垄断。福建省为了打破垄断，开始使用物理冶金法提纯太阳能级硅材料，并且取得一定的效果。

（2）自主创新能力强、关键技术实现突破。

福建省有 LED 和太阳能光伏产业研发中心 6 个，光伏产业专业技术人员将近 2000 名，产生了超过 100 项自主专利，形成了一定的自主创新能力。厦门大学开展 LED 外延、芯片的基础研究开发，参与白光 LED 荧光粉的研制，并作为厦门半导体照明检测中心的成员，大力开展 LED 电学、热学、光学、色度学参数的测试研究。福州大学积极参与 LED 照明产品的研究开发，均取得很好的研究成果。台湾高端 LED 芯片生产厂商在厦门建立晶宇光电；有台湾 LED 厂商提供技术支持的泉州和谐光电有限公司大力开发 LED 及其相关产品；福建光泉光电科技有限公司全面开展 LED 和光伏应用产品的开发。

福建省在光伏产业方面，在多晶硅材料以及非晶硅薄膜太阳能等具体领域取得了一定的成就。泉州创辉、金保利科技公司等新兴工资逐渐建成使用。萨摩亚凯在厦门投资 3000 万美元开发世界领先的太能光电印制项目。福建钧石能源有限公司的目标是成为世界上最大的太阳能薄膜电池生产企业。厦门市政府已投资 3000 多万元用于厦门市半导体照明检测认证中心的建设，该中心是目前国内投入最大的半导体照明检测中心，同时又是国家科技部"863"计划立项支持的全国两大光电检测平台之一。

五、发展海西低碳经济的必要性

（一）资源、能源匮乏要求发展低碳经济

福建省是一个传统能源相对缺乏的省份。经济发展依赖的石油、煤炭、天然气的储量少，水资源、风能资源相对丰富。该省发电需要的煤炭严重依赖其他省份，一次能源的自给率大约只有 40%，并且自给率呈现出逐年降低的态势，福建省经济发展所需的能源难以依靠自身的供给来满足。据统计，2012年福建省消耗的 11185.44 万吨标准煤中，有 26.7% 是一次性能源，达 2989.65 万吨。在所消耗的一次性能源中最主要的原煤、水电、风电占一次性能源消耗量的比重分别是 49.0%、48.2% 和 2.8%；2012 年福建省消耗的能源中有 74.3% 来源于其他省份或者从国外的调运，主要包括煤炭、石油、成品油、天然气等。随着海西经济区的发展，福建省对电力的消耗日益增大，2007年福建全省的用电量就已经超过了 1000 亿千瓦时；在福建省的电力消耗中，水电消耗的占比达到了 40%，这远远高于全国 20% 的平均水平，对水电依赖过大造成了福建省用电过于依赖于天气气候，福建省自身的自然资源禀赋不能满足其高速发展的需要（见表 2-7）。

表 2 – 7 福建省能源供给与消费平衡情况 单位：万吨煤

项 目	2007 年	2008 年	2009 年	2010 年	2011 年	2012 年
可供消费的能源总量	7570.28	8235.48	8916.42	9808.50	10650.81	11183.30
一次能源生产总量	2579.78	2840.54	2946.50	3260.42	2816.73	2989.65
一次能源自给率（%）	34.08	35.71	33.05	33.24	26.45	26.73
省外调入量（包含进口量）	5057.20	5260.23	6113.10	7117.20	8566.44	8306.94
本省调入量（包含进口量）	381.25	212.68	439.41	794.16	811.46	541.78
能源消费总量	7587.10	8254.04	8916.46	9808.52	10652.60	11185.44

从能源消费品的类型上看，福建能源消耗更多地依赖石油、煤炭等基础能源。在新能源和可再生能源的利用方面，福建省虽然开始发展核电、风能、生物质能和太阳能，但是发展缓慢，新能源和可再生能源在能源总量占的比例较低。从利用效率上看，福建省的能源利用效率低，主要耗能产品的单位能耗高，能源利用设备效率低。总的能源消耗量大、单位利用效率低是未来制约福建经济增长的关键因素，高能耗支持高增长的不可持续性会影响福建经济的健康发展。

人为排放二氧化碳等温室气体的主要原因是化石能源的使用，减少使用化石能源，使用新能源，提高化石能源的使用效率是减少排放的重要方式。福建省的化石能源储量不足，需要从国内乃至国外的其他地区购买化石能源，这一定程度上增加了福建省二氧化碳等温室气体的排放。福建省化石资源不足和该地区高耗能的经济发展方式不但需要当地大量的资金投入，而且化石能源的排放会给当地的生态环境造成压力。在目前的情况下，发展经济依然是福建省的第一要务。发展低碳经济，提高常规能源的使用效率，引入新能源可以使得福建省在不影响宏观经济良好发展势头的情况下兼顾自然环境，减少温室气体排放，因此发展低碳经济不仅是全球经济发展的趋势，更是福建省应对资源环境瓶颈的主要手段。

（二）良好生态环境的保护需要低碳经济的支持

自然环境、历史因素以及政策的支持使得福建省优越的自然环境得以保持，但是福建省自然环境的经济效益潜力尚未得到开发。该省过多的粗放型经济增长方式也给自然环境造成了破坏，带来了水土流失等一系列生态环境问题。低碳经济发展方式的引入可以起到节约资源、降低生态成本、提高生态效益的作用。化石燃料的过量燃烧会造成区域内二氧化碳的浓度升高，二氧化碳含量的升高一定程度上可以给植物光合作用提供更多的原料促进植物生长。但是从整个生态系统的角度出发，大气内二氧化碳浓度的升高会破坏生态结构，增加森林火灾发生的风险，致使植物通过光合作用固定的二氧化碳重新排放到大气中。加强经济发展中新技术的使用，引入新型工业和生态农业，切实改变传统的高能耗、高污染的经济增长方式，可以增加碳吸收，减少温室气体的排放。福建省拥有 76.6 万公顷林地，每年吸收二氧化碳 44.85 万吨。从 1993 年开始，福建省开始将碳汇变成碳源。随着海峡西岸经济区的发展，由于经济发展造成的排放增加趋势更加明显。福建省如果对大面积人工林进行管理，可以提高森林的碳汇功能，增加对二氧化碳的吸收能力。

福建省强调政府在环保管理上的责任。2010 年起福建省省政府在全省范围内推行"一岗双责"的环境保护监督管理机制，并且在环保绩效的考核中推行"一票否决"，使得省内的河流水域得到有效的保护；下决心节能减排，关闭了一批皮革、重金属等污染严重的企业。这些政策的实施也取得了明显的效果，福建省连续四年完成了中央政府下达的节能减排指标。

福建省为了发展软件、生物医药、通信、环保等新兴产业，坚决拒绝一些高污染、高耗能产业的发展，新兴产业基地正逐渐形成。此外，福建省高度重视海洋产业的发展，2011 年福建省的海洋生产总值为 4284 亿元，同比增长 16.3%，从生产规模上看，居全国第五位。

低碳经济比循环经济更进一步，它不仅要求资源的循环利用，更加要求经济、生态的可持续发展。低碳经济不仅是小范围内的资源循环利用，也需要面对全球气候变暖带来的不利影响。低碳经济可以协调经济发展与资源环境的平衡，是坚持科学发展观的必要途径。从福建省目前经济和环境发展来看，福建省由碳汇变成了碳源，随着经济的进一步发展，福建省的碳排放量会继续增加，人均碳排放量也会进一步高于全国排放的平均水平。福建省内化石资源不能满足自身发展需要，从长远的角度看，发展低碳经济，提高化石能源的使用效率，积极开发新能源是加快海峡西岸经济区建设发展的必须途径。

第三章

环渤海经济圈低碳经济
发展 SWOT 分析

第一节

SWOT 模型分析原理

一、模型分析框架

SWOT 分析法是在 20 世纪 60 年代由哈佛大学教授安德鲁斯提出的，经过几十年的发展，已经成为战略管理中常用的重要分析方法之一。SWOT 分析方法的优势在于，可以准确、系统、全面地反映研究对象所处的环境，分析研究对象的优劣势所在，帮助决策者制定合理的战略计划，提出合理的解决方式和发展对策。

SWOT 分析法的基本过程是通过对研究对象的调查研究，完整罗列出研究对象的内部优势（Strengths）和劣势（Weaknesses），外部机遇（Weaknesses）和挑战（Threats），将四个方面用矩阵的方式排列，运用系统分析的方法综合考虑四方面因素并加以匹配组合，从而得出相应的对策和结论。

组合 SWOT 矩阵的四个因素可以得出四种策略组：SO 策略、WO 策略、ST 策略及 WT 策略。SO 策略指的是通过把握内部优势去争取外部机遇；WO 策略是利用外部的机遇来调整内部的劣势，从而取长补短；ST 策略就是利用自身的内部优势去应对减少外部威胁所造成的损失；WT 策略就是通过克服内部的缺点来面对外界的威胁与挑战。

SWOT 模型不仅仅适用于分析企业的发展状况，而且适用于评价生活领域中各种事物的发展前景，SWOT 理论也成为一种更广泛地分析当前市场状态和策略的主要分析手段，成为解决现实问题的重要方法，被广泛用于各个行业和各个领域。

二、SWOT 模型分析实施步骤

（一）分析四大因素

这个步骤是 SWOT 分析方法的第一步，正确地分析研究对象所处的四大因素，是后续实施步骤的基础。合理地分析数据和材料，可以找出研究对象的外部环境因素和内部能力因素。四大因素中的机遇和威胁属于外部环境因素，优势和劣势属于内部能力因素。其中，外部环境因素是客观因素，研究的是外界环境对研究对象的有利和有害影响，包括社会因素、政治因素、经济因素等方面；内部能力因素属于主动因素，主要是指研究对象自身存在的影响发展的积极与消极因素，内部因素包含地理区位因素、资源环境因素、组织协调因素、人力科技因素等多个方面。无论是外部环境因素还是内部能力因素，在使用 SWOT 方法分析时，必须综合考虑研究对象的过去、现在和未来发展状况。

（二）SWOT 矩阵构建

构建 SWOT 矩阵，将影响上一步骤中调查的各种影响因素进行排列，具体罗列优势、劣势、机遇、威胁四大方面时，按各个因素的重要性进行排列，将直接影响研究对象的重要因素排在前面，将间接影响研究对象的次要因素排在后面。

（三）制定对策

罗列影响对象因素和构建 SWOT 矩阵完成后，制定出适合解决问题的合理对策。在制定对策时，要发挥研究对象的优势，正确面对合理克服研究对象的劣势，抓住机遇，迎接挑战；综合考虑研究对象的过去、现在和未来发展趋势。SWOT 处理问题的核心是综合分析方法的利用，全面、准确地考虑影响研究对象发展的各种因素，得出走出困境、把握机遇的正确对策。

三、SWOT 模型对策分析

（1）SO 策略（最大与最大对策），该策略重点考虑研究对象的优势和机遇，旨在将这两种有利因素的作用发挥到最大。

（2）ST 策略（最大与最小策略），该策略重点研究优势因素和威胁因素，目标是使优势因素发挥到最大，将威胁因素降到最小。

（3）WO 策略（最小与最大策略），该策略重点考虑研究对象的劣势和机遇，旨在将劣势降到最低，最大程度把握机遇。

（4）WT 策略（最小与最小策略），该策略重点研究劣势因素和威胁因素，目标是规避劣势，克制威胁，将两种因素压到最低。

分析：在上述四种策略中，SO 策略是最理想的策略，研究对象处于顺利状态下的一种十分可取的策略；WT 策略是最不利的策略，是研究对象处于困境中不得不采取的策略；ST 和 WO 两种策略都是喜忧参半的策略，是研究对象处于一般情况下经常采取的策略。SWOT 模型决策矩阵示意图如图 3-1 所示。

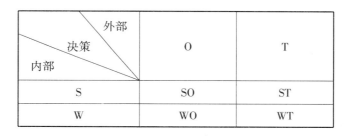

外部 决策 内部	O	T
S	SO	ST
W	WO	WT

图 3-1 SWOT 模型对策示意图

第二节

环渤海经济圈低碳经济 SWOT 分析

一、优势分析（Strengths）

（一）地理区位优势

环渤海经济圈地理区位优势明显，具备发展低碳经济的优越条件。狭义上的环渤海经济圈主要包括山东半岛、辽东半岛、京津冀地区为核心的环渤海经济带，同时也包括周边的山西、内蒙古的部分区域。环渤海经济圈与长江三角洲、珠江三角洲并称为我国三大经济圈，成为带动我国东北地区经济振兴甚至全国经济发展的新的龙头。环渤海经济圈是我国继珠江三角洲、长江三角洲后具有强劲发展势头的经济区域。位于这一区域的中心城市北京作为全国政治文化中心和国际交往的中心城市，对该区域的经济发展无疑具有特殊意义。紧邻北京的天津拥有雄厚的经济发展基础，工业发展基础雄厚、技术力量优势明显，现代制造业装备精良，化工产业拥有显著的历史优势，区域内能源、原材料、轻工业、旅游等经济资源优势显著。此外，该区域还集中了中国最顶尖的高等学府和科研机构，具有不可比拟的基础创新能力，科技产业创新与研发基地也正在形成。

环渤海经济圈在我国参与全球经济协作及促进南北协调发展中所处的重要位置，使加快启动该地区发展成为必要选择。目前我国北方地区面临着产业结构调整的重任，环渤海经济圈与周边的日本、韩国进行产业转移的良性互动，为环渤海经济圈低碳经济发展提供更广阔的空间。

环渤海经济圈海陆空交通便利，是我国交通最为发达的地区之一。环渤海经济圈包括了渤海区域的全部和黄海的部分沿海区域，处于我国沿海的北部，东临大海，位置优越，是我国对外开放的战略要地。拥有 40 多个优良海港的环渤海经济圈是我国沿海港口最密集的地区；环渤海经济圈中的很多城市是我国公路、铁路、海陆、通讯的枢纽城市，各种形式的交通运输网相互交错，环渤海经济圈内形成了以港口为中心、以陆路交通枢纽城市为纽带、各大机场相配合的海陆空一体化交通运输网络，环渤海经济区也成为我国最密集的交通运输区域之一，日益成为沟通我国南北方、东北、西北和链接日韩的桥梁和纽带。环渤海经济区内城市众多，形成了以北京、天津为核心，沈阳、济南、石家庄等省会城市为区域中心，青岛、大连、旅顺、烟台等城市为扇形环绕的大型城市群，该城市群集政治、经济、文化、对外交流等多功能于一身，有效地带动了环渤海经济圈整体经济的发展，在区域乃至全国经济发展中起着引领、带动的作用。在国际经济中心向亚太地区转移的大背景下，环渤海经济圈低碳经济发展的潜力巨大。

（二）科研优势

环渤海经济圈具有明显的科研优势，其中北京和天津是我国人才高地，人才荟萃。2011 年，环渤海地区三省两市的三种专利申请数为 280740，占到全国总数的 18.66%，其中授权数为 144009，约占全国总数的 16.3%。2011 年，环渤海地区规模以上工业企业专利申请数为 66624，约占全国的 17.26%，其中规模以上工业企业有效专利数为 30550，占全国的 15.19%。发展低碳经济离不开科研的支持，新能源的开发和产业结构升级最终着落在科研成果上面。而科技人员是科技成果的重要保障，也是低碳经济发展的保障。环渤海经济圈拥有良好的科研条件，科研人员占全国科研人员的 19.47% 以上（见表 3-2），为本地区发展低碳经济提供了条件。

表 3-1　　　　　　　**2011 年环渤海经济圈专利状况汇总**　　　　　　单位：项

专利数量	三种专利申请数	三种专利授权数	规模以上工业企业专利申请数	规模以上工业企业有效专利数
环渤海经济圈	280740	144009	66624	30550
全国	1504670	883861	386075	201089
占比（%）	18.66	16.3	17.26	15.19

资料来源：《中国统计年鉴》（2012）。

表 3-2　　　　　　**2011 年环渤海经济圈规模以上企业科研人员**　　　　单位：人

地区	北京	天津	河北	辽宁	山东	环渤海	全国
科研人员	49829	47828	51498	47513	180832	377500	1939075

资料来源：《中国统计年鉴》（2012）。

环渤海经济圈海洋科技力量雄厚，拥有众多海洋科研机构，在全国都具有显著优势。山东现有中央和地方海洋科研教育机构 40 余处，海洋科研机构专业技术人员近 2000 名，占全国的 20%。天津市拥有涉海科研机构 10 所，海洋科研人员 2000 多人，中高级科研人员近千人。天津大学、南开大学、天津科技大学等高校均设有海洋专业，人才培养、科研开发能力较强。近年来取得数百项具有国内外先进水平的海洋科研成果，设立了全国唯一的国家级海洋高新技术开发区，形成了海洋高新技术发展的重要载体。

如表 3-3 所示，按地区分类，环渤海地区这四项指标占有很高的比重：海洋科学研究的研究人员占全部研究人员的 62.63%，占全部科技课题的 50.99%，占全部科技论文的 61.74%，占全部科技专利的 65.03%。这说明环渤海地区对于海洋基础科学理论研究给予高度重视，力求有所创新，并取得一系列的科技成果，有利于指导相关海洋产业的发展和技术水平的提高。在所有的基础学科中，海洋自然科学在研究人员和研究成果方面达到很高的比例，海洋自然科学研究通过对海洋自然规律的探索和把握，有利于对我国丰富的海洋资源进行合理的开发和利用，重视海洋自然科学的研究对提高海洋资源利用率，加速海洋新能源的开发有着重要的意义。

表 3 – 3　　　　　　　　2011 年环渤海地区海洋科技情况

地区	从事科技活动人员（人）	科技课题（项）	科技论文（篇）	科技专利（件）
北京	11949	4897	5953	1974
天津	2056	536	765	111
河北	535	67	555	6
辽宁	1601	290	446	546
山东	3049	1477	1879	232
全国沿海地区	30642	14253	15547	4412
环渤海地区占比（%）	62.63	50.99	61.74	65.03

资料来源：《中国海洋统计年鉴》（2012）。

（三）海洋资源优势

独特的海洋资源优势为本地区发展低碳经济提供了良好平台，为改造传统产业，加快低碳经济发展提供了雄厚的基础。环渤海经济圈还拥有丰富的海洋资源，其中环渤海经济圈内大陆架渔场的面积达到 770 万公顷，占全国总的大陆架渔场面积的 2.75%；拥有 121.4 万公顷海水可养殖面积，占全国海水可养殖总面积的 47%。

1. 海洋生物资源

山东地处暖温带，气候适宜，日照充足，水质营养丰富，每年浅海海域有机碳的产量可达 1100 万吨，适合生物生长繁殖。在山东省近海水域中，具有 400 多种经济价值较高的物种，总的海洋生物数量可达 1000 多种。

在河北省的沿海水域中已查明的生物总数达到 660 种，其中，游泳生物 101 种，占有绝对优势的鱼类有 87 种；浮游植物有 104 种，且浮游硅藻的数量最多；还包括 60 多种浮游动物，227 种底栖生物；7 种具有较高经济价值的贝类。

辽宁省海岸线长，气候适宜，大量的海洋生物可以在此栖息生长，因而辽宁省拥有丰富的海洋生物资源，鱼类、藻类、虾贝种类繁多。据统计辽宁全省共有海水鱼类的种类多达 200 多种，有 30 多种虾、蟹、贝类，藻类 100 多种，辽宁省也是我国重要的海洋渔业产地之一。毛虾、对虾、海蜇是闻名全国的三大地方捕捞品种。广阔的海洋蕴藏着丰富的资源，有海水鱼 200 多种，虾、蟹、贝 30 多种，藻类 100 多种。优良港址 44 处，渔港 77 处。

天津市海域地理位置优越，地处环渤海渔场的中心。据统计该海域生物资源蕴藏量为 6214.8 万吨。有 150 多种水产动物，68 种已经开始捕捞。梭鱼、鲈鱼、小黄鱼、毛蚶、毛虾、对虾等已经成为天津市沿海水域主要的捕捞对象。

2. 海洋矿产资源

山东省沿海海域拥有着丰富的矿产资源，共有 101 种矿产，其中探明储量的有 50 多种，有 9 种矿产的储量居全国前三位。山东省渤海沿岸有着丰富的油气资源，已经探明的石油储量 2.3 亿吨，该地区预测石油总储量可达 30 亿~35 亿吨，已经探明的天然气储量为 110 亿立方米。位于烟台地区的龙口煤田的探明储量达到 11.8 亿吨，龙口煤田也是我国第一座海底煤田。国家海洋信息中心对全国沿海地区的滩涂、浅海、港址、盐田、旅游和砂矿等六种资源进行了综合评价，山东省也居全国首位。

河北省的沿海面积虽小，但是油气资源十分丰富，河北省近海地区的石油总储存量高达 6 亿吨，探明的天然气储量高达 343 亿立方米。

辽东湾地区蕴藏着辽宁省大部分的油气资源，这一地区的油气储量大，储油构造层好，适合开发。辽宁省的石油资源储存量可达 7.5 亿吨，天然气储量为 1000 亿立方米。

天津市内石油资源的储量可达 1.62 亿吨，天然气储量 1031.4 亿立方米，此外，天津海岸带的大陆地区也含有丰富的油气资源。

环渤海经济圈的陆地区域含有丰富的矿产资源。环渤海经济圈内的有色金属、能源、黑色金属、贵金属的储量位居全国前列。在有色金属方面，铜、锌、铝、菱镁、磷矿的储量丰富，环渤海经济圈内的菱镁矿探明储量达到

18.95 亿吨，占全国总储量的 99% 以上；在能源方面，环渤海经济圈的石油储量达到 6.8 亿吨，煤炭储量 221.2 亿吨，分别占全国总储量的 24.7% 和 6.63%；在黑色金属方面，环渤海经济圈的铁、锰、铬、钒、钛储量丰富，其中尤以铁矿的储量最丰富，储量达到 122.2 亿吨，占全国铁储量的 55.5%；在贵金属方面，环渤海经济圈内的金、银、铂的储量相对丰富，是我国重要的贵金属矿产资源区。此外，环渤海经济圈内还有众多的非金属矿产，储量丰富。

3. 海洋化学资源

环渤海经济圈共有盐田面积 30 万公顷。山东省作为我国重要的海盐产区，拥有盐田 12 万公顷，用于生产的盐田有 10 万公顷，居全国首位，有 2740 平方千米适合晒盐的土地，山东省用于晒盐的地下卤水资源丰富，地下卤水含盐量可达 6.5 亿吨。

河北省作为我国重要的海盐基地，生产海盐的自然条件十分优越，河北省内具有规模以上的盐场 68 个，总的盐田面积可达 8.7 万公顷，该地区日照丰富，每年的日照时数可达 2800 小时。亚洲最大的盐场——大清河盐场就位于河北省境内，该盐场出产的"长芦盐"也享誉中外，每年的原盐产量可达 537 万吨。

天津市地理位置优越，良好的气象条件使得天津市成为优秀的海盐产地，并且天津海域的海水含盐量高，氯化钠的含量可达 95% 以上。

4. 旅游资源

环渤海经济区是全国唯一兼备海洋、平原、丘陵、山地和高原等各种地势的地区，陆域和海域景观交融。拥有约占全国 1/3 的漫长海岸线和多种滨海地貌类型；自然景观丰富多彩，人文景观独具特色。

本区有国家级风景名胜区 22 处，占全国的 18.5%；国家历史文化名城 21 座，占全国的 21.2%。现在该区已成为我国国际旅游热点，旅游业收入与日俱增，相应带动了第三产业的迅速发展。

山东省海岸线长达 3200 千米，是中国海岸线最长的省份之一。海岸复杂、海岛众多使得山东省在发展沿海旅游方面有着独特的优势。山东省沿海地区岛屿众多，大大小小的岛屿总计有 326 个，面积达 174 平方千米。由于不同的海岛形成的自然原因不同，坐落的地理位置不同，历史背景的不同，使得不同的岛屿或者因为自然风景的独特或者因为历史背景的重要而吸引游客，这些海岛都是开发海岛旅游度假的理想选择。除了海岛，山东省沿海地区的自然景观也十分优美，富有潮汐、海市蜃楼等具有较高旅游价值的景观。在山东省的沿海城市中，青岛、烟台、威海、潍坊、日照等均是全国乃至世界范围内著名的旅游城市，这些城市不仅景色优美，还有特殊的历史背景作为依托，构成了自然与人文并重的山东省沿海旅游资源聚集区。

由于自然和历史原因的累积使得河北省的滨海旅游业发展迅速，人文历史遗址和自然风光并存的旅游资源每年吸引了大量的游客到河北省度假休闲。河北省内以自然景观著名的旅游胜地包括山海交错的联峰山公园、森林公园、鸽子窝等；以人文建筑出名的旅游胜地包括山海关城、北戴河、秦始皇行宫遗址、观音寺、孟姜女庙、入海口处的老龙头等，秦皇岛首批入围中国优秀旅游城市之一的城市，是我国著名的旅游景区；河北省各个城市都适合海水浴场的开发，秦皇岛、北戴河、抚宁、昌黎黄金海岸等多个地方拥有适合开发浴场的优质沙滩，其中北戴河平缓曲折，沙软潮平，冬季风小，春季无沙，昌黎黄金海岸更是拥有华北地区唯一的砂质海岸线，是著名的避暑、休闲胜地。

辽宁省沿海旅游以优质的自然条件为主，吸引了众多的国内外游客。辽宁省沿海地区以海蚀景观、海滨湿地景观、海水浴场资源为主。其中海蚀景观集中在辽东湾的盖州及兴城到绥中地区；海滨资源主要分布在金州区至旅顺口区沿岸、辽东湾东岸的盖州及西岸的兴城至绥中一带；海滨湿地分散在辽宁海域黄海北部东岸和辽东湾地区的平原淤泥海岸带；海水浴场资源分散的位于盖州、兴城等地，已经有 24 座海水浴场被开发利用，包含 4 个国家级景区和 3 个省级景区，比较著名的是大连金沙滩景区。

在天津市长达 153 千米的海岸线上坐落着 370 平方千米的滩涂。随着天津滨海新区与天津市整体经济水平的发展，滨海旅游业也发展起来。天津海滨浴场在 1990 年建立以来，经过不断地建设与发展，滨海浴场的基础设备日益完善，旅游环境不断改善，吸引了越来越多的游客。

5. 港口资源

山东省沿海地区水深坡陡，绝大部分海岸地区的地质为山地基岩，自然条件优越，适合建港。山东省海岸是长江以北可以用来建深水大港的预选地址最多的海线。有 51 处地点可以建水深 10 米，离岸 2000 米的深水港，数量居全国第三位。山东省沿海海岸有 2510 千米海岸线，20 多处天然港湾。

河北省沿海的港口多集中于秦皇岛、唐山海岸带，共有 4 个大型港址，7 个中小型港址。经过多年的发展，河北省形成了成黄骅港、秦皇岛港、唐山港 3 个亿吨大港鼎力的新局面。2011 年全省港口货物吞吐量达到 7.09 亿吨，同比增长 17%。

在辽宁省 1000 千米适宜建港的大陆海岸线中包含深水海岸线 400 千米，中水海岸线和浅水岸线各 300 千米。辽宁省沿海自然条件优良，适合建立商业港口的港址的地点有 38 处，其中泊位为 10 万~30 万吨的港址有 11 处、1 万~5 万吨的港址有 14 处，万吨以下的有 13 处。辽宁省有多处适合建立优良渔港的港址，共有 77 个，已经开发的有 20 处，尚未开发的有 57 处，这 57 处尚未开发的渔港港址可建立一级渔港 20 处，二级渔港 37 处。

天津港地理位置独特，位于海河入海口，处在渤海岸西侧的中心位置，也是渤海所有港口中同华北、西北等内陆地区最近的海港，此外，天津市作为北京市的海上门户，作为欧亚大陆桥东端起点的天津港，是渤海所有海港中业务量最大，战略地位最重要的港口，是我国最高层次的海上枢纽和北方最大的国际贸易港口，目前，天津港与全世界的 160 个国家和地区的 300 多个港口进行着业务往来。

（四）产业优势

第四次国际产业转移趋势加快，环渤海经济圈优势凸显。当前，经济全球化的影响力不断扩散，国际产业转移成为国际经济发展的主流趋势，并且将在相当长的时期内存在，只是不同的时期在不同区域之间转移，不同时期转移的内容不同。欧美国家已进入后工业化时期，特别是发达国家迫于土地、劳动力等要素成本上升的压力，已开始由工业生产中心向工业调控中心转移，制造业的转移速度不断加快，并且形成向亚洲转移的明显趋势。环渤海经济圈地处东北亚经济圈中心，亚欧大陆桥东端，不仅是我国重化工业最为集中的区域，也是人才和技术最为集中的区域，具有承接产业转移的先天优势（见图 3 - 2）。

目前我国经济结构转型加速，我国产业结构调整加速，我国工业化蕴藏的产能结构调整"落差"巨大。产业结构的调整可以改变环渤海经济区内不同地区的比较优势及各种生产要素的供求比例，从而使圈内不同地区的生产要素配置改变。由于产业改变过程中的极化效应，环渤海经济圈发展的前期生产要素资源会向圈内经济发达的区域集聚，使得环渤海经济圈内落后地区的竞争力

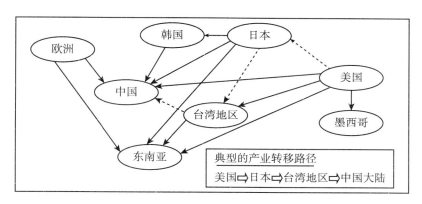

图 3－2　全球产业转移路径示意图

进一步下降。

　　环渤海经济圈产业分工细化，业已形成优势产业集群。地区间的专业化分工不断深化，说明随着中国市场经济改革的不断深化，市场机制在资源配置过程中的作用越来越强，各地区按照自身优势发展的趋势也越来越明显。地区间的专业化分工发展不平衡，区际之间产业结构差异有扩大的趋势。在环渤海经济圈内部，北京市与天津市的产业结构最为相似，两个城市都是直辖市，且地理位置相近，在国家政府的政策扶持和资金支持下，两者均拥有发展高科技产业和深加工业的条件，是环渤海经济圈中的核心城市。河北省、山东省两地化石能源丰富、粮食供应充足，以自然条件为基础，山东、河北两省在金属冶炼、能源化工、食品、钢铁等产业上具有同构性，最近两年两省大力发展海洋产业，取得了一定成效。

　　如图 3－3 所示，2001～2009 年，海洋生产总值占国内生产总值比重整体上呈上升趋势，从结构上来看，第三产业产值所占比重逐年增加，有赶超第二产业产值的趋势。海洋第三产业的发达程度是海洋经济发展水平的重要标志，并且海洋第三产业多为服务行业，具有能源消耗低，污染少，劳动力密集等特点，有利于发展海洋低碳经济，所以，我国海洋产业结构的不断调整将逐步淘汰高耗能、高污染的工业企业，为环保、节能的绿色产业的发展开辟了广阔的空间。

　　如图 3－4 所示，2001～2008 年，滨海旅游业的增加值最高，且增长速度较快；紧随其后的是海洋交通运输业和海洋渔业；处于最后的是海洋矿业、海洋电力业和海水利用业。滨海旅游业和海洋交通运输业作为第三产业的代表，

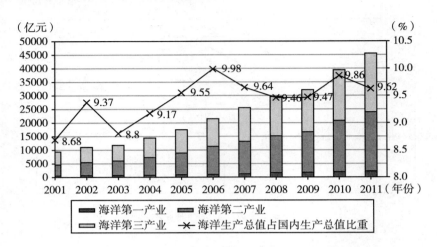

图 3 - 3　2001～2011 年全国海洋生产总值情况

资料来源：《中国海洋经济统计公报》。

具有良好的发展前景。随着我国对外开放的不断扩大，国际贸易将更加频繁，给我国的远洋运输业提供了更加广阔的空间。海上客运将越来越具有旅游的性质，表现为旅游化、高速化等趋势，而且，随着我国人民生活水平的不断提高，目前正处于大众旅游消费的扩张期，从而刺激了滨海旅游业的发展。更为重要的是，滨海旅游业的发展既可以带动海上运输业的发展，又将给海洋信息业、海洋服务业、海洋工艺品装饰业等行业带来很大的市场机会。海洋矿业、海洋电力业作为海洋第二产业的代表，存在着高耗能、高污染、资源利用率低、技术水平落后等问题，发展潜力有限。通过各行业增加值对比可以发现，具有较高的增加值和广阔的发展前景的行业具有低能耗、污染少、效率高等特点，其行业的发展也有利于低碳经济的发展；而增加值较低的行业往往存在着高能耗和污染严重等问题，需要通过节能减排和技术革新来减少其碳排放。

　　近年来，我国在海洋低碳方面取得了不俗的成绩。国家重点培育海洋可再生能源产业，大力发展深海渔业，推进海洋产业的更新换代，在潮汐能利用、风能利用等方面已经取得了突破。在海洋低碳能源快速发展的带动下，海洋高科技新兴产业不断发展，在海洋产业中的比重也逐年上升，海洋产业结构不断优化，粗放型的海洋经济模式不断地向集约化、规范化、效率化发展。"十二五"规划着重强调了海洋产业的重要地位，将调整海洋产业结构

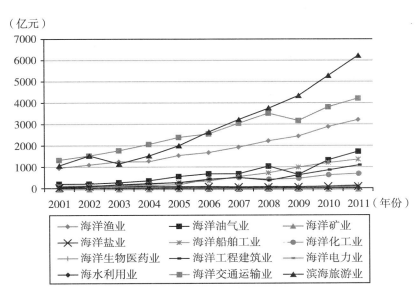

（亿元）

图 3－4　2001～2011 年各行业增加值

作为"十二五"期间的重要内容，旨在提高海洋产业的健康快速发展，为了建立海洋低碳经济体系，我国大力发展以海水利用业、海洋生物制药为主的海洋高科技产业，高度重视涉海金融、海洋物流、滨海休闲旅游业等海洋服务业的发展。

（五）政策优势

2009 年 11 月，国务院提出我国 2020 年控制温室气体排放行动目标，各部门积极探索我国工业化城镇化快速发展道路既发展经济、改善民生，又要应对气候变化、降低碳强度、推进绿色发展。经国务院领导同意，国家发改委积极组织开展低碳省区和低碳城市试点。2010 年 8 月，国家发改委发布《关于开展低碳省区和低碳城市试点工作的通知》，确定首先在广东、辽宁、湖北、陕西、云南五省和天津、重庆、深圳、厦门、杭州、南昌、贵阳、保定八市开展试点工作。其中，就包括了环渤海经济圈的一省二市，为环渤海地区低碳经济发展提供了参考模式。《关于开展低碳省区和低碳城市试点工作的通知》明确了制定支持低碳绿色发展的配套政策的任务。在上述的试点省市要将节能减排、开发新能源与气候变化协调起来，综合考虑这些因素，实施温室气体减排目标责任制，加强体制建设，探索适合低碳产业和节能减排的新体制，加强政府在引导和激励方面的作用，充分发挥市场机制的作用，利用市场机制推动低碳经济建设并实现控制温室气体排放的目标。自作为试点以来，辽宁省和天津市政府高度重视低碳经济发展，按照试点工作有关要求，制定了低碳试点工作实施方案，逐步建立健全低碳试点工作机构，积极创新有利于低碳发展的体制机制，探索不同层次的低碳发展实践形式，从整体上带动和促进了环渤海经济圈的绿色低碳发展。

为落实党的十八大关于大力推进生态文明建设、着力推动绿色低碳发展的总体要求和"十二五"规划纲要关于开展低碳试点的任务部署，加快经济发展方式转变和经济结构调整，确保实现我国 2020 年控制温室气体排放行动目标，根据国务院印发的"十二五"控制温室气体排放工作方案（国发［2011］41 号），2012 年 12 月，国家发展改革委印发了关于开展第二批国家低碳省区和低碳城市试点工作的通知，确定在北京市、上海市、海南省和石家庄市、秦皇岛市、晋城市、呼伦贝尔市、吉林市、大兴安岭地区、苏州市、淮安市、镇江市、宁波市、温州市、池州市、南平市、景德镇市、赣州市、青岛市、济源市、武汉市、广州市、桂林市、广元市、遵义市、昆明市、延安市、金昌市、乌鲁木齐市开展第二批国家低碳省区和低碳城市试点工作。其中包括环渤海经济圈的北京市、石家庄市、秦皇岛市、青岛市。因此，环渤海成为国家低碳省区和低碳城市试点的重要地区。

二、劣势分析（Weakness）

（一）能源消费结构不合理

国际能源署在其发布的《世界能源展望（2007）》中，对中国的一次能源需求进行了预测：中国的一次能源需求量 2005～2015 年年均增长将达到 5.1%，2005～2030 年的整个预测期内，年均将增长 3.2%。这意味着，中国的能源需求量将从 2005 年的 17.42 亿吨标准油增至 2015 年的 28.51 亿吨标准油，到 2030 年，中国能源需求量将达到 38.19 亿吨标准油。而中国的沿海地区人口集中，工业发达，尤其是环渤海经济圈以重工业为主，更加剧了煤电油气等能源的需求量。而日益膨胀的城市化，也同样加剧了沿海城市对于能源的依赖性。

环渤海经济圈的省市，辽宁、河北和山东都是传统的重工业区，能源需求旺盛，能源以传统的煤炭和石油为主，而传统能源是碳排放的主要源头。

如表 3-4 所示，由于经济结构在短期内难以调整，沿海地区工业生产对能源的需求还会很旺盛，仅依靠发展海洋低碳经济开发的新能源难以满足工业发展的需要，工业化发展进程可能还会倚重传统能源。

表 3-4　　　　　　2010~2011 年环渤海省份生产总值能源消耗

地区	2010 年电耗（亿千瓦时）	2011 年电耗（亿千瓦时）	2010 年能耗（万吨标准煤）	2011 年能耗（万吨标准煤）
北京	831	854	6954	6995
天津	675	727	6818	7598
河北	2692	2985	27531	29498
辽宁	1715	1862	20947	22712
山东	3298	3635	34808	37132

资料来源：《中国能源统计年鉴（2012）》。

如图 3-5 所示，环渤海经济圈的化石能源占比高达 85%，化石能源目前仍然是环渤海经济圈能源的最主要来源，鉴于目前环渤海经济圈的经济发展和能源可获得条件看，这一趋势很难在短期内改变，这也将阻碍环渤海经济圈低碳经济的发展。

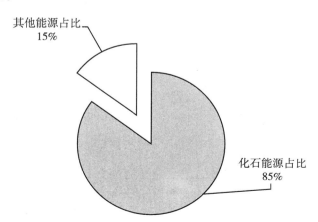

图 3-5　环渤海经济圈能源结构

（二）产业结构不合理

要想发展低碳经济，必须优化产业结构。我国整体产业结构不合理。第二产业整体比重较大，一般来说第二产业能源消耗大、碳排放量大，第三产业没有得到充分发展；就第二、第三产业自身结构来说，也不合理。第二产业发展的多是能源、资源、环境投入大的石油化工业、钢铁制造工业等传统产业，第三产业主要是旅游业、服务业等。

如表3-5所示，除北京市外，环渤海经济圈范围内的其他4个省市的第二产业在GDP中的比重均超过了50%，其中最高的辽宁省，第二产业的比重已经达到了54.7%。山东、辽宁、河北又是传统的老工业省份，国有企业多，设备老化严重，经济结构单一，各省市需要依靠第二产业的发展来支撑宏观经济的发展。这直接阻碍了环渤海经济圈改变当前的产业结构格局、发展低碳经济。

表3-5　　　　　　　　**2011年环渤海省份三次产业增加值及比重**　　　　　单位：亿元

地区	第一产业	第二产业	第三产业	构成（%）（地区生产总值=100）		
				第一产业	第二产业	第三产业
北京	136.27	3752.48	12363.18	0.83	23.1	76.1
天津	159.72	5928.32	5219.24	1.41	52.4	46.2
河北	2905.73	13126.86	8483.17	11.85	53.5	34.6
辽宁	1915.57	12152.15	8158.98	8.61	54.7	36.7
山东	3973.85	24017.11	17370.89	8.76	52.9	38.3

由于一直以来的政策引导和自成经济体系的影响，环渤海经济圈的产业结构表现出产业雷同度高、互补性差的特点。从产业结构上看，环渤海经济圈总体上偏重于重工业的发展，各省市的支柱行业主要集中在化工、机械、冶金、电子四大门类中，这种集中性的支柱产业分布，决定了环渤海经济圈的各个省市在从原材料的获取到产品的销售的各个环节竞争激烈，各个省市之间不能实现产业间的优势互补，圈内整体产业结构效益差。这种互补性差的产业结构，使得环渤海经济圈内的各个省市间的经济利益结合点少，这造成了各个省市互相合作的积极性低，经济方面的横向联系少，使得各个省市协调发展的难度增大。

（三）海洋产业结构有待优化

要想发展海洋低碳经济，必须优化海洋产业结构。可以看出，虽然我国海洋产业结构有了很大的调整，第三产业基本与第二产业持平，逐渐变为"三、二、一"的产业结构（见图 3 - 6）。但是，我国的海洋经济的产业结构还是有待调整。首先从整体上来说，第二产业整体比重还较大，与第三产业几乎持平。而一般来说第二产业能源消耗大、碳排放量大，第二产业在海洋经济中占得比重大，意味着能源消耗少、碳排放量较小的第一、第三产业没有得到充分发展；其次就第二、第三产业自身结构来说，也不合理。第二产业发展的多是能源、资源、环境投入大的传统产业如海洋油气业、海洋船舶工业、海洋化工，第三产业主要是滨海旅游业、运输业，海洋战略性新兴产业规模还比较小，不足海洋生产总值的 2%。如表 3 - 6 所示，目前我国海洋经济增长仍以海洋渔业、海洋交通运输业、海洋油气业、海洋船舶工业、海洋化工、滨海旅游等传统产业的增长为主，尽管其环比增长率有所放慢，但是总体增长量还是很大。相对这些传统产业来说，对于海洋低碳经济应该重点发展的海洋生物医药业、海洋电力业和海洋水利用业等新兴产业，尽管环比增长率上升了不少，

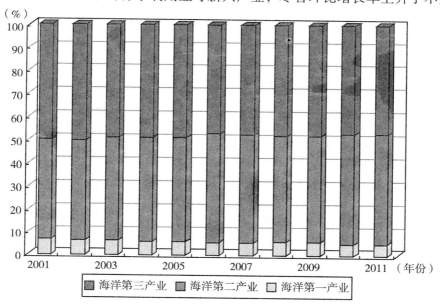

图 3 - 6　2001 ~ 2011 年海洋产业结构比例变化

但总体增长量很小，不能满足发展海洋低碳经济的需要。因此，在海洋产业结构的调整上，应继续发展海洋服务业，提高以滨海旅游业、现代海洋物流业和涉海金融为代表的海洋服务业在海洋产业结构中所占的比例。准确把握我国经济结构调整的时机，将海洋产业结构调整与我国宏观经济结构调整结合起来。大力发展海洋战略性新兴产业，加强对海洋资源的综合利用，建立起海洋工程装备、海洋生物医药、海水淡化和综合利用、海洋新能源、海底勘测和深潜、海洋环境观测和监测等海洋高新技术产业群，加快建立海洋低碳新型经济体系。

表 3 - 6　　　　　　　　　**2011 年全国主要海洋产业增加值**

主要海洋产业	增加值（亿元）	增加值比上年增长（%）
海洋渔业	3202.9	1.1
海洋油气业	1719.7	6.0
海洋矿业	53.3	2.6
海洋盐业	76.8	7.4
海洋化工业	695.9	3.2
海洋生物医药业	150.8	21.3
海洋电力业	59.2	52.8
海洋水利用业	10.4	11.9
海洋船舶业	1352.0	10.8
海洋工程建筑业	1086.8	13.9
海洋交通运输业	4217.5	10.8
滨海旅游业	6239.9	12.1

资料来源：《中国海洋统计年鉴》（2012）。

（四）环境污染、生态破坏

不论陆地还是近岸海域，都有不同程度的污染，部分地区污染程度有增加的趋势。污染和生态破坏背离了低碳经济的根本要求。环境污染一方面会增加碳排放量，不利于本地区经济的持续健康发展，从而弱化发展低碳经济的基础；另一方面环境污染也不利于旅游业的发展，不利于产业结构的调整。以旅游业为代表的服务业相对于传统第二产业来说碳排放量低,是发展低碳经济应该重点发展的产业。最后渤海的污染不利于"生物固碳"技术发挥作用。发展低碳技术中很重要的一个就是生物固碳,浮游植物的光合作用通过吸收进入海水的二氧化碳合成自身肌体的有机碳,通过光合作用形成的生物有机碳有一部分随着植物体的死亡而沉入海底,另一部分有机碳通过食物链进入海洋动物体内,伴随动物的生长及死亡过程形成颗粒有机碳,海洋中存在的菌类可以将颗粒有机碳分解为进入海洋再循环的有机碳,这些有机碳的大部分沉积掩埋在深海中。能很好地吸收二氧化碳的海洋生物主要是:海藻、贝类、珊瑚礁、滨海湿地。海洋环境污染、生态破坏,不利于这些海洋生物的生存,从而不利于生物固碳这项低碳技术的发展。

如表 3 - 7 所示,不论我国渤海海域还是黄海海域,都有不同程度的污染,与受污染的海域相比,较清洁的海域不足一半,而且近海海域,较清洁的海域面积还有下降的趋势。

表 3 - 7　　　　　　　2011 年环渤海海域海水水质　　　　单位:万平方千米

海区	较清洁海域面积	轻度污染海域面积	中度污染海域面积	严重污染海域面积
渤海	1.47	0.90	0.38	0.42
黄海	1.38	0.72	0.42	0.95

资料来源:《中国海洋统计年鉴》。

海域的污染和海洋生态破坏对低碳经济的不利影响主要体现在:一方面它不利于第一产业中海水养殖业和第三产业中滨海旅游业的发展,而这两个产业相对于海洋传统的第二产业来说碳排放量低,是发展海洋低碳经济应该重点发展的产业。另一方面,海域污染和海洋生态破坏不利于海洋经济的持续健康发展,海洋经济的持续健康发展是发展海洋低碳经济的基础,没有了健康的海洋经济,更谈不上海洋低碳经济。

(五) 新能源开发程度低,科技成果转化不够

长期以来,我国能源倚重化石燃料,尤其是煤炭资源,因而引起的碳排放量大,环境污染严重。通过发展海洋低碳经济,可以开发海洋新能源,如海浪、潮汐、洋流、海风、海水温度差和盐度差能等可再生能源,既可以满足工业、生活对能源的需求，又不会产生过多的碳排放。但是就目前来说，我国可再生能源的利用水平还比较低。

作为发展中国家，中国发展低碳经济，实现海洋经济由"高碳"向"低碳"转变的最大制约是整体科技水平和技术研发能力。中国能否利用后发优势，在工业化进程中实现低碳经济发展，不仅取决于自主创新能力和低碳技术研发能力，更重要的是把研发出来的低碳技术转化为成果，在实践中推广应用。

我国由于科技体制长期与市场脱钩，我国的科技成果转化率普遍较低。按全国平均水平来说，目前，我国科技成果的市场转化率不到20%，最终形成产业的只有5%左右，不仅远远低于发达国家70%～80%的水平，也低于印度50%的科技成果市场转化率。如表3-8所示，我国现在海洋科研机构的研究课题，基础研究比重大，应用研究和成果应用比重不高，应用研究占总课题的31%左右，而正在转化为成果进行应用的成果应用项只占8%左右。这远远不能满足广泛推广低碳技术，大范围发展海洋低碳经济的要求。

表3-8　　　　分地区海洋科研机构科技课题情况（2011年）　　　　单位：项

行业	课题数	基础研究	应用研究	试验发展	成果应用	科技服务
北京	4897	1302	1126	931	382	1156
天津	536	0	59	239	74	164
河北	67	4	17	11	15	20
辽宁	290	0	21	149	82	38
山东	1477	421	573	286	57	140

（六）人们低碳消费意识淡薄

总体上，低碳经济在环渤海经济圈乃至我国都是比较先进的概念，作为市民目前大多没有足够的低碳消费意识，不能从身边的小事做起投入节能减排中去。举例说明，我国市民目前过多地使用不可降解塑料袋，这给低碳经济造成很大的不良影响。据统计，我国每年减少10%的塑料袋，便可以节约1.2万吨标准煤，减少31万吨二氧化碳的排放。

三、机遇分析（Opportunity）

（一）国家把发展低碳经济作为战略目标

我国政府对于低碳经济高度重视，明确主张"发展低碳经济"。2007 年，中国在澳大利亚悉尼亚太经合组织第十五次领导人非正式会议时为应对全球气候变化提出建议，其中包括建立适应可持续发展要求的生产方式和消费方式，优化能源结构，推进产业升级，发展低碳经济，努力建设资源节约型、环境友好型社会。2009 年 8 月全国人大常委会做出应对全国气候变化的决议，会议中强调了发展低碳经济和绿色经济的重要作用，我国需要抓住全球发展低碳经济的契机，从我国目前的国情出发加快低碳产业发展，逐步取消高碳产业，改变我国经济发展高碳化的现状，加快低碳工业、低碳建筑业和低碳交通业的发展。同年 8 月，国务院常务会议中把应对气候变化纳入社会经济发展规划中，会议强调各级政府要将控制温室气体排放纳入当地中长期经济发展规划，强调将低碳经济作为刺激经济发展的新增长点，并在全国范围内建立低碳经济示范区。在 2010 年 3 月《政府工作报告》中明确提出："要积极应对气候变化，大力开发低碳技术，推广高效节能技术，积极发展新能源和可再生能源，加强智能电网建设"，"要努力建设以低碳排放为特征的产业体系和消费模式"。其中低碳技术主要包括 4 个方面：能效技术、改善燃油经济性、提高建筑能效、提高电厂能效；减碳技术：天然气替代煤炭、风力发电、光伏发电、氢能、生物燃料、核聚变；碳封存与碳捕获技术：地质封存、海洋封存、富氧燃烧捕集；碳汇技术：森林管理、农业土地管理。[①] 我国海洋产业作为发展较快的产业，总产值占国内生产总值近 10%，在天然气、风能、水能、氢能等新能源和可再生能源方面储备丰富，发展潜力巨大，国家政策上的鼓励必将带动相关产业的发展。

在政策上给予大力支持的同时，国家相关部门也出台具体措施指导低碳经济的发展。2009 年 5 月，科技部社发司、中国 21 世纪议程管理中心组织成立了低碳科技示范专家组，研究提出了《低碳经济科技示范区工作方案》。根据该方案的要求，科技部将选择具有不同代表性的社区、城市及相关行业建设低

---

① 徐锭明：《低碳经济理论篇之二我国已经进入低碳经济发展元年》，载于《中华建设》2010 年 5 月。

碳经济示范区。示范区可以从点到线最后到面的推进模式，将低碳技术在示范区内试验和完善，最终通过可以复制的模式推动到整个社会。当前，国家重视低碳经济的发展，国家可持续发展办公室着力研究针对低碳经济示范区的推广和低碳城市建设相关的方案，工作方案从低碳技术示范区建设、低碳城市发展策略、低碳城市持续创新能力等方面切入。我国沿海地区多为经济发达地区，对其他地区具有示范效应。低碳经济科技示范区的建设必将带动沿海地区海洋相关产业低碳技术水平的提高和推广，从而带动全国低碳经济的发展。

党的十八大报告首次提出建立"美丽中国"，坚持节约资源和保护环境的基本国策，坚持节约优先、保护优先、自然恢复为主的方针，着力推进绿色发展、循环发展、低碳发展，形成节约资源和保护环境的空间格局、产业结构、生产方式、生活方式。

（二）环渤海地区是国家重点战略开发区

环渤海经济圈是我国重要的战略开发区，2008～2011年，先后有6个经济开发区上升为国家战略，其中包括天津滨海新区、辽宁"五点一线"和沈阳经济区、山东黄河三角洲高效生态经济区和山东半岛蓝色经济区、河北沿海经济区。作为国家战略发展规划区，为环渤海地区低碳经济发展提供了良机（见表3-9）。

表3-9　　　　　　　　环渤海经济圈的国家战略开发区

地区	时间	国家战略开发区	战略定位（低碳）
天津	2008年	滨海新区	中国工业循环经济示范基地，建设"低碳新区"
辽宁	2009年	"五点一线"经济区	生态建设，增强可持续发展能力
	2010年	沈阳经济区	新型工业综合配套改革试验区
山东	2009年	黄河三角洲高效生态经济区	全国重要高效生态经济区
	2010年	东半岛蓝色经济区	海洋开发与保护并重
河北	2011年	河北沿海经济区	我国北方沿海生态良好的宜居区

（三）"十二五"规划推动低碳经济区域合作

依据国家"十二五"规划，环渤海经济圈各省市也相继推出"十二五"规划，在规划目标中均把节能减排和发展低碳经济作为"十二五"期间的重要任务。环渤海地区各省市的节能减排和发展低碳经济目标大同小异，有利于推动未来环渤海低碳经济发展区域合作（见表 3 - 10）。

表 3 - 10　　　　　　　　国家及环渤海地区《"十二五"规划》

	《"十二五"规划》目标（低碳）
我国低碳经济目标	全国万元国内生产总值能耗下降到 0.869 吨标准煤，比 2010 年的 1.034 吨标准煤下降 16%，"十二五"期间，实现节约能源 6.7 亿吨标准煤； 全国化学需氧量和二氧化硫排放总量比 2010 年减少 8%，全国氨氮和氮氧化物排放总量，比 2010 年的减少 10%； 非化石能源占一次能源消费的比重达到 15% 左右； 森林面积比 2005 年增加 4000 万公顷，森林储蓄量增加 13 亿立方米； 核电规模至少达到 7500 万千瓦以上； 水电装机规模至少达到 3 亿千瓦以上； 其他生物质能的利用规模达到 2.4 亿吨标准煤以上
山东省低碳经济目标	围绕钢铁、建材、石油石化、化工、煤炭等十大行业组织实施 1000 个节能项目，提高传统行业能源利用效率； 通过实施节能科技提效工程，累计节能 1500 万吨标准； 建立起比较完善的节能法规标准体系、政策支持体系、监督管理体系、技术服务体系； 万元 GDP 能耗降低到 0.85 吨标准煤，比 2010 年的 1.02 吨标准煤降低 17%，比 2005 年的 1.32 吨标准煤降低 35% 以上； 单位 GDP 二氧化碳排放比 2010 年下降 18%； 战略性新兴产业增加值占地区生产总值的比重达到 10%，服务业增加值占地区生产总值的比重达到 45%，新能源装机总容量比重达到 14%； 新增造林面积 1000 万亩以上，森林覆盖率达到 25% 以上，森林蓄积量 1.1 亿立方米
河北省低碳经济目标	二氧化碳排放总量增长率与 2010 年相比控制在 40% 以内，达到 16093 万吨。碳强度下降 20%，其中，一产碳强度下降 18%，二产碳强度下降 31%； 能源结构进一步优化，非化石能源占一次能源消费比重达到 5% 以上，非商品化可再生能源得到广泛应用； 森林覆盖率达到 32%，活立木蓄积量达到 1000 万立方米，增长 26.3%，碳汇能力和适应气候变化能力进一步增强； 低碳生活与消费理念基本形成，低碳建筑、绿色出行、低碳社区等形成亮点； 低碳经济社会发展的政策保障体系、技术创新体系和激励约束机制基本形成； 低碳经济交流合作平台全面建立

	《"十二五"规划》目标（低碳）
辽宁省低碳经济目标	到 2015 年，主要污染物排放得到有效控制，完成国家下达的约束性指标； 二氧化硫排放总量比 2010 年减少 10.7%； 综合脱硝效率达到 70% 以上； 调整三次产业结构，充分发挥科技创新对产业升级的支撑引领作用，做精一产、做强二产、做大三产； 全面完成四年绿化辽宁计划，使全省森林覆盖率达到 42% 以上，林木绿化率达到 48% 以上，全社会绿化投资力争达到 300 亿元，人工造林 500 万亩以上
北京市低碳经济目标	单位 GDP 能耗比 2005 年下降 40%、单位 GDP 二氧化碳排放强度降低 30% 以上； 可再生能源占能源消费比重的 5%，优质能源占能源消费总量的比重达到 75%； 全市生态服务价值进一步提高，林木绿化率提高到 57%； 万元 GDP 能耗、万元 GDP 二氧化碳和主要污染物排放持续下降，达到国家要求，空气质量二级和好于二级天数的比例达到 80%； 万元 GDP 水耗降低 15%，生活垃圾资源化率达到 55%，再生水利用率达到 75%
天津市低碳经济目标	单位 GDP 二氧化碳排放将比 2005 年降低 36% 以上，比 2010 年降低 19%，低碳产业、低碳能源、低碳消费体系建设取得初步进展； 石化、冶金等四大重点行业主要产品单位能耗指标达到国内先进水平，部分达到国际先进水平； 电动和清洁能源公交车辆比例达到 30% 以上，公共交通分担率提高到 30%； 完成造林面积 10400 公顷，林木绿化率达到 24%，建成区绿化覆盖率达到 35%

（四）各领域低碳技术开发取得突破

发达国家前沿低碳技术如表 3 – 11 所示。

表 3 – 11　　　　　　　　　　　发达国家前沿低碳技术

国家	技术领域	具体技术
日本	生物领域	通过掌握控制植物气孔张开的技术，增加农作物产量、减排二氧化碳作贡献
		川崎重工通过设在日本秋田县的日产能 200 公升的生产设备，开发出无须硫酸和酵素即可从稻草中获取生物乙醇的技术，其成本仅为每公升 40 日元
	能源领域	从海底下地层可燃冰中提取甲烷气体的试验获得成功，系全球首次
		日开发出不使用稀土的电动机用于新能源汽车
		日本成功从废油中提取燃料氢可进行发电

国家	技术领域	具体技术
英国	材料领域	最新研发 NOTT－202a 的新材料。它的分子结构单元是以铟原子为中心，其他气体可自由通过，但二氧化碳会被截留，因此这种材料有望用于工业上捕捉二氧化碳，减少碳排放
		研制出了一种新型的无铅耐高温的陶瓷电容，可以明显改善混合动力和纯电动车的能效和可靠性
美国	能源领域	斯坦福大学研制出全球首块全碳太阳能电池，将来有望替代材料昂贵的光电设备
		加州大学洛杉矶分校利用电力将二氧化碳转化为液体燃料异丁醇的方法
德国	能源领域	德国研发出新型太阳能储备锂电池
		德国研究人员发现，在一种金属催化剂的帮助下，二氧化碳和氢气可在较温和的条件下生成有工业用途的甲醇
		巴斯夫公司使用特质的催化剂将用环保方式制造的氢气和二氧化碳相结合产生新的燃料和化学制品。该公司的做法不但可以获得环保纯净的氢气，而且可以控制温室气体的排放并促进新能源汽车产业的发展

（五）法律支持

近年来，国家颁布了《节约能源法》、《可再生能源法》、《促进循环经济法》等一系列法律法规，对节能减排、可再生能源等做了明确规定，使节约能源资源、控制温室效应气体排放做到有法可依，为环渤海经济圈发展低碳经济提供了法制保障。

（六）新能源的开发

按照目前的经济发展方式和能耗方式，我国的能源消费量会呈现逐年上升的趋势，预计到 2050 年我国的能源消费量会高出 2000 年能源消费量的两倍。这种巨大的能源缺口，单凭常规的化石能源难以解决，要逐渐改变以煤炭消费和石油为主的能源消费模式以及以煤电为主的供电模式，就必须充分发挥海洋能源的作用。这不仅能够改善能源结构、增加能源供应量，而且可以促进海洋低碳经济的发展，改善当前因为化石燃料的燃烧造成的温室气体大量排放的情况，以新能源发电代替传统的煤电，改善我国沿海地区用电情况，实现农村电气化。

2006年开始实行的《中华人民共和国可再生能源法》为包括海洋新能源在内的可再生能源的研究使用提供了法律保障。鉴于目前的技术和工业水平，在所有的海洋能中最具有开发价值的是风能和太阳能，其次为潮汐能和波浪能等。在我国的部分沿海地区，海流能已经进入了示范使用阶段。由于目前理论和技术发展的不完备，温差能和盐差能在我国尚未得到实际应用。考虑到我国目前的自然条件和科技水平，在我国最适合利用的海洋能是太阳能和风能，我国应该在大力研究推广风能和太阳能的基础上，探索其他能源的利用方式，做到多种能源的综合利用。

四、威胁分析（Threats）

（一）传统追求 GDP 发展观念的挑战

发展低碳经济，实现节能减排目标，就要转变经济增长方式，调整产业结构，淘汰一些能源、资源消耗量大，环境破坏严重的传统工业。毋庸讳言，一段时期以来，我国经济的发展处于粗放水平，一些行业大量消耗资源、破坏环境。而有的地方和部门为了保持 GDP 高增长，不惜大量消耗资源、恶化生态环境，造成表面 GDP 繁荣的局面。这种念念不忘 GDP、以 GDP 的增长作为自己的政绩，不顾经济可持续发展的观念对海洋低碳经济是一个很大的威胁。低碳经济尚处于试验阶段，一方面一些新能源的开发，新项目的建立很可能不会取得立竿见影的效果；另一方面发展海洋低碳经济要淘汰一些高污染高能耗的企业，这些都可能造成 GDP 暂时缩水，如果领导者不能转变经济增长观念，时时以 GDP 的增长为经济增长的标准，很可能使一些高能耗、高污染的企业死灰复燃，海洋低碳经济发展流于形式。

对于环渤海经济圈来说，与长江三角洲、珠江三角洲等成熟的经济圈相比，处于初期阶段。目前，摆在环渤海经济圈面前最主要的问题就是发展，利用自身的优势，提高经济实力，缩小乃至赶超长江三角洲和珠江三角洲。GDP也仍成为衡量环渤海经济圈发展的最重要指标。绿色 GDP 的概念也仅仅限于理论书面阶段，并没有在环渤海经济圈的发展中使用。目前在政府层面高度重视低碳经济的发展，并在将低碳经济的发展明确地写入"十二五"规划中，但是环渤海经济圈作为中国主要的工业基地之一，面对着发展经济与资源环境平衡的矛盾，政府在经济增长压力的情况下会采取何种措施应对，这是环渤海经济圈低碳经济发展需要面对的一大挑战。

（二）工业化的"高碳"特征的挑战

我国现在处于工业化、城市化的快速发展过程中，在全面建设小康社会的过程中，大规模的基础设施建设和经济快速发展的需要决定了我国的能源需求会不断增强。我国目前经济发展过程中的"高碳"特征以及高碳经济带来的"发展排放"，已经成为制约我国经济可持续发展的一个"瓶颈"。我国需要直面人民生活水平不断提高的需要和生态环境健康发展的难题，努力做到在保证人民生活质量的同时避免以牺牲环境为代价的经济发展方式。

环渤海地区是中国最大的工业密集区，是中国的重工业和化学工业基地，而且大型企业比重偏高，中小企业相对较少，缺乏活力。环渤海经济圈在工业化发展过程中势必会发展自己重工业方面的优势，来拉动 GDP 的增长。这种"高碳"特征突出的"发展排放"会对环渤海经济圈低碳经济进一步发展带来极大的挑战。

（三）宏观经济环境的影响

一方面金融危机通过抑制世界经济的增长抑制了世界主要经济体对传统能源的需求。金融危机虽然并未抑制住新兴经济国家发展的势头，但是它对发达国家实体经济的冲击是显而易见的。由于世界经济增速放缓，导致传统能源的需求降低和价格回落。这减缓了我国企业在能源成本方面的压力，也使得企业节能减排的积极性有所降低，因此发展低碳经济的动力也比能源价格高涨时打了不少折扣。另一方面后金融危机时代也在一定程度上抑制了中国经济的发展。一些地区包括沿海地区为了应对全球金融危机，促进经济稳定发展，提供国家贷款，刺激经济增长。这些贷款很大一部分流入了高耗能、高污染的传统工业。这是一个无奈的选择。在金融危机的大背景下，恢复和维持经济基本面，是各地政府的首要现实需求，在政策的制定上容易左右为难。这种宏观上的影响自然延伸到环渤海经济圈的发展，面对宏观经济环境的影响如何发展低碳经济,也是环渤海经济圈低碳经济发展面临的一大挑战。

（四）海洋低碳经济的风险大

一方面我国的海洋经济长期以来依赖海洋交通运输、海洋渔业、滨海旅游、海洋油气业、海洋船舶工业、海洋化工等传统产业,海洋新兴技术产业发展不足、海洋新能源和资源利用深度不够。要想发展海洋低碳经济,必须进行艰难的结构调整。但是现在海洋低碳经济还处于试验阶段,政策配套欠缺,技术发展不成熟,使得海洋低碳经济的发展充满挑战。发展海洋低碳经济在支持产业结构调整由高碳向低碳转型方面,目前尚欠缺有效的风险补偿、担保和税收减免等综合配套政策,往往会导致转型企业的经营成本大幅度上升、盈利能力下降。发展海洋低碳经济往往有社会效应但缺乏当前的经济效应。另一方面在发展海洋低碳经济新产业、开发新能源时,会出现一哄而进、重复引进和建设的倾向,造成投资浪费、效率低下的问题。

五、SWOT 分析对策矩阵

从环渤海经济圈发展低碳经济的优势、劣势以及机遇和威胁方面进行了详细论述,并对影响因素的重要程度进行排序。将上述分析结果进行交叉组合,可以得到策略矩阵如表 3 – 12 所示。

表 3 – 12　　　　环渤海经济圈发展低碳经济 SWOT 分析对策矩阵

		（O）机遇	（T）威胁
		（1）国家政策支持	（1）传统发展观念及工业高碳化特征
		（2）法律支持	（2）宏观经济环境的影响
		（3）新能源开发的机遇	（3）低碳经济风险
		SO 策略	ST 策略
（S）优势	（1）地理区位优势	（1）发挥地理优势,促进新能源开发	（1）发挥自身优势,应对区域竞争
	（2）科研优势	（2）配合国家战略,促进自身发展	（2）加强低碳技术创新和技术储备,拉动新的经济增长

		SO 策略	ST 策略
（S）优势	（3）海洋资源优势	（3）依靠法制保障，利用海洋资源优势	
	（4）产业优势	（4）抓住人才资源，加速低碳经济创新	
		WO 策略	WT 策略
（W）劣势	（1）传统能源需求大	（1）调整产业结构，建立低碳新型经济体系	（1）调整产业结构逐步改变传统发展观念
	（2）产业结构不合理	（2）根据法律保护生态环境	（2）避免落后产能重复建设，增强核心竞争力
	（3）环境污染生态破坏	（3）抓住机遇促进新能源的开发	
	（4）新能源开发程度低，科技成果转化不够	（4）依靠国家政策促进科研成果转化	

第三节

环渤海经济圈各省市低碳经济政策和典型项目

一、山东省

（一）低碳项目

城市之星甩挂运输试点项目位于里水镇大步村，数以万计的物品正有条不紊地发往全国各地，这里是国家级甩挂运输试点之一。所谓"甩挂"，就是当配送车将满载的集装箱送到目的地时，车头与集装箱可以分离，车头再将满载的另一个集装箱运回，从而减少配送车返程的空载率，并最大限度地节约等候装卸的时间。据介绍，该项目目前已成立 7 条甩挂基本路线，从佛山通往上海、北京、青岛等地。经过测试，甩挂运输方式比传统单车运输方式百吨千米燃油消耗节省了 0.68 升，下降了 10.9%。试点七条路线 2013 年、2014 年两年合计将节省燃油 4190 吨，折合标准煤 6104 吨，减少二氧化碳排放量为 12424 吨。若按柴油时价计算，相当于节省人民币 3000 多万元。

（二）低碳社区

1. 济南平阴县：致力三年突破，打造"低碳城"

平阴县坚决支持党的十八大中建设生态文明的要求，着力打造"平阴低碳城"。平阴县大力推进清洁能源产业的发展，并且在风力、太阳能等相关产业取得了一定成绩，平阴县良好的政策和环境因素也使得中国低碳投资中心打算在该县建立低碳产业投资中心。平阴县面积小、人口数量少，发展低碳产业从规划到产业建设的难度都相对较低。平阴县建设低碳城首先从建设布局抓起，力争每个建设项目都增加上一个低碳审查的环节，并鼓励太阳能发电设备、太阳能热水器在城内的应用，严格控制市区内公务车辆的使用，逐步推行新能源公务车。

2. 菏泽市成可再生能源建筑示范市，大力发展低碳经济

菏泽市已入选 2012 年可再生能源建筑应用示范城市，可获 7000 万元中央财政补助，两年内计划完成 300 万平方米可再生能源建筑应用目标。

菏泽市可再生能源资源十分丰富。在太阳能方面，菏泽地区年平均日照时数为 2578.3 小时，属于太阳能资源Ⅲ类地区，光热资源为山东之冠；且浅层地热能丰富，冬季干燥寒冷，夏季炎热多雨，非常适合地源热泵技术的应用。同时本地区地质特点决定了在应用地热能方面开发利用成本与胶东地区相比可节省 1/3。

目前，菏泽城区先后有 19 个开发项目实施了太阳能光热系统建筑一体化，有 10 多个地源热泵项目已投入使用。目前菏泽市区应用太阳能与建筑一体化项目总建筑面积 202.64 万平方米，应用浅层低能供热制冷项目建筑面积约 62 万平方米，太阳能光伏建筑一体化 263.1 千瓦，道路和园林、小区工程太阳能光伏照明灯装机容量 340 千瓦，测算每年可节约标煤 6.65 万吨，减排二氧化碳 17.41 万吨，节约电费 8000 万元。

3. 低碳社区创新"生态潍坊"路径

潍坊市的低碳城市建设从建筑领域抓起，鼓励绿色建筑的发展，大力推行低碳社区的建设，找到了一条适合该地特点的低碳城市建设之路。

（1）确立"6＋X"的低碳社区建设模式。

所谓的"6＋X"模式中的"6"指的是低碳社区建设的 6 个强制方面包括太阳能光热建筑、建筑物节能门窗的安装和墙体保温材料的应用、分户供热计量装备、节能灯的安装、地热装置技术和社区绿化率达到35％；"6＋X"中的"X"就是低碳社区因地制宜，采取下面 8 项技术中的一种或几种，具体包括应用太阳能光伏与 LED 结合照明系统、太阳能与地源热能结合系统、智能新风系统、雨水收集及利用、污水处理及中水回用、新型围护结构技术、太阳能光伏建筑一体化技术、沼气应用、垃圾无害化处理等。

潍坊市注重"6＋X"的应用，该市区县以上及规划区内的符合条件的公共建设项目，太阳能光热系统的应用率达到了100％，累计建筑面积达到1800万平方米；七成以上的低碳社区采用节水技术；全市累计的地源热泵的应用面积也达到了 600 万平方米。在低碳社区的建设中，注意墙体保温材料、中空玻璃等节能技术的应用；做好废物利用，利用建筑垃圾制成环保地砖，潍坊市累计使用环保地砖 220 亿标砖，相当于节约土地24160 余亩。

（2）挑选 19 个低碳社区进行试点。

潍坊市根据"6＋X"模式，选出 19 个有代表性的社区作为试点，来满足公共建筑节能50％和居民居住建筑节能65％的强制要求，并最终依靠示范区带动全市低碳社区建设的目标。

（3）一个标准体系。

潍坊市政府为了规范和引导市内低碳社区的发展，制定相关政策和规范运作模式。

潍坊市将国家与山东省规定的建筑行业节能减排标准与潍坊地区的实际情况相结合，制定了一整套适合当地特点的太阳能、地热、节水、新材料、环保地砖等技术方面的标准，确保各个方面的技术有相应的规范。市内成立了低碳社区委员会，每隔一段时间对市内相关项目进行质量监督、技术指导和后期质量检查和验收。潍坊市建立项目申报程序与项目出清制度，对不符合低碳建设要求标准的社区，取消其低碳社区资格。

潍坊市加大财政对低碳社区的补贴，每年市政府出资 2000 万元的专项资金，对购房人和开发商都给予一定的鼓励优惠，以奖代补的方式进行扶持。潍坊市各个县区也积极响应市政府的政策，加大所属辖区的低碳社区补助。青州市每平方米补助该市低碳社区 190 元，寒亭区的补助为 70 元。此外，潍坊市政府加大宣传力度，调动市内建设低碳社区的积极性。

（三）低碳企业

1. 青岛新天地——"城市矿产"开发模式的"三级循环"

伴随着我国经济的快速发展，"资源节约型"和"环境友好型"社会的建设正迫在眉睫，而作为我国节能环保、低碳循环的龙头企业，青岛新天地静脉产业园用"新思维"、"新模式"、"新技术"打造出了一座由"废弃物"堆积而成的城市"矿山"，这种"矿山"，值得推广"开采"，这种产业，利在千秋万代。

"新天地模式"的三级循环包括：企业与园区层面的环境服务微循环、动静产业相结合的区域循环以及资源整合国际大循环。

在环境服务微循环上，新天地与山东省 9000 多家企业、园区建立了长期合作关系，并在部分企业、园区开展了嵌入式环境服务，为客户提供了废物处理处置一体化解决方案，创造了"一对一"的企业或园区物质流动层面的微循环；动静产业相结合的区域循环是以静脉产业为载体，与山东半岛蓝色经济区石化、汽车、家电、电子、造船、港口这六大动脉产业，建立优势互补的集"城市矿产"回收—无害化处理—资源再生—加工制造—产品销售—服务于一体的、动静脉产业有机结合的"6＋1"生态工业发展模式；资源整合国际大循环则是通过国际监管区的建设，开展"城市矿产"资源的规模进口加工，创造再生资源的国际大循环。

2. 山东科灵集团公司：低碳产业"隐形冠军"

科灵现已发展成为集高、精、尖地源热泵产品生产制造、系统集成、能源合同管理于一体的现代化集团公司，并赢得了低碳产业"隐形冠军"美誉。

科灵的主导产品就是地源热泵，可用于各种建筑的制冷、供热及制取卫生热水。地源热泵技术是国家"十二五"建设事业重点推广技术和节能减排重要技术装备。自 2006 年开始，国家出台了可再生能源建筑应用专项资金支持政策，地源热泵技术列入专项资金支持的重点技术领域。

科灵空调是首批国家级高新技术企业，从 2008 年开始，先后取得了 21 项实用新型专利、4 项国家发明专利；并参与编写了 6 项国家标准、2 项山东省行业标准。科灵有多项高新技术项目获得山东省财政厅企业自主创新及技术进步专项引导资金和山东省新能源产业发展专项资金支持，科灵地源热泵产品列入山东省自主创新产品目录。作为技术支撑单位和协助建设单位，成功申报 10 多项财政部、建设部的"可再生能源建筑应用示范工程"。

山东科灵空调设备有限公司积极响应国家节能减排、发展低碳经济的政策，大力推广高效节能技术，市场已经覆盖东北、华北、西北、华中的全国二十多个省区市，实现了经济效益和社会效益的双丰收。

（四）低碳政策

1. "十二五"规划中的低碳发展目标

"十二五"规划中指出，山东省要根据省内的实际情况建立起完善的适合节能经济发展的体系，包括法律法规体系、政策扶持体系、技术支撑体系与监督管理体系。健全节能长效机制，改变能源消耗结构、使用新能源，并且提高传统能源的使用效率，产业结构得到改善。2010 年山东省的万元 GDP 的能耗为 1.02 吨，计划在 2015 年万元 GDP 的能耗降到 0.85 吨标准煤，减低的比例为 17%。此外，为了鼓励节能技术，山东省制定了五项原则、九大措施以及"661 节能行动计划"。

2. 控制温室气体排放方案

《山东省"十二五"控制温室气体排放工作实施方案》（简称《方案》）采用定量与定性相结合的方式，对山东省"十二五"期间温室气体减排工作提出了明确的目标要求：

（1）到 2015 年全省单位地区生产总值二氧化碳排放比 2010 年下降 18%，控制甲烷、氧化亚氮、氢氟碳化物、全氟碳化物等温室气体排放取得明显成效。

（2）应对气候变化体制机制和政策体系得到基本完善，温室气体排放统计核算体系基本形成，碳排放交易市场逐步建立。

（3）低碳试验试点取得积极进展，形成一批各具特色的低碳城市、低碳社区、低碳园区，推广一批具有良好减排效果的低碳技术和产品，使温室气体排放控制得到全面提升。

《方案》确定了4个方面的控制温室气体排放的工作措施：一是调整优化产业结构和能源结构；二是大力推进节能降耗；三是控制非能源活动温室气体排放；四是努力增加碳汇。

《方案》注重体制建设和保障工作的完善，强调加快低碳产业的建设和宣传低碳生活方式，注意控制温室排放的全民参与性，形成了政府主导、企业主体、社会参与的格局。《方案》强化了体制机制建设和工作保障，提出了5个方面的工作措施：一是积极开展低碳试验试点；二是积极探索碳排放交易；三是强化科技与人才支撑；四是大力推动全社会低碳行动；五是落实保障工作。

二、北京市

（一）低碳政策

1. "十二五"规划中的低碳发展目标

"十二五"规划中指出，北京市低碳经济发展的目标强调控制温室气体的排放，加大力度节能减排，注重提高能源使用效率和新能源的利用，扩大碳汇森林面积，完善适合低碳经济发展的机制建设和法律保障，鼓励低碳技术的研发和应用，提高全民参与低碳建设的积极性，加大对低碳经济示范区的投入，争取建成在国内有指导意义的低碳城市。具体目标包括：到 2015 年的单位GDP 能耗比 2005 年降低 40%，可再生能源在总的能源中占比达到 5%，单位GDP 排放的二氧化碳量下降 30%，所用能源中优质能源的比例达到 75%。

2. 碳排放权交易

2012 年 3 月 28 日，作为国家发改委批准的"7 个碳排放权交易试点省市"的北京市正式启动碳排放权交易试点，成为首个宣布启动碳交易试点的城市。

根据《北京试点方案》，北京市碳排放权交易试点的交易产品包括直接二氧化碳排放权、间接二氧化碳排放权和由中国温室气体自愿减排交易活动产生的中国核证减排量。11 月 22 日，北京市发改委联同北京市金融工作局共同公布了《北京市碳排放配额场外交易实施细则（试行）》。场外交易指交易双方直接进行碳配额买卖磋商。细则规定了配额场外交易的适用对象、交易协议要求、监管要求等。关联交易和大宗交易必须采取场外交易，且由金融局进行监管。北京市是首个公布场外交易细则的碳交易试点，有望推动场外交易在北京市试点启动之后迅速落地。场外交易能够提高控排企业操作的灵活性。从欧盟的发展经验来看，在碳市场发展初期，场外交易是主要的交易形式之一。北京市此举在推动碳金融发展上先行一步。但是北京市场外交易的交割结算须在交易所进行。2013 年 11 月 28 日，北京市碳排放权交易在北京市环境交易所正式开市，北京行政区内源于固定设施排放、年二氧化碳排放量在 1 万吨以上的企业和单位，都已被纳入碳排放的履约范围。所谓的履约是指这些重点排放单位每年将获得一定的碳排放配额，各家必须按照这一额数控制自己的碳排放总量。如果超标则需在碳交易市场花钱向别家购买碳排放配额。若未超标则可以将剩余的配额卖出，也可以自己留存到下一年再用。目前共有 490 家企业完成核算和第三方核查，可参与交易。这些企业的碳排放量约占北京市排放总量的 40% 左右。年综合能耗在 2000 吨标准煤以上的单位，同样可以参与交易，参照重点排放单位管理。

（二）低碳项目

1. 西门子"低碳"项目落地北京朝阳区

西门子与北京市朝阳区政府就在朝阳区进一步推进公共建筑及其他相关产业中的节能减排工作建立战略伙伴关系。根据协议，首个示范项目由西门子楼宇科技集团执行，通过对选定的朝阳区政府办公楼进行诊断、改造和升级。西门子将在首个示范项目中提供节能技术和工程服务，实现每年节省至少 12% 的能耗。

2. 望京家庭低碳知识竞赛项目

家庭是社会的细胞，社区是社会的基层组织，社区家庭的节能减排潜力是非常巨大的，社区家庭每一位成员低碳节能的日常方式将对我国积极应对气候变化有着重要影响。据统计，一个三口之家，如果夏季使用空调比国家标准（26℃）高 1℃，使用太阳能供暖，在家随手关灯，乘公交出行，每年用布袋代替 300 个塑料袋，少用 50 双一次性筷子，那么这个家庭的人均减排量就是 894.12 千克二氧化碳/年。

（三）低碳企业

1. 北京科净源

北京科净源通过中国产品质量协会"绿色低碳企业"认证作为国内物化法水处理界的龙头企业，北京科净源主编了该行业的国家标准《射频式物理场水处理设备技术条件》、《全自动钠离子交换器技术条件》、建设部《空调供暖系统水质标准》。先后荣获了国家级重点新产品、北京市重点扶持环保企业、北京市专利工作试点单位等荣誉，是北京市无形资产质押政府贴息贷款首家企业。北京科净源拥有实用新型专利 20 项、外观专利 5 项、发明专利 7 项，"全程处理器"、"速分生物污水处理系统"应用广泛，此两项技术获得北京市科学技术委员会成果鉴定，"速分生物处理技术及示范工程"还获得了国家环保总局的国家环境保护科学技术二等奖。

2. 北京米兰之窗

国内唯一一家"中国节能木结构门窗科技产业化基地"的北京米兰之窗节能建材有限公司经由中国产业网推荐，在备受传媒和低碳发展领域人士关注的"澄迈杯 2011 中国低碳发展经济新闻人物（单位）"颁奖典礼上荣膺中国低碳建材领军企业称号。

三、辽宁省

（一）低碳经济政策

辽宁省位于东北工业区范围内，重工业相对发达。近年来，为了调整产业结构，实现经济的可持续发展，辽宁省为了实现可持续发展，积极探寻改变经济发展模式的途径。辽宁省一直注重节能减排，在 2002 年，成为我国循环经济试点省份的辽宁省就开始在多地区多领域通过技术改造和能耗指标公示的方式实施节能减排。此后几年，辽宁省陆续出台相关措施，实施全省范围内的节能减排。2006 年辽宁省颁布《辽宁省节约能源条例》，以法律的形式确定了节能减排的重要性。2007 年辽宁省颁布《辽宁省生态建设规划纲要》（以下简称《纲要》），《纲要》明确了辽宁省建立生态省的目标，指出全省转变经济发展方式的重要性，要求全省形成节约资源的产业结构和可持续发展的增长方式，要求提高能源的使用效率，提高可再生能源在能源消耗中的比重，实现清洁、节约、安全、可持续的发展模式。2009 年辽宁省制定《辽宁省应对气候变化实施方案》（以下简称《方案》），《方案》中明确提出调整产业结构、发展低碳经济的目标，规定：2010 年万元 GDP 能耗比 2005 年下降 20%，到 1.46 吨标准煤，减少 1 亿吨二氧化碳的排放；2015 年的万元 GDP 能耗比 2010 年降低 20%，再减少 1 亿吨二氧化碳的排放。2010 年，辽宁省在其政府工作报告中提出全面建设生态辽宁的工作目标，明确建立生态补偿机制以及推广循环经济和低碳经济的发展模式。《2011 年辽宁省政府工作报告》提出：我们要全面推进生态省建设，进一步完善生态补偿机制，积极推行循环经济、低碳经济等绿色经济模式。要实现这一目标，需要将发展低碳经济纳入辽宁省总体规划和专项规划中来，包括将低碳经济纳入该省社会发展的总体规划中，将低碳技术与地方经济发展相结合，针对重点领域、重点产业提出具体的专项规划。

《中共辽宁省委关于制定国民经济和社会发展第十二个五年规划的建议》中提出，推进生产、流通、消费各环节循环经济发展，建立循环经济试验区和低碳经济示范区。《辽宁省国民经济和社会发展第十二个五年规划纲要》增加了"树立绿色、低碳发展理念"的内容，并具体提出实施鞍山低碳经济专项改革试点，建设大连绿色低碳环保产业基地。从中可见，辽宁省决策层在短期内对发展低碳经济的认识有所深入。

实行税收优惠政策推进节能减排，鼓励资源综合利用。辽宁省财政部门积极响应国务院在鼓励节能减排方面制定的优惠税收政策。在所得税优惠方面，减免企业节能环保项目的所得税；在增值税方面，对节能减排设备投资给予抵扣增值税进项税政策，对综合利用资源和循环利用废旧物资的减免增值税；在资源税方面，将原有对能源类资源实行从量税的方式改为从价税。加强对资源综合利用产品的认定以鼓励资源利用。

（二）低碳项目

1. 大连长兴岛现代绿色建筑产业基地项目

大连市政府、住房和城乡建设厅联合香港金心国际投资公司由三方合作建设大连长兴岛现代绿色建筑产业基地项目，其中金心国际有限公司投资 40 亿美元。大连长兴岛现代绿色建筑产业首开全国绿色建筑产业先河，是辽宁省为积极探索经济发展和减缓大气变暖而谋求的新对策。据介绍，该基地将加强对国际国内已经成熟的技术的组合应用，其涉及的产业主要包括节能环保的墙体保温材料、太阳能产业、环保材料消防产业和可降解材料产业等。在项目实施计划中，政府发挥主导作用，促进以商招商的引资模式，将节能环保的低碳企业引进园区，促进绿色园区及绿色配套设备的建立，实现园区内的零污染、零排放的循环经济模式。该园区的建立，对解决目前城市发展过程中的污水处理、垃圾运输、城市基础设施运行压力有着重要意义，可以促进全省建筑业向环保低碳的绿色建筑发展。

2. 旅顺建"辽宁沿海唯一"低碳园区

旅顺口区双岛湾绿色低碳产业园区起步区位于双岛湾街道山头村，规划面积 8.57 平方千米。到 2015 年，将初步构建以环保、清洁能源为主的现代低碳产业体系，低碳产业增加值达到 150 亿元，其中环保产业增加值达到 100 亿元，清洁能源产业增加值达到 50 亿元。重点培育 3～5 个龙头企业，构建低碳产业自主创新体系，建成大连市低碳产业集聚中心，建成辽宁沿海经济低碳产业示范基地。到 2020 年，低碳产业增加值达到 200 亿元，年均增速为 50%。

四、河北省

（一）低碳经济政策

1. 大力发展可再生能源

河北省有序开发滩涂和海上风能，重点推进乐亭、滦南、南堡、黄骅滩涂和海上风电场项目，打造沿海百万千瓦风电基地，到 2015 年，沿海风电装机容量达到 100 万千瓦。积极发展光伏产业，支持发展风、光互补光伏电站建设。积极探索和组织开展潮汐能、波浪能、海流能、地热能等新能源的开发利用。

2. 调整优化临港能源产业

河北省围绕优化能源结构，推动煤炭、电力、石油、天然气等传统能源高效清洁利用和核电、风电、潮汐能等海洋清洁能源开发。渤海新区优先发展风电、适度发展天然气电、加速淘汰小火电。曹妃甸新区重点推进超临界大型火电机组建设和天然气资源开发利用，积极开发甲醇汽油、煤制油品等能源新产品。秦皇岛重点谋划抚宁风电、昌黎热电和风电建设项目。乐亭海域重点建设国家级海上百万千瓦风电基地项目。推进沿海电网和配变电站建设，构建多元化的安全、清洁、高效的临海能源产业体系。

2011 年，"十二五"规划开局之年，河北省能源局以科学发展为主题，以加快转变能源发展方式为主线，大力推进新兴能源产业化进程，切实抓好能源结构调整和能源节约与综合利用，进一步提出一些实实在在惠民生的低碳经济相关政策。

在全省范围内推广太阳能。省政府与地方主管部门配合，在农村地区加大宣传力度，普及太阳能热水器，推广太阳灶、太阳能温室、太阳房等利用太阳能设备的使用；在城市中加强太阳能集中供水示范工程的建设，在 12 层以下的新建住宅中推广太阳能热水和建筑的一体化。

加强热电联产，解决居民采暖。河北省加快低碳经济建设，改善居民采暖问题。河北省建设投产石家庄良村热电、保定南郊热电等项目，增加了 2000 万平方米的供热面积，保证了 60 万人的供暖问题。并且加快唐山西郊热电、承德滦河热电项目的规划工作。

能源开采行业推行安全生产。积极利用好国家给的政策和资金的支持，确保省内的煤矿安全生产改造工作顺利进行。以"十二五"规划中的编制瓦斯地质图和开发煤层气为发展机遇，结合当地实际，提出符合河北省的煤炭瓦斯改造、利用规划。通过鼓励重点企业和发展重点项目来提高河北省内煤矿瓦斯利用率。

积极建设绿色能源示范区县。以围场等 5 个国家级能源县的建设为契机，要求各地政府根据自身特点，分析区县内能源的利用现状，提出改造能源利用效率、引入绿色能源的计划与步骤，切实落实绿色能源项目。要加强农村能源项目的管理，鼓励农村资源的循环使用，对农村的居民用和生产养殖用沼气池建设给予财政补贴，鼓励以秸秆、生物能为原料的新兴能源产业的发展，改善农村燃料结构，有效地降低二氧化碳排放，提高生态环境质量。在农村新兴住宅区内推广多种能源相结合的利用方式，改变农村长久以来依赖单一煤炭资源的现状。

提高能源产业的创新水平。河北省加快国网新源大型风电并网系统研究及设备检测、冀中能源充填采煤技术、英利太阳能光伏发电技术、新奥煤基低碳能源等国家级重点研发（实验）中心建设，鼓励开滦集团、保定天威等一批国家级企业技术中心的发展。

（二）低碳项目

2012 年 12 月 14 日，河北省卢龙县与中国低碳产业投资中心联合建设中国低碳甘薯产业国际论坛会展中心战略协议签字仪式在北京举行。据了解，该项目投资总规模 300 亿元人民币，占地约 15 平方千米。投资方由中国低碳产业投资中心募集管理的低碳产业投资基金及新能源投资基金、国家发改委低碳产业专项资金等多方共同组成，以国内唯一的低碳甘薯产业国际论坛会展中心建设为重点，涵盖了低碳生态休闲示范区、低碳产业示范区、低碳农业示范区等八个子项目。据介绍，该项目将采取土地一级开发或二级开发、流转置换、投资自建、股份制合作等形式进行建设。

五、天津市

（一）低碳经济政策

天津市重视新能源产业的发展，明确将新能源产业材料写入天津市"十二五"规划中，规划指出天津市要发展低碳经济来抢占新材料产业制高点。新能源产业的发展可以缓解经济发展对化石能源的依赖达到节能环保的目的，是低碳经济发展的内在要求。新能源产业的快速发展可以缓解气候变暖、环境污染，开发新能源有助于缓解化石能源不断减少的挑战，也是天津市低碳、绿色可持续发展的需要，是天津市发展成为北方经济重镇必须依靠的途径。为了鼓励市内新能源产业的发展，天津市提出以下策略。

1. 绿色电池行业

天津市在绿色电池领域重点发展新能源汽车动力电池盒电池组，将研究重点放在动力电池、超级电容器、镍氢电池等关键技术的开发上。在电池研究具体的领域，积极发展高性能正负极材料、电解液等；积极探索新的电池品种，研究甲醇、乙醇等新的燃料电池；此外，还加强对废旧电池的回收处理。天津市绿色电池领域取得了不错的成绩，扩大了产业规模。

2. 风力发电行业

天津市重点发展大型风电项目的技术研发，重点发展 2 兆瓦级以上整机、2.5 兆瓦风力发电机组、2.5 兆瓦以上叶片、齿轮减速箱、5 兆瓦海上风机叶片。为了进一步推进天津市风力发电领域的发展，天津市建立了风电装备研究试验中心，计划到 2015 年天津市全部风电整机的发电能力达到 7000 兆瓦。此外，天津市为了配合大型风电项目的发展鼓励具体的配套设备和相关技术领域的发展。

3. 光伏发电行业

天津市重视对太阳能的开发利用，计划到 2015 年，在太阳能电池方面，天津市成为全国规模最大、种类最全的生产基地，提高研发水平，建成国内研发水准最高的研发基地；在光伏发电方面，在薄膜电池、聚光电池、BIPV 系统集成等相关技术领域取得重大突破，继续扩大单晶硅、多晶硅等太阳能电池的生产规模。在一些太阳能电池发展的新兴领域，如砷化镓聚光太阳电池、铜铟镓硒太阳电池、太阳电池减反射玻璃、透明导电玻璃等方面取得一定的突破。

4. 核电行业

核电作为新能源的一种，积极发展核电行业是能源产业中的重要一环。天津市既重视主要设备的研发也重视局部零部件的开发，注重核电产业规模生产能力的形成。在核电材料和关键配件方面，天津市鼓励钛合金管材、壳体用预应力钢材等材料和海绵锆、高品质铸锻件等设备的发展；加强在核电发展的关键技术攻关，如高等级抗压容器、核电站泵、核电站用阀门等具体的技术；此外，天津市还鼓励核电站设备制造企业在加快主设备及配套设备制造能力建设的同时实现零部件生产的产业化。

5. 生物质能领域

生物质能可循环利用，环境污染少，是对化石能源的一种补充。天津市在生物质利用方面，利用低成本的非粮食作物和废弃的秸秆进行生物能技术的开发研究，初步形成了规模化的产业机构，有助于生物质能在天津市内的进一步推广利用。

（二）天津市低碳项目

2010 年天津市成立了天津泰达低碳经济促进中心，该中心是旨在推进天津经济技术开发区低碳经济发展的非营利性质的公司。经过几年发展，该公司已经同欧美、日韩的几百家环保公司建立合作关系，引进低碳建设新思路和新技术为天津市经济技术开发区的低碳建设做出了贡献。天津经济技术开发区建设低碳经济区的核心战略是"创建低碳经济国际合作示范区"，低碳经济中心的建立已经成了天津市开展低碳经济国际合作的窗口和平台。2010 年，泰达低碳中心重点组织实施了欧盟转变亚洲基金支持的"欧盟滨海产业共生项目"和日本经产省资金支持的"天津—茨城环保合作项目"。欧盟滨海产业共生项目合作后，能够引进产业共生的工业废物全过程管理的模式，把一家企业的废物变成另外一家企业的原料。天津泰达低碳中心已经促成了 7 宗对接项目，可以减少 105 吨的废物填埋，减少 750 吨的二氧化碳。

天津泰达低碳中心结合当今低碳经济发展的状况和经济技术开发区发展低碳经济的具体需求，联合相关主管部门举行了集成建筑、锅炉节能等专业研讨会，成功地促成了滨海能源公司、中兴能源公司的锅炉改造和泰达国际酒店的建筑节能改造，还与法国能源署达成"企业资源碳盘查"的合作项目，同时也和中美能源交通创新中心合作，申报美国商务部支持的中美清洁技术展示平台的项目，提升服务功能。

第四章

环渤海经济圈及海洋产业
低碳经济效率评价

第一节

环渤海经济圈低碳经济效率评价

一、数据包络分析

数据包络分析（Data Envelopment Analysis，DEA）是由著名运筹学家查恩斯（A. Charnes）、库伯（W. W. Cooper）和罗兹（E. Rhodes）于 1978 年从相对效率角度提出的一种新的效率评价方法。DEA 有效性的评价是对已有决策单元绩效的比较评价，属于相对评价，它常常被用来评价部门间的相对有效性（又称为 DEA 有效）。它以规划论为工具，解决了不同量纲的多项投入和多项产出的投入产出效率分析问题，为不以营利为目的事业机构、以营利为目的的企业单位和政府活动的效益与效率评价提供了可靠而有效的方法。[1]

二、DEA 的基本模型

数据包络分析（DEA）由美国著名运筹学家查恩斯等人在 1978 年以相对效率概念为基础发展起来的一种新的绩效评价方法。这种方法是以决策单元

---

[1] 周敏：《高校资金使用效益评价研究》，载于《西南大学硕士论文》2011 年 4 月。

（Decision Making Unit，DMU）的投入、产出指标的权重系数为变量，借助于数学规划模型将决策单元投影到 DEA 生产前沿面上，通过比较决策单元偏离 DEA 生产前沿面的程度来对被评价决策单元的相对有效性进行综合绩效评价。其基本思路是：通过对投入产出数据的综合分析，得出每个 DMU 综合相对效率的数量指标，确定各 DMU 是否为 DEA 有效。[①] 下面我们先描述 DEA 模型：

假设有 n 个待评价的对象（又称为 n 个决策单元 DMU），每个决策单元都有 m 种类型的投入及 s 种类型的产出，它们所对应的权重向量分别记为：$V = (v_1, v_2, \cdots, v_m)^T$，$U = (u_1, u_2, \cdots, u_s)^T$。这 n 个决策单元中第 j 个的投入和产出量用向量分别记作：

$$X_j = (x_{1j}, x_{2j}, \cdots, x_{mj})^T, \quad Y_j = (y_{1j}, y_{2j}, \cdots, y_{sj})^T, \quad j = 1, 2, \cdots, n$$

其中，x_{ij} 表示第 j 个决策单元对第 i 种类型输入的投入总量，y_{rj} 表示第 j 个决策单元对第 r 种类型输出的产出总量，且 x_{ij}，$y_{rj} > 0$；v_i 表示第 i 种输入指标的权重系数，u_r 表示第 r 种产出指标的权重系数，且 v_i，$u_r \geqslant 0$。则每个决策单元 DMU 投入与产出比的相对效率评价指数如下：

$$h_j = \frac{\sum_{r=1}^{s} u_r y_{rj}}{\sum_{i=1}^{m} v_i x_{ij}} \tag{4-1}$$

通过适当选取权重向量 V 和 U 的值，使对每个 j，均满足 $h_j \leqslant 1$。现对某第 j_0 个决策单元进行绩效评价，则以第 j_0 个决策单元的效率指数为目标，以所有的待评的决策单元的效率指数为约束，第 j_0 个决策单元简记为 DMU_0，故可以得到一般的 DEA 优化模型如下：

$$\max = \frac{U^T Y_0}{V^T X_0}$$

$$\begin{cases} \dfrac{U^T Y_0}{V^T X_0} = h_j, j = 1, 2, \cdots, n \\ V \geqslant 0, U \geqslant 0 \end{cases} \tag{4-2}$$

上面的模型是分式规划问题模型，为了方便计算，通过适当的变换，我们可以将其化为一个等价的线性规划数学模型，并且引进阿基米德无穷小量 ε

---

① 李孟涛：《城市物流绩效评价研究》，载于《东北财经大学博士论文集》2013 年 6 月。

（在实数范围内 ε 表示的是大于 0 但小于任意正数的量），构成了具有非阿基米德无穷小量 ε 的 C^2R 的模型。它的对偶线性规划问题模型如下：

$$D(\varepsilon) = \min[\theta - \varepsilon(e^- S^- + e^+ S^+)]$$

$$\text{s. t.} \begin{cases} \sum_{j=1}^{n} X_j\lambda_j + S^- = \theta X_0 \\ \sum_{j=1}^{n} Y_j\lambda_j - S^+ = Y_0 \\ \lambda_j \geqslant 0, j = 1,2,\cdots,n \\ S^+ = (s_1^+, s_2^+, \cdots, s_s^+)^T \geqslant 0, S^- = (s_1^-, s_2^-, \cdots, s_m^-)^T \geqslant 0 \end{cases}$$

$$(4-3)$$

其中，θ，λ_j，$j = 1$，2，$\cdots$，n，均为对偶变量，m 维单位向量 $e^- = (1,1,\cdots,1) \in E_m$，$s$ 维单位向量 $e^+ = (1,1,\cdots,1) \in E_s$，$S^+$ 和 S^- 均为松弛变量，$X_j = (x_{1j}, x_{2j}, \cdots, x_{mj})^T$，$Y_j = (y_{1j}, y_{2j}, \cdots, y_{sj})^T$，$X_0 = (x_{10}, x_{20}, \cdots, x_{m0})^T$，$Y_0 = (y_{10}, y_{20}, \cdots, y_{s0})^T$。

C^2R 模型是假定生产技术是固定规模报酬的。后来，Banker，Chames and Cooper 又对 C^2R 模型进行推广，他们把固定规模报酬假设改为非递增规模报酬，则在上述的 DEA 模型的基础上需增加一个约束条件：$\sum_{j=1}^{n} \lambda_j \leqslant 1$。在此假设下非递增规模报酬时的技术效率为 θk。如果我们把固定规模报酬假设改为可变规模报酬（Variable Returns to Scale，VRS），则 DEA 模型中的上述约束条件应改为：$\sum_{j=1}^{n} \lambda_j = 1$。从而得到的如下新的 DEA 模型：

$$V(\varepsilon) = min[\theta - \varepsilon(e^- S^- + e^+ S^+)]$$

$$\text{s. t.} \begin{cases} \sum_{j=1}^{n} X_j\lambda_j + S^- = \theta X_0 \\ \sum_{j=1}^{n} Y_j\lambda_j - S^+ = Y_0 \\ \sum_{j=1}^{n} \lambda_j = 1 \\ \lambda_j \geqslant 0, j = 1,2,\cdots,n \\ S^+ = (s_1^+, s_2^+, \cdots, s_s^+)^T \geqslant 0, S^- = (s_1^-, s_2^-, \cdots, s_m^-)^T \geqslant 0 \end{cases}$$

$$(4-4)$$

　　线性规划模型在可变规模报酬（VRS）条件下求得的相对效率称为纯技术效率，在 CRS 假设条件下得到的相对效率称为技术效率，又称为总体效率，它是规模效率与纯技术效率的乘积。因此，可以根据 C^2R 模型（4－3）和 VRS 模型（4－4）来确定规模效率。

　　模型（4－3）表明，当第 j_0 个决策单元产出 Y_0 保持不变的情况下，应尽量保证投入量 X_0 按照同一比例减少。假设上述规划问题模型（4－3）求得最优解为 λ^0，S^{0-}，S^{0+}，θ^0，若 $\theta^0 = 1$，且 $S^{0-} = 0$，$S^{0+} = 0$，则称被评价决策单元相对于其他决策单元而言 DEA 有效，此时该决策单元既满足技术有效又满足规模有效；若 $\theta^0 = 1$，但 S^{0-}，S^{0+} 不同时等于零向量，则称被评价决策单元为弱 DEA 有效，这时该被评价的决策单元不是同时技术有效和规模有效，此时需要应用 VRS 模型（4－4）进一步进行计算；如果 $\theta^0 < 1$，则称此被评价的决策单元为非 DEA 有效。

　　值得注意的是，VRS 模型（4－4）是在对 C^2R 模型（4－3）计算的基础上进行的分析，用以确定是否为纯技术有效。由于总体效率表现为规模效率和纯技术效率之积，根据上述的分析并通过模型（4－3）和模型（4－4）容易求得规模效率值。

　　另外，对于非 DEA 有效的决策单元，需要通过进一步的分析讨论并求出被评价的决策单元 DMU 在 DEA 相对于有效面上的投影（即新决策单元），则新决策单元相对于原来的决策单元而言是 DEA 有效的。设 $(\bar{X}_0, \bar{Y})$ 为第 j_0 个决策单元对应于 (X_0, Y_0) 在 DEA 的相对有效面上的投影，则它们之间的转换关系可以表示为如下公式：

$$\begin{cases} \bar{X}_0 = \theta^0 X_0 - S^{0-} \\ \bar{Y}_0 = Y_0 + S^{0+} \end{cases} \quad (4-5)$$

　　根据式（4－5），可以求得各个非 DEA 有效的决策单元相对于某有效决策而言，在保持其产出量不变的情况下，可以计算出对各项指标的投入量进行相应的调整量。并且可以对相应的财务绩效上存在不足的决策单元相对于 DEA 有效的决策单元而言给出针对性的管理建议。

三、环渤海经济圈低碳经济效率实证评价

本书选取了辽宁、河北、山东、北京和天津三省两市 2007~2011 年的统计数据（见表4-1），因为在这期间该地区的低碳经济环境和发展态势并没有大的变化，所以我们把面板数据当做是同一时期的 15 个单位来处理。这种处理方法可以增加决策单元的个数，增加效率值的区分度，同时，还可以更加清楚地得到该地区五年以来低碳经济效率值的变化情况。本书利用 DEAP 2.1 软件，采用产出导向的 BCC 模型进行相对效率分析。在 BCC 模型中，规模报酬变动下的综合技术效率（TE）可以拆解成纯技术效率（PTE）和规模效率（SE）。

表 4-1　　　　　2007~2011 年三省两市海洋低碳经济效率值

年份	排名	综合技术效率值	纯技术效率值	规模效率	规模报酬
2007	5	0.704	0.879	0.801	irs
2008	4	0.801	1.000	0.801	irs
2009	3	0.810	0.810	1.000	-
2010	2	0.905	0.905	1.000	-
2011	1	1.000	1.000	1.000	-
均值	-	0.844	0.919	0.921	

注：irs 表示规模报酬递增；-代表规模报酬不变。

从以上结果我们可以得出以下结论：

（1）从综合技术效率来看，环渤海地区呈现出逐年递增的状态。这表明该地区已经开始产业升级，先前投入已初见回报。相信在未来的一段时间内，技术和资金的大量投入的效果能够得以显现，环渤海地区的海洋经济低碳效率会得到一个较大幅度的提升。

（2）从纯技术角度来看，2009 年之前规模效率不变，综合技术效率提高的原因主要是纯技术效率值的提高；而从 2009 年开始规模效率值稳定，我们可以得出综合技术效率提高的原因主要是纯技术效率的提高。当前相对于如何提高资源配置效率，海洋经济的规模扩大和增加收入才更为重要。我们将从海洋从业者的技术素质，科研机构的数量，海洋经济的高科技人才和资源配置效

率四个方面入手，将其作为提高纯技术效率和海洋经济低碳综合技术效率的主要途径。

（3）从规模效率角度看，自 2009 年起环渤海地区的规模效率均值为 1，说明这 3 年内其投入产出比例的规模处于 DEA 拟合的最优前沿面上。目前我们主要着眼于纯技术效率的提高上。

（4）从规模报酬变化来看，环渤海地区在 2007～2008 年两年间处于规模报酬递增阶段，当然这种现象也是由海洋低碳化的发展进程所决定的。最近几年海洋低碳化处于一个快速发展的阶段，在这一黄金时期加大海洋经济低碳产业的投入，会推动其发展规模的扩大以及综合效率提高。

第二节

环渤海三省两市低碳经济发展评价

一、熵值法及其应用

熵，英文为 entropy，是德国物理学家克劳修斯在 1850 年提出的一个术语，它用来表示一种能量在空间中分布的均匀程度，熵是热力学的一个物理概念。在信息论中，熵是对不确定性的一种度量。信息量越大，不确定性就越小，熵也就越小；信息量越小，不确定性越大，熵也越大。熵值法是一种客观赋权方法，它通过计算指数的信息熵，根据指标的相对变化程度对系统整体的影响来决定指标的权重，相对变化程度大的指标具有较大的权重，此方法被广泛应用在统计学的各个领域，具有较强的研究价值。[1]

因此利用熵值的特性，可以通过计算熵值判断影响环渤海经济圈低碳经济发展的某个指标的离散程度，从而确定在综合评价体系中的权重。我们可以通过计算熵值来判断一个事件的随机性及无序程度，也可以用熵值来判断某个指标的离散程度，指标的离散程度越大，该指标对综合评价的影响越大。

熵值法的主要精髓：

---

① 黄瑞芬、娄晓菲：《环渤海经济圈主要省市低碳经济发展评价》，载于《生态经济（学术版）》2012 年 10 月。

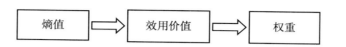

熵值法的计算方法及步骤：

（1）选取 n 个地区，m 个指标，则 x_{ij} 为第 i 个地区的第 j 个指标的数值（$i = 1，2，\cdots，n$；$j = 1，2，\cdots，m$）。

（2）指标的标准化处理：异质指标同质化。

由于各项指标的计量单位并不统一，因此在用它们计算综合指标前，我们先要对它们进行标准化处理，即把指标的绝对值转化为相对值，并令 $x_{ij} = |x_{ij}|$，从而解决各项不同质指标值的同质化问题。由于正向指标和负向指标数值代表的含义不同（正向指标数值越高越好，负向指标数值越低越好），因此，对于高低指标我们用不同的算法进行数据标准化处理。其具体方法如下：

正向指标：$x'_{ij} = \left[\dfrac{x_{ij} - \min(x_{1j}, x_{2j}, \cdots, x_{nj})}{\max(x_{1j}, x_{2j}, \cdots, x_{nj}) - \min(x_{1j}, x_{2j}, \cdots, x_{nj})} \right] \times 100$

负向指标：$x'_{ij} = \left[\dfrac{\max(x_{1j}, x_{2j}, \cdots, x_{nj}) - x_{ij}}{\max(x_{1j}, x_{2j}, \cdots, x_{nj}) - \min(x_{1j}, x_{2j}, \cdots, x_{nj})} \right] \times 100$

则 x'_{ij} 为第 i 个地区的第 j 个指标的数值（$i = 1,2,\cdots,n$；$j = 1,2,\cdots,m$）。为了方便起见，仍记数据 $x'_{ij} = x_{ij}$。

（3）计算第 j 项指标下第 i 个地区占该指标的比重：

$$p_{ij} = \frac{X_{ij}}{\sum\limits_{i=1}^{n} X_{ij}}, (i = 1,2,\cdots,n; j = 1,2,\cdots,m)$$

（4）计算第 j 项指标的熵值：

$$e_j = -k \sum_{i=1}^{n} p_{ij} \ln(p_{ij})$$

其中，$k > 0$，$k = 1/\ln(n)$，$e_j \geq 0$

（5）计算第 j 项指标的差异系数。对第 j 项指标，指标值的差异越大，对方案评价的左右就越大，熵值就越小，定义差异系数：

$$g_j = \frac{1 - e_j}{m - E_e}$$

其中, $E_e = \sum_{j=1}^{m} e_j, 0 \leqslant g_i \leqslant 1, \sum_{j=1}^{m} g_j = 1$

（6）求权值：

$$w_j = \frac{g_j}{\sum_{j=1}^{m} g_j} \quad (1 \leqslant j \leqslant m)$$

（7）计算各地区的综合得分：

$$s_i = \sum_{j=1}^{m} w_j \cdot p_{ij} \quad (i = 1, 2, \cdots, n)$$

最后根据综合得分大小对各地区进行排名。

二、环渤海三省两市低碳经济发展实证评价

在设计低碳评价指标体系时，指标的选取首先要能够全面客观地衡量区域低碳经济发展状况；其次在强调不同区域低碳经济发展共性的同时，又能突出典型性；最后要考虑到不同区域的经济发展水平、人口地域、资源禀赋等方面的差异。

本书对环渤海三省两市的低碳经济发展评价指标体系分为目标层、准则层、指标层三个层次（见表4-2），其中，目标层是基于准则层4个方面作用下的环渤海经济圈低碳经济发展的综合表现；准则层是能对综合评价指标产生影响的各个子系统，主要是碳排放水平、碳产业发展水平、碳源控制水平和低碳技术水平4大指标作为支撑；目标层是反映环渤海经济圈低碳经济发展水平的基础性指标。

表4-2　　　　　环渤海三省两市低碳经济发展评价指标体系

	准则层	指标层	指标方向
三省两市低碳经济发展水平核算	碳排放量核算	碳排放总量	负向
		单位 GDP 碳排放量	负向
		人均碳排放	负向
	低碳经济发展制约因素核算	化石能源消耗占比	负向
		煤炭在能源消耗结构中占比	负向

续表

准则层		指标层	指标方向
三省两市低碳经济发展水平核算	低碳产业发展水平核算	低碳产业产值占比	正向
		碳生产率：GDP/碳排放总量	正向
	未来低碳经济发展能力核算	产业结构多元化演进水平	正向
		各省市低碳经济发展经费投入占环渤海经济圈总投入之比	正向

　　本章所用基础数据均来源于 2012 年环渤海地区三省两市的统计年鉴、《2012 年中国能源统计年鉴》、《2012 年中国统计年鉴》。由于系统中各指标的量纲并不统一，致使它们的几何曲线比例也不相同。因此，首先我们对原始数据进行去量纲化处理，使各序列基本处于统一数量级。原始数据的转换通常有 3 种方法：初值化变换、均值化变换和标准化变换。由于原始数据只是对数值之间进行关联比较，采用极差归一的方法变换，因此归一化后的数值范围介于 0 和 1 之间，最差为 0，最优为 1。[①] 基于熵值法的评价结果如表 4 – 3、表 4 – 4 和表 4 – 5 所示。

表 4 – 3　　　　　　环渤海三省两市低碳经济发展评价指标数据

准则层		指标层	指标方向	北京	天津	河北	辽宁	山东
三省两市低碳经济发展水平核算	碳排放量核算	碳排放总量	负向	17438.5	18941.8	73538.5	56621.0	92570.1
		单位 GDP 碳排放量	负向	1.07	1.68	3.00	2.55	2.04
		人均碳排放	负向	83.40	139.79	101.56	129.18	96.06
	低碳经济发展制约因素核算	化石能源消耗占比	负向	0.481	0.829	0.823	0.992	0.975
		煤炭在能源消耗结构中占比	负向	0.241	0.495	0.746	0.568	0.749

----

　　① 黄瑞芬、娄晓菲：《环渤海经济圈主要省市低碳经济发展评价》，载于《生态经济（学术版）》2012 年 10 月。

续表

准则层	指标层	指标方向	北京	天津	河北	辽宁	山东
三省两市低碳经济发展水平核算	低碳产业发展水平核算 低碳产业产值占比	正向	0.769	0.476	0.465	0.453	0.471
	碳生产率：GDP/碳排放总量	正向	0.93	0.60	0.33	0.39	0.49
	未来低碳经济发展能力核算 产业结构多元化演进水平	正向	119.3	70.8	7.44	12.8	11.4
	各省市低碳经济发展经费投入占环渤海经济圈总投入之比	正向	34.5%	11.7%	8.0%	12.7%	33.1%

资料来源：三省两市《2012年统计年鉴》。

表4-4　　环渤海三省两市低碳经济发展评价指标体系熵值法权重

准则层		指标层	指标方向	熵值法权重
三省两市低碳经济发展水平核算	碳排放量核算	碳排放总量	负向	0.069321
		单位GDP碳排放量	负向	0.067253
		人均碳排放	负向	0.069016
	低碳经济发展制约因素核算	化石能源消耗占比	负向	0.117659
		煤炭在能源消耗结构中占比	负向	0.117707
	低碳产业发展水平核算	低碳产业产值占比	正向	0.209230
		碳生产率：GDP/碳排放总量	正向	0.098891
	未来低碳经济发展能力核算	产业结构多元化演进水平	正向	0.150922
		各省市低碳经济发展经费投入占环渤海经济圈总投入之比	正向	0.100001

表4-5 各个省市得分排名情况

城市	得分	排名
北京	0.582	1
天津	0.194	2
河北	0.054	5
辽宁	0.064	4
山东	0.105	3

根据《中华人民共和国节约能源法》、《国务院关于印发"十二五"节能减排综合性工作方案的通知》（国发〔2011〕26号）和《国务院批转节能减排统计监测及考核实施方案和办法的通知》（国发〔2007〕36号），发改委会同国务院有关部门，对各地区2011年节能目标完成情况和节能措施落实情况进行了现场评价考核，考核结果公告如表4-6所示。从表4-6中可以看出，2011年环渤海各地区均完成了节能目标，指标完成最好的是北京市，最差的为辽宁省。相比较全国其他地区，环渤海经济圈各省市的节能减排工作最为优异。

表4-6 2011年环渤海各地区节能目标完成情况

地区	2011年万元GDP能耗降低目标	2011年万元GDP能耗降低率（%）	"十二五"节能目标完成进度（%）
北京市	6.50	6.94	38.58
天津市	4.00	4.28	22.05
河北省	3.66	3.69	20.17
山东省	3.66	3.77	20.61
辽宁省	3.40	3.40	18.55

注：2011年万元GDP能耗降低目标依据各省、区、市人民政府确认函。

从环渤海经济圈各省市低碳经济发展水平综合排名来看，相比环渤海其他省市，北京市在低碳经济发展方面取得了优异的成绩。近些年，北京市不断加强推动低碳经济发展的力度，大力发展新能源，降低二氧化碳的排放，增加植树造林面积，力争率先建成国内低碳城市示范城。预计在2015年，北京市力争实现单位GDP能耗比2005年下降40%，单位GDP二氧化碳排放强度降低30%以上，可再生能源占能源消费比重达5%，此外，优质能源占能源消费总量的比重达到 75%。2011 年，北京市节能低碳发展创新服务平台制定了《北京市 2011 年节能低碳技术产品推荐目录》，对有信贷、贴息等融资需求的项目和企业，通过平台引导相关政府投资和绿色信贷、绿色产业发展投资基金等社会资金支持；对有先进技术产业化和示范推广等市场需求的项目和企业，通过平台引导给予政府采购、市场推介等政策支持，并逐步将《北京市 2011 年节能低碳技术产品推荐目录》作为开展节能减碳日常工作的一项重要依据。国家发改委于 2010 年 11 月批复北京市为能源管理师第二批试点省市，北京市于 2011 年 7 月颁布了《北京市能源管理师试点管理办法（试行）》，以此推动低碳经济发展。

2011 年，天津市在环渤海各省市中，低碳经济发展综合排名第 2。2011 年，天津市把节能减排作为加快结构调整、转变经济发展方式的重要途径。2011 年天津市的单位 GDP 能耗同比下降 4.28%，第三产业增加值能耗同比下降 4.97%，超额完成了 2011 年度节能减排的目标。

与北京市和天津市相比，排名后两位的河北省和辽宁省的低碳经济发展水平比较落后。虽然，河北省 2011 年超额完成单位 GDP 能耗、二氧化碳排放分别比上年下降 3.9%，二氧化硫、氮氧化物和化学需氧量、氨氮排放量均比上年削减 1.5% 的目标任务。但是，高耗能产业迅速增长，河北省节能减排工作面临巨大压力。统计数据显示，2011 年第一季度，河北省高耗能行业生产增长 12.4%，增速比 2010 年全年高出 1.7 个百分点；增加值占规模以上工业比重为 54.8%，比 2010 年全年提高 5.6 个百分点。河北省 802 家重点耗能工业企业能耗增幅由 2010 年的 3.2% 回升至 9.4%。这些企业能耗占全省规模以上工业能耗比重达 90% 以上，这些都足以证明河北省低碳经济发展前景不容乐观。

辽宁省 2011 年万元 GDP 能耗降低率及"十二五"节能目标完成进度指标在环渤海地区均排名最后，说明在 2011 年辽宁省的低碳经济发展滞后。2011 年，辽宁省政府与海通证券股份有限公司日前签署《战略合作备忘录》以及辽宁省能源投资（集团）有限责任公司与海通证券股份有限公司设立总规模 50 亿元的辽宁新能源和低碳产业投资基金，这些都将对辽宁新能源和低碳产业发展起到积极作用。此外，辽宁省充分发挥中小企业在低碳经济发展方面的优势，在全省范围内建立小企业低碳技术创新平台，鼓励小企业在低碳领域进行技术创新，重视在低碳领域的先进技术和优秀人才的引进，由市场机制去配置资源，发挥市场在配置资源上的高效性。政府合理安排财政支出，在全省范围内建立起小企业低碳发展的市场机制和低碳投入机制。政府要努力为中小企业合作交流搭建平台，对新兴产业进行战略指引，为中小企业发展低碳提供资金、技术和咨询支持，为中小企业发展低碳经济创造良好的条件。

2011年，山东省低碳经济发展水平在环渤海地区处于中间位置。山东省从重视能源行业的发展、引入外资发展低碳经济、低碳农村建设、低碳城市建设等多个方面推动低碳经济的发展。

山东省重视能源行业的节能减排。以山东省内的煤炭产业发展来看，该省重视绿色生产和节能减排，该省2010年的煤矿万元产值的综合能耗和生产每吨煤的综合能耗分别是5.97千克和470千克标准煤，同比下降5.41%和35.14%。将节能减排列为煤炭企业年终考核的重要指标，抓好市内大型煤矿和四个试点煤矿集团的节能评估。大力发展循环经济，推动煤矿行业建设绿色矿山。计划在"十二五"末期，山东省煤矿产业的循环利用率达到75%，原煤入选率达到70%，矿井污水治理率达到100%。

山东省利用外资推动低碳经济发展。到2011年年底，山东省累计引入涉及低碳经济的外资贷款项目24个，实际贷款利用外资达到9.84亿美元，协议贷款金额22.93亿美元，使得低碳发展的好处普及齐鲁大地。山东省引入国际金融组织的外资贷款代替国内金融组织的贷款，国外资金具有规模大、期限长、利息低、杠杆大的优势。例如，通过世行贷款邹县火电、亚行贷款海河治污等项目，改善了城市生态环境、推动了城市发展。

山东省推广低碳城市建设，在省内城市大力推广太阳能供热、垃圾污水的无害化处理，重点建设威海、滨州、潍坊等低碳生态城市；低碳农村的建设上，注重强调太阳能、沼气、生物能等新能源的利用，结合各地的生态特点积极探索适合当地的低碳农村发展道路。

山东省注意产业结构的调整，积极走新型工业化道路。注重改善钢铁、电力、化工等的节能技术研发，走低碳环保的开发道路。典型项目是借助亚行投资6.07亿美元改造莱钢集团，提高其产能水平。

山东省重视发展新能源，注重清洁能源发展机制的建立，山东省投资2亿元在传统供热节能改造、风电叶片胶粘剂研发生产、太阳能热综合利用等方面，直接拉动省内各种投资高达7亿元，每年可以减少二氧化碳的排放量达到84.7万吨，探索出一条发展低碳经济解决融资难的新途径。

第三节

我国海洋产业低碳效率评价研究与设计

一、海洋产业低碳发展及研究现状

海洋低碳经济实质是低碳观念应用到海洋经济中的一种发展模式，以海洋产业的低耗能、低排放、低污染为基础，实质是提高海洋资源利用效率和能源结构，核心是技术创新、制度创新和发展观念的转变，实现海洋经济的循环发展、生态发展。在海洋三次产业中，以海洋第三产业的碳排放量最小，最符合低碳发展的理念。考察低碳经济的发展程度通常是测评第三产业在整个海洋经济体系发挥的重要程度及其产值在海洋经济总产值中所占的比重。[①] 近些年，我国海洋第三产业的比重趋于合理，但是发展后劲不足（见图4-1）。具体到各个产业的内部构成中依然存在着众多不合理之处，以海洋渔业为例进行说

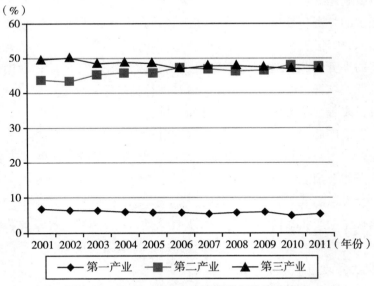

图4-1　2001～2011年全国海洋三次产业占比

注：数据来源于《2001～2012年中国海洋统计年鉴》。

[①] 黄瑞芬、付越：《我国海洋产业低碳效率评价研究》，载于《资源与产业》2013年10月。

明，我国海洋渔业很大程度上依赖于近海捕捞业，人工养殖和远洋捕捞占的比重较低，过多地依赖近海捕捞给近海的生态环境带来了严重的破坏；在我国的海洋第二产业中，主要以高污染、高排放的电力、船舶建造和石油化工为主，给自然环境带来严重影响；在我国的现有海洋产业结构中，以高科技和低碳为主的海洋服务业发展速度相对缓慢，总体规模仍然需要进一步提高。在这种现实背景下，研究我国沿海省市海洋产业低碳效率的现状和影响因素，不仅具有重要的理论意义，而且在实践层面也显得非常紧迫。

近年来低碳效率研究一直是热点问题。杨红娟等提出了低碳供应链的概念，并在此基础上运用 DEA 方法对供应链的低碳效率进行评价。张欣等利用此方法分析了我国 30 个省级区域低碳经济效率，并利用投入冗余度对低碳效率比较低的地区提出了改进建议。孙慧等运用数据包络分析法对黑龙江省煤炭产业链低碳效率进行量化分析，从技术效率和规模效率两个角度描述黑龙江省煤炭产业链低碳效率，并在此基础上给出黑龙江省煤炭产业链低碳优化策略。同时，海洋产业低碳化这一课题也有许多研究成果出现。曹望从低碳经济的视角，分析了海洋低碳经济发展的影响因素，并提出了海洋低碳经济的发展路径。张振举等认为政府应该通过加大对发展海洋低碳经济的支持力度、构建海洋科技创新体系、强化发展海洋经济的低碳意识、加强海洋生态环境建设、转变海洋开发模式、加强海洋综合管理等方式促进海洋产业低碳化的发展。徐胜等运用海洋产业集群对海洋低碳化水平进行测度和实证分析。

从以上研究成果看，尚未有关于海洋产业低碳效率的研究分析。我们结合低碳效率研究与海洋低碳化两方面的研究成果，利用数据包络分析方法和受限因变量回归分析方法（DEA-Tobit）研究海洋产业低碳效率。首先利用数据包络分析方法（DEA）对我国海洋产业低碳效率进行评价，在第二阶段采用受限因变量回归分析方法（Tobit）研究影响海洋低碳效率的因素，进而探讨改进海洋产业低碳效率，实现海洋低碳化有效发展的对策。

二、DEA-Tobit 方法与研究设计

（一）一阶段数据包络分析法（DEA）

数据包络分析法（DEA）是从法雷尔（Farrell）提出的"两投入—产出"

模式发展而来，形成了现如今的"多投入多产出"模式。DEA 模型的原理是利用线性规划和对偶定理，求出待评估单位的生产前沿，只有落在边界上的决策单位（Decision Masking Units，DMU）才称为 DEA 有效率，并且效率值为1；而其他未落在边界上的 DMU 则称为 DEA 无效率，其效率值介于 0 ~ 1 之间。因此，我们可利用此方法计算一定时期内每一决策单位的相对效率，并且可以得到不同时期的效率值变化，还可以对各个评价单元进行排名比较。

DEA 投入产出的结果容易受到所选输入和输出指标的影响，因此所选指标必须合理，才能保证分析结果的准确性。在分析沿海地区海洋产业低碳效率时，考虑到指标的合理性和数据的可得性，我们从人力资产建设和财力支出方面选取海洋产业科研机构从业人数、海洋产业固定资产投资占海洋产业总产值的比例、科研机构每年收入作为投入指标，同时选取海洋产业能耗指数和第三产业占海洋产业总产值的比例作为产出指标。

（二）Tobit 模型介绍

Tobit 回归模型属于因变量受到限制的一种模型，其概念最早由托宾（Tobin）于 1958 年提出，并逐渐得到发展和应用。如果要分析的数据具有这样的特点：因变量的数值是切割或片段的情况时，那么普通最小二乘法（OLS）就不再适用于估计回归系数，这时遵循最大似然法概念的模型就成为估计回归系数的一个较好选择。由于 DEA 方法所估计出的效率值都介于 0 与 1 之间，最大值为 1，如果采用最小二乘法来估计，可能由于无法完整地呈现数据而导致估计偏差，因此我们采用 Tobit 回归模型来分析海洋产业低碳效率的影响因素。[①]

第四节

海洋产业低碳效率实证评价

一、海洋产业低碳效率实证分析

由于海洋产业的研究受到地理条件的限制，我们选取了我国沿海 11 个省

---

① 庞瑞芝、张艳、薛伟：《中国上市银行经营效率的影响因素——基于 Tobit 回归模型的二阶段分析》，载于《金融论坛》2007 年 10 月。

区市 2009 ~ 2011 年的统计数据作为样本,因为在这 3 年中海洋产业的市场环境和发展态势并没有大的改动,所以我们把面板数据当作是同一时期的 33 个决策单位来处理。这种处理方法可以增加决策单元的个数,增大效率值的区分度,并且能够得到每年各个地区效率值的高低,还可以更加清楚地得到每个沿海地区 3 年来海洋产业低碳效率值的变化情况。

本书利用 DEAP 2.1 软件,采用产出导向的班克、查恩斯、库伯模型(Banker Charnes Cooper,BCC)进行相对效率分析。在 BCC 模型中,规模报酬变动下的综合技术效率(TE)可以拆解成纯粹技术效率(PTE)和规模效率(SE)。通过软件操作,我们得到 2009 ~ 2011 年所有样本省区市的 3 种效率值和综合排名(见表 4 - 7 和表 4 - 8)。

表 4 - 7 　　　　　　　　2009 ~ 2011 年各省海洋产业低碳效率值

		天津市	河北省	辽宁省	上海市	江苏省	浙江省	福建省	山东省	广东省	广西壮族自治区	海南省
综合技术效率	2009 年	0.63	1.00	0.71	0.92	1.00	0.81	0.68	0.78	0.94	0.84	0.70
	2010 年	0.47	0.99	0.58	0.95	0.79	0.90	0.64	0.71	1.00	0.68	0.55
	2011 年	0.42	0.92	0.52	1.00	0.77	0.84	0.60	0.68	1.00	0.64	0.54
	均值	0.51	0.97	0.60	0.96	0.85	0.85	0.64	0.72	0.98	0.72	0.60
纯技术效率	2009 年	0.70	1.00	0.72	0.93	1.00	0.89	0.68	0.86	1.00	0.96	0.72
	2010 年	0.52	1.00	0.60	1.00	0.92	0.90	0.66	0.79	1.00	0.79	0.55
	2011 年	0.48	0.96	0.54	1.00	0.92	0.89	0.62	0.75	0.94	0.74	0.55
	均值	0.57	0.99	0.62	0.98	0.95	0.88	0.65	0.80	0.98	0.83	0.61
规模效率	2009 年	0.89	1.00	0.99	0.97	1.00	0.90	0.99	0.91	1.00	0.87	0.98
	2010 年	0.98	1.00	0.97	0.95	0.85	0.95	0.97	0.90	1.00	0.86	0.96
	2011 年	0.88	0.96	0.98	1.00	0.84	0.95	0.97	0.90	1.00	0.89	0.96
	均值	0.92	0.99	0.98	0.97	0.90	0.96	0.98	0.90	0.87	0.97	
规模报酬	2009 年	irs	–	irs	irs	–	irs	irs	irs	irs	irs	irs
	2010 年	irs	irs	irs	drs	irs	irs	irs	irs	–	irs	irs
	2011 年	irs	irs	irs	–	irs	irs	irs	irs	–	irs	drs

注:1. drs 代表规模报酬递减;

　　2. irs 代表规模报酬递增;

　　3. – 代表规模报酬不变。

资料来源:根据 DEAP 软件计算结果整理。

表 4-8 11 个省区市 3 年总体低碳效率表现综合排名

	综合技术效率值	纯技术效率值	规模效率均值	排名
广东省	0.98	0.98	1	1
河北省	0.97	0.99	0.99	2
上海市	0.96	0.98	0.97	3
江苏省	0.85	0.95	0.90	4
浙江省	0.85	0.88	0.96	5
广西壮族自治区	0.72	0.83	0.87	6
山东省	0.72	0.80	0.90	7
福建省	0.64	0.65	0.98	8
辽宁省	0.60	0.62	0.98	9
海南省	0.60	0.61	0.97	10
天津市	0.51	0.48	0.92	11

（一）综合技术效率结果分析

从综合技术效率上看，除上海市和广东省呈现逐年递增的状态外，其他省区市都出现了不同程度的下降，这可能与近几年处于海洋产业转型期有关，海洋产业的转型要求摒弃落后产能，增加第三产业和低能耗产业的比例。而在转型期间，大量的技术与资产投入并没有立即获得成效，海洋低碳效果没有得到很好地体现。这就造成了海洋低碳高投入而低产出的效率无效状态。而广东省和上海市因为产业转型比较早，早期投入已经有所体现。相信在近年内，技术和资产大量投入的效果能够得到体现，海洋产业低碳效率会有一个比较大幅度的提高。另外，从各省区市的横向比较看，海洋产业低碳效率的差距也比较大，其中，广东省、河北省、上海市综合技术效率均值都在 0.95 以上，接近最优的效率值。而辽宁省、海南省、天津市综合技术效率均值在 0.6 以下，海洋产业低碳效率值低下。

（二）纯技术效率结果分析

从纯技术效率上看，除上海市外，其他省区市的纯技术效率值都小于或等于其规模效率值，排名靠后的几个省区市纯技术效率值都比较低。由此我们可以得出纯技术效率值低是造成综合技术效率值低下的主要原因。当前相对于海洋产业的扩大规模和增加投入，如何提高资源配置效率就更为重要。增加科研机构数量、提高海洋从业者的技术素质、培养海洋产业高新技术人才是解决技术落后、资源配置效率低下的主要途径，也是提高纯技术效率，进而提高海洋产业低碳综合技术效率的必由之路。

（三）　规模效率结果分析

从规模效率角度看，11 个省区市中除了广西壮族自治区，其他省市规模效率都不低于 0.9，说明这些省市在发展低碳经济过程中投入产出比例和规模均处于较优状态。广东省规模效率均值为 1，说明在这 3 年内其投入产出比例和规模处于 DEA 拟合的最优前沿面上；而广西壮族自治区作为规模效率最低的地区，需要调整投入产出的比例和规模，使其规模效率达到更优的状态。

（四）　规模报酬结果分析

从规模报酬变化来看，多数省区市在大部分时间内都处于规模报酬递增阶段，这种现象也是由海洋低碳化的发展进程决定的。海洋低碳化在近几年处于一个快速发展的阶段，有些低碳产业的发展还刚刚起步，急需发展规模的进一步扩大，增大海洋低碳产业的投入可以进一步提升综合效率。

二、海洋产业低碳效率的影响因素分析

使用 Tobit 模型来探究其他一些影响因素对海洋产业低碳效率的影响，在选取影响因素时考虑两个层面。从与总体宏观经济挂钩的角度，我们选取地区人均 GDP 水平、地区 R&D 经费支出占地区生产总值的比例两个指标。从海洋产业自身层面，选取海洋产业从业人数占所有就业人数之比、地区海洋产业总产值、海洋科研教育管理服务业占比三个指标。

假设 4 - 1：地区人均 GDP 水平对海洋产业低碳效率影响显著，但作用方向不确定。沿海地区人均 GDP 水平大多处于全国前列，人均 GDP 水平越高，高科技人才的比例也相对较高，从事第三产业的比例也就越大，从而低碳效率越高。但是根据我国目前的产业结构状况，GDP 还是主要依靠第二产业带动，第二产业往往意味着高污染、高能耗以及较低的低碳效率。所以综合考虑以上

两方面的因素，我们假设地区人均 GDP 水平对海洋产业低碳效率影响显著，但作用方向不确定。

假设 4－2：地区 R&D 经费支出占地区生产总值的比例对海洋产业低碳效率影响显著，且比例越高，海洋低碳效率越高。研究与试验发展（Research and Development，R&D）经费支出占地区生产总值比值是目前国际通用的衡量科技活动规模、科技投入水平和科技创新能力高低的重要指标。这一指标的高低代表一个地区对科研活动的重视程度，也体现了整个地区的科研环境好坏，而低碳效率的提高需要科研活动做支撑。科技活动可以提高投入产出的转化效率，更加充分地利用资源，所以我们假设地区 R&D 经费支出占地区生产总值的比例对海洋产业低碳效率影响显著，且为正相关关系。

假设 4－3：海洋产业从业人数占所有就业人数的比对海洋产业低碳效率影响显著，影响方向不确定。海洋产业从业人数包括三个产业的从业人员，对低碳效率的影响程度取决于海洋第三产业的从业人数。从事第三产业和海洋科研的人数越多，对海洋产业低碳效率的技术支持越大，海洋低碳效率越高。反之，则会降低整体的低碳效率。所以我们假定海洋产业从业人数占所有就业人数之比对海洋产业低碳效率影响显著，影响方向不确定。

假设 4－4：地区海洋产业总产值对海洋产业低碳效率影响可能不显著。低碳效率的高低主要取决于各个产业的比重情况，第一、第二产业比重高，那么就会导致同样的投入状况下能耗高，碳排放量也高，从而效率值就会降低。而地区海洋总产值的高低并不代表低投入、高产出产业的总产值比例高，所以我们假设地区海洋产业总产值对海洋产业低碳效率影响可能不显著。

假设 4－5：海洋科研教育管理服务业对海洋产业低碳效率影响显著，且为正相关关系。海洋科研教育管理服务业是开发、利用、保护海洋过程中所进行的科研、教育、管理及服务等活动，包括海洋信息服务业、海洋保险与社会保险业，海洋科学研究、海洋教育、海洋管理等产业。海洋科研教育管理服务业本身就是碳排放、资源消耗很少的产业，同时又能为其他产业减少能耗、提高低碳转化率提供技术支持和条件。所以我们假设海洋科研教育管理服务业占比对海洋产业低碳效率影响显著，且为正相关关系。根据以上 5 个假设，可得到 Tobit 随机效应面板数据回归方程为：

$$Y = a + \alpha^T + \beta^T X_{it} + \mu_i + \epsilon_{it}, \tag{4-6}$$

其中，Y 为沿海各省市低碳效率效率得分值；X_{it} 为各个影响因素变量，X_1

为地区人均 GDP 水平，X_2 为地区 R&D 经费支出占地区生产总值的比例，X_3 为海洋产业从业人数占所有就业人数的比，X_4 为地区海洋产业总产值，X_5 为海洋科研教育管理服务业占比；μ_i 为随个体变化而变化，但不随时间变化而变化且与解释变量不相关的随机变量；ϵ 为随时间和个体而独立变化的随机变量；a 为截距项；α 和 β 为参数向量。该回归式可以用来检验上面有关海洋产业低碳效率的 5 个影响因素的理论假设是否成立。

豪森检验的结果显示，数据是随机效应而不是固定效应，所以我们选择 Stata 软件对 Tobit 结果进行分析。整理所得结果如表 4 - 9 所示。

表 4 - 9　　　　　　　　　海洋产业低碳效率的影响因素分析

变量名称	系数	标准差	Z 值	P 值
地区人均 GDP 水平	- 0.0067503	0.0112731	- 0.6	0.549
地区 R&D 经费支出占地区生产总值	0.0920474	0.0506178	1.82	0.069
海洋科研机构从业人数	- 0.0954398	0.0384288	- 2.48	0.013
地区海洋产业总产值	- 0.0189887	0.0882593	- 0.22	0.830
海洋科研教育管理服务业占比	0.0828824	0.0287457	2.88	0.004
Log likelihood	20.1783			

通过实证分析我们可以得到以下结论：

（1）地区人均 GDP 水平对海洋产业低碳效率影响不够显著，这与前面假设不符，可能是 GDP 对低碳效率有影响，但作用效果不显著，或者是各种影响作用相互抵消，导致最终作用效果不显著。

（2）地区 R&D 经费支出占地区生产总值的比对海洋产业低碳效率的影响在 0.1 的水平下影响显著，且系数为正（0.0920474），表明地区 R&D 经费支出占地区生产总值之比越大，海洋产业低碳效率越高，这也与前面的假设相符。

（3）海洋产业从业人数占所有就业人数之比对海洋产业低碳效率的影响在 0.05 的水平下影响显著，且系数为负（- 0.0954398），说明海洋从业人数比例的上升并没有带来低碳效率的提升，可能是从事第一、第二产业的人数比例在不断上升，也可能是从事第三产业的就业人员素质没有达到应有的要求。

（4）地区海洋产业总产值对海洋产业低碳效率影响不够显著，这与我们前面的假设相符。

（5）海洋科研教育管理服务业占比对海洋产业低碳效率的影响在 0.01 的水平下影响显著，且系数为正（0.0828824），说明海洋科研教育管理服务业占比对低碳效率的影响最为显著，相关性最强，表明海洋科研教育管理服务业占比越大，海洋产业低碳效率越高，这也与前面的假设相符。

利用 2009～2011 年 11 个沿海省区市的数据，采用两阶段 DEA 模型分析沿海省区市海洋产业低碳效率：第一阶段，利用产出导向的 BCC 模型得到海洋产业 3 年的低碳效率值；第二阶段，将其作为因变量使用，利用 Tobit 回归模型对影响海洋低碳效率的因素进行理论假设和实证检验。

根据第一阶段 DEA 的结果可得，2009～2011 年各省区市综合技术效率大多处于下降状态，纯技术效率不断下降是造成这一现象的主要原因，这可能与目前处于产业转型期有关，巨额投入需要过几年才能看出效果。投入产出的不匹配造成了技术效率下降，相信在以后的几年能有所改善。另外，规模效率值普遍较高且处于规模效率递增状态，因此增大投入规模、提高投入产出的转化效率是提高海洋产业低碳效率的必经之路。根据 Tobit 回归分析发现，地区 R&D 经费支出占地区生产总值的比、海洋科研教育管理服务业占比对海洋产业低碳效率有显著的正相关关系，海洋产业从业人数占所有就业人数之比对海洋产业低碳效率有显著的负相关关系。

三、提升海洋产业低碳效率的措施

（1）现阶段加大对海洋低碳产业的投入规模。现阶段规模效率依然处于较高水平，且为规模效率递增，增大投入可以进一步提高规模效率。投入主要体现在增加基础设施建设、增加科研基金、提高从业人数比例和素质等方面。

（2）加快产业结构调整。提高低能耗、低排放的第三产业比例，减少高能耗产业的占比。从 Tobit 结果也可以得到，低能耗、低排放的海洋科研教育管理服务业占比越大，海洋产业低碳效率值就越高，且影响显著。

（3）增加海洋产业科研教育投入。科研教育投入能解决海洋产业发展的技术性问题，提高投入产出的转化效率。同时还要加强对专业人才素质的培养。

第五章

环渤海经济圈低碳经济发展的
区域环境资源因素分析

低碳经济的实质是能源效率和清洁能源结构问题，即建立一种较少排放温室气体的经济发展模式，减缓气候变化。在人类工业化发展的早期走的是传统的工业化道路，主要依靠高投入、高产出、高排放、高污染的高碳经济发展方式来满足人类对物质追求的欲望，然而这种增长方式对自然生态环境带来极为严重的破坏。随着人类社会的进步，人们逐渐认识到生态环境健康对人类生存发展的重要作用，经济增长目标也由以往的不顾环境代价的高增长转变为经济发展与自然环境协调统一的可持续发展。实现可持续发展的有效途径就是低投入、高产出、低污染、低排放的低碳经济手段。低碳经济的发展需要自然环境和社会环境相协调，需要合理的制度安排和技术支持。而且，低碳经济在不同的国家地区的不同发展时期会受到不同程度的影响因素的制约。在经济学上，低碳经济是指在社会发展过程中以最少的温室气体排放量换取最大的社会生产产出量。

第一节
环渤海经济圈低碳经济发展的环境因素分析

一、环境压力因素对低碳经济发展的影响

环境因素对低碳经济的影响主要体现在环境压力方面，随着我国经济的迅速发展，粗放式的经营管理方式对环境造成了巨大的破坏，环渤海地区的环境纳污能力明显下降。

环境压力的增大使环境承载力下降，从而制约了低碳经济的发展。环境承载力又称环境承受力或环境忍耐力，它是指在某一时期的某种环境状态下，某一区域环境对人类社会、经济活动的支持能力的限度。人类的生存环境既可以为人类提供资源、吸收废物，又可以为人类提供居住的空间和生存的载体，它是一个强大的具有维持自身稳态功能的巨系统。环境系统对人类的价值体现在它为人类的生存发展提供支持作用，但由于环境系统的物质组成成分在数量上和空间上分布规律的局限性，决定了环境系统对人类生存发展活动的支持力度存在一定的限度。当人类活动对环境系统的影响超过了这个限度，也就是说人类对环境系统的影响超过了该系统维持系统内动态平衡的能力时，人类对环境的作用便超过了环境系统的承载力，环境因素就会对人们的经济活动产生制约影响。

我国环渤海地区低碳经济发展面临的环境压力主要来源于以下几个方面：

（一）大气污染严重

在国家和地方各级政府的努力下，环渤海经济圈内实现了污染物的不断减排，尤其是大气污染物排放量的减少，但是在与国家公布的二级大气环境质量标准比对的情况下，经济圈内仍然存在部分省区市空气质量堪忧，部分城市的指标持续超标。据统计，在环渤海经济圈内以重工业为基础的辽宁省是能源使用密集，温室气体排放最大的省，其次是河北、山东、北京、天津。根据有关资料显示，在辽宁省的14个省辖市中，仅有2个达到国家二级空气质量标准，达到国家三级质量标准的城市有7个，然而超过国家三级质量标准的城市数目达到了5个之多，其中污染最严重的5个市集中在辽宁省的中部。对北京和天津空气质量造成影响的污染物主要是二氧化硫和粉尘颗粒物，近年来，北京市PM2.5的测量值也连续处于高位。由于自然地理环境的影响和人为因素的干预使得山东省和河北省成为北方受酸雨影响严重的地区。

除此之外，温室气体的排放成为影响环境压力的重要因素。根据美国能源情报署的统计，我国在2006年就超过了美国，成为全球第一大二氧化碳排放国家。德国和日本两国二氧化碳排放量加起来，仅为我国排放量的35%。我国的能源效率不但低于发达国家，还低于印度和俄罗斯，我国同样面临着温室气体减排的国际压力。

（二）水资源质量下降严重

水资源是困扰环渤海经济圈发展的重要因素，环渤海地区的降水量不足，地表水和地下水的含量较低，这使得环渤海地区的水资源总量不到东南沿海地区的30%，环境承载力低，生态比较脆弱。因为高能耗式的经济发展，给环渤海经济圈带来经济高增长的同时，也给环渤海地区的水资源带来了严重的污染。这使得本来就数量短缺的水资源质量也开始下降，水资源成为制约环渤海经济圈低碳经济发展的重要因素。

由于自然地理天气条件的原因，环渤海地区是我国严重的缺水地区之一。改革开放以来，环渤海经济圈一直重视经济的高速发展，忽略了对水资源质量的保护，严重的水污染问题使得环渤海地区缺水问题更加严重。环渤海经济区境内的河流和库区上游的水质状况良好，但流经城镇和矿区后，由于人们的不合理活动，使得河流水质急剧恶化，部分河流甚至成为排污河，未经处理的工业废水和城市生活污水是河流的主要污染来源，复杂的人类活动使得该区河流污染物的类型种类繁多，其中主要的有重金属、石油烃、需氧有机物、芳烃等。据有关资料显示，天津市区的海河干流污染具有两个特征：第一，海河干流咸污染严重；第二，耗氧有机污染严重。在海河上游河段表现为氨氮等富营养元素的超标，污染指数1.61~5.91；在下游段则表现为氯化物污染。有关研究表明，海河下游河段的污染源主要包括以下三种：多溴联苯醚（PBDEs）、药物以及个人护理用品（PPCPs），这些污染源造成的污染越来越严重。北京市水体的污染比较严重，约有56%的水体遭受了不同程度污染，平原区浅层地下水更是有接近一半水体受到污染。山东省66个监控断面的水质达标率仅有13.6%，符合三类以上水质要求，然而其中的劣五类水质更是占到了63%，地下水源超标现象同样严重，25处中即存在9处不合格。辽宁省监测的29条河流，57个河段，评价河长达2356.1千米，五类污染及污染极重的超五类水质河长达到1294千米，占比评价河长超过50%。河北省境内的河流更是出现了"有河皆干，有水皆污"的严重污染现象。[①] 环渤海地区是我国水污染集中的地区，水资源在数量上的短缺、质量上的下降与圈内经济发展、人民生活对水资源的需求不协调，水资源也成为制约环渤海经济区发展的重要因素。

---

① 李亚宁、华涛、周启星：《环渤海地区环境污染问题演化及其对策》，载于《世界科技研究与发展》2006年第5期。

（三）固体废弃物污染

固体废弃物的污染是一个逐步、缓慢、以迁移转化为主的过程，这种特点也造成固体废弃物污染的不易察觉性，往往在污染发生后的几年甚至几十年后才被发现。固体废弃物污染的污染途径广，比单独的水污染、大气污染等的影响更为严重，其对环境的影响主要包括：

1. 对大气环境的影响

固体废弃物中的垃圾细微颗粒，会在风力的作用下飘散，造成大气污染。有机物垃圾在一定的温湿度条件下会被大气、土壤中的有机物分解，分解后会产生污染当地空气质量的恶臭性和毒性有害气体。除此之外，部分地区对固体废弃垃圾采取填埋的方式处理，在封闭条件下固体废弃物会产生沼气；焚烧的方法处理固体废弃物会产生大量的粉尘、二噁英和其他一些有毒物质，对大气产生二次污染。

2. 对水环境的影响

固定废弃物垃圾处理不当会对水环境系统产生严重的危害。由于种种原因各地普遍存在着直接将垃圾排放到江河湖海的现象，受到污染的水体会影响到水系统内各种生物的生存，还可以使江河湖的有效灌溉能力和泄洪能力变差。雨水浸透露天堆放和填埋处理的垃圾会产生有害污水，会对地表水和地下水造成严重的污染。据不完全统计，环渤海地区地下水中常见的污染成分有硝酸氮、亚硝酸氮、氨氮、酚、氰、砷、汞、镉等，其中"三氮"污染呈面状分布。地下水污染已成为制约城市经济发展的重要问题。

3. 对土壤环境的影响

垃圾经过风化、雨雪淋溶和地表径流的侵蚀，一些有毒液体就会渗入土壤，杀害其中的微生物，破坏土壤的腐解能力，甚至导致寸草不生。这些有害物质会通过食物链不断积累，有可能进入人体内危害人类健康。

目前我国大部分地区对固体垃圾采取的是露天堆放和简单填埋处理的方式，这两种方式会占用大量的土地资源，进而加剧耕地资源短缺的问题。许多城市中存在着堆放垃圾的城市死角，不仅浪费了城市的土地资源影响城市整洁美观，而且污染物复杂成为许多疾病的传染源。当前的垃圾处理并未完全实施垃圾分类处理，人民的环保意识不强，致使生活垃圾中混入许多不可降解甚至有毒的物质，例如，废旧电池、日光灯管和可能含有放射性污染物的医院废物。这些垃圾的不当处理不仅给环境也给人类的健康带来极大的危害。

天津市的几个典型化工基地周围土壤污染问题尤其突出，在附近农田土壤中都不同程度存在 Cd、Pb 等重金属，苯、甲苯、乙基苯和二甲苯（合称 BTEX）等芳香烃化合物，多环芳烃（PAHs），以及十溴二苯醚（DBDPO）、八溴二苯醚（OBDPO）和五溴二苯醚（PBDPO）等多溴二苯醚（PBDEs）的复合污染。其中，部分受到污染的土壤中 Cd 含量较高，达到 2.1～16.7mg/kg，单环芳烃类质化合物 BTEX 含量高达 1.3～27.2mg/kg，16 种多环芳烃（PAHs）总含量达到 0.68～27.3mg/kg，多溴二苯醚（PBDEs）含量达到 0.3～15.2mg/kg。[①] 从环境生物学的角度出发，受这些污染化合物影响的农田、地下水、土壤，蔬菜中获得的提取物具有致突变性，也反映了该地区由固体废弃物污染造成的环境污染的严重性。

环境污染程度加重、污染事故频发、区域资源环境负荷过载、生态系统服务功能下降等问题已经成为制约环渤海地区低碳经济发展的限制性因素。

二、环境抗逆水平因素

环境抗逆水平是指环境在受到外界因素影响的情况下自我恢复的能力。这个方面的因素可以从排放污染物的达标情况方面进行衡量，如工业废水废气达标排放量等。环境抗逆水平作为影响低碳经济发展的正向因素，其水平的高低直接反映在上述环境压力因素的各个方面，通过降低环境压力水平对低碳经济的发展产生正向的影响。

在环境压力不断增大的情况下，环境抗逆水平成为影响低碳经济发展的另一个重要因素。在社会经济发展的同时，占据主导地位的工业经济越来越发达，导致工业"三废"的排放规模不断扩大，因此带来了严重的工业污染问题，应该得到高度重视。最近几年以来，国家政策不断引导造成严重污染的老旧企业进行资源和能源综合处理以及污染处理工程的建设，加强环保执法力

---

① 李亚宁、华涛、周启星：《环渤海地区环境污染问题演化及其对策》，载于《世界科技研究与发展》2006 年第 5 期。

度，清理、取缔违法污染企业，行政审批层面采取"区域限批"等措施，力求做到控制污染源头，逐渐减轻环境污染程度，监督企业排放达标情况，综合治理工业企业"三废"，提高治理效率。如2010年"三废"综合利用产品产值达到305.8亿元，比2003年提高近3倍。

第二节

环渤海低碳经济发展的资源因素分析

低碳经济发展应有其自然资源基础。经济发展与资源环境的保护是相辅相成的，一方面，我们节约自然资源和保护生态环境，不能继续走高排放高污染的传统工业化老路；另一方面，我国需要继续发展经济、加快工业化进程和现代化改革，不能以资源和环境的限制而停止。

目前环渤海经济圈总体上处于重工业化阶段，支持重工业发展的首要条件便是能源的供应良好。而环渤海地区的资源状况是煤炭资源的含量丰富，而石油、天然气、铁矿产资源的储藏量相对不足，这种能源结构决定了环渤海经济圈的发展需要依赖于国际油气资源和铁矿石的进口，但国际油气资源和能源矿产的价格持续上涨和波动，使得环渤海经济圈获得发展所需的能源矿产的难度加大，对外依存度变高，影响了环渤海经济圈的产业发展和经济增长的稳定性。在这种能源背景下，环渤海经济圈要从根本上改变经济发展方式，由高增长、高排放、高污染的高碳经济模式转向有利于可持续发展的低碳经济增长模式，提高能源利用效率，真正转变经济发展方式，才能实现环渤海经济圈稳定快速的发展。

三省两市所形成的环渤海地域经济社会发展比较迅速，依靠良好的地域条件，形成了资源密集型的经济区域，能够在社会生产中充分利用环境资源，加之该区域丰富的社会资源，促进原材料的生产与加工，丰富了生活资料的生产。在物质、能量、信息三者的转化进程中，能够做到把经济发展、环境和资源三者整合成一个统一整体，开拓出一条低能耗、低污染、低排放、高效能为基本特点的低碳经济发展道路，是实现区域经济可持续发展的科学战略。

一、低碳经济发展对自然资源依赖性

环渤海地域的国民经济发展具有其独特的优势，该区域具有丰富的自然资源，作为其物质依托促进了经济的快速发展。一方面环渤海地域不断向自然索取资源，快速地开采、加工、利用自然资源创造物质财富，获得了极大的物质生活资料，提高了人民生活质量。另一方面，这种高负荷的自然资源开采造成了开采剩余废弃资源的数量品种增加，形成了大量的废水、废料，同时向空气中排放了过多的废气，破坏了生态系统的平衡发展。虽然自然资源具有自我净化的能力，但是在大规模的开采之下，自然界自身的净化能力也是有限的，因此只有贯彻实行"三低一高"（低排放、低能耗、低污染、高效能）的低碳经济战略，才是实现环渤海地域经济发展的最佳选择。

（一）水资源

我国以相对不足的水资源禀赋支撑着经济增长。耕地大量减少，水资源短缺加剧等问题日益突出。长期形成的结构性矛盾和粗放型增长方式未根本转变更是加剧了资源的瓶颈效应。较全国而言，环渤海地区的资源短缺问题更为明显，并且将伴随地区重化工发展更加凸显。

水资源匮乏、能源对外依存度高等问题已经成为区域经济社会发展的主要"瓶颈"。此外，水土等关键资源的空间分布与人口、产业空间分布的匹配性较差，空间资源配置矛盾突出的现象也客观存在，并在部分地区区域恶化。

环渤海经济圈面临严重的缺水问题。据统计，环渤海地区的水资源总量只是全国水资源总量的3.5%，人均水资源总量是全国平均水平的20%，水资源的稀缺性同日益增长的工农业、生活用水需求的矛盾日益突出。

环渤海地区不仅面临严重的缺水问题，而且该地区水资源的污染更加剧了水资源的短缺。环渤海经济区境内的河流和库区上游的水质状况良好，但流经城镇和矿区后，由于人们的不合理活动，使得河流水质急剧恶化，部分河流甚至成为排污河，未经处理的工业废水和城市生活污水是河流的主要污染来源，复杂的人类活动使得该区河流污染物的类型种类繁多，其中主要的有重金属、石油烃、需氧有机物、芳烃等。水资源污染严重使得环渤海经济圈迫切需要走出一条低排放、低污染的低碳发展道路。

（二）森林资源

全国森林面积 1.95 亿公顷，森林覆盖率 20.36%，虽然我国幅员辽阔，但是在人均森林覆盖率方面只有全球平均水平的 2/3，在世界排名上 139 位。人均森林面积只有 0.145 公顷，人均水平尚不足世界平均水平的 1/4；人均森林蓄积量只有 10.151 立方米，仅占世界人均水平的 1/7。环渤海经济圈属于人口密集区，人均森林面积就更少了。森林资源除了人均拥有量不足之外，质量也不高，其中乔木林每公顷人均蓄积量只有 85.88 立方米，占世界平均水平的 78%，人工乔木林每公顷蓄积量仅 49.01 立方米。森林覆盖率的增加只靠营造林的难度很大，这就对林地保护提出更高的要求，减少森林资源的利用，挖掘新的能源来代替森林资源以达成清洁能源结构，减少温室气体的排放。

（三）资产资源

虽然环渤海经济区属于能源型经济区，区内各种矿产资源总量上储量丰富，但是人均资源匮乏，资源紧缺的情况会长期存在于环渤海经济圈的发展过程中。环渤海经济圈具有圈内城市数量多、人口密度大、城市产业集聚的特点，这样的特点给本来就匮乏的能源资源的开发利用带来了更大的压力，也使得矿产资源成为制约环渤海经济圈发展的主要因素。环渤海经济圈的人均矿产占有量总体上与全国的人均矿产资源接近，个别种类矿产资源甚至低于全国平均水平，与全球的平均水平差距较大，环渤海经济圈的经济发展会在不久的将来受到资源边际的限制。

一直以来，环渤海经济圈的经济增长还是更多地依靠粗放式的经营方式，单纯地追求高增长的背后忽略了效率的提高。高消耗、高排放的粗放式经营造成的结果是产出低下、效率变差。据统计，环渤海经济圈内的能源利用率在 30% 左右，单位 GDP 能耗是发达国家的 3 倍以上。以天津市为例，天津市矿产资源的储藏量少，种类不丰富，人均矿产资源占有量仅是全国平均水平的 17%，矿产资源的回采率仅仅达到 30% 的水平，二次能源利用率不到世界先进水平的 40%，各类矿产企业的开采水平、综合回采率都比较低，每年因为矿产资源的浪费而造成的经济损失达 50 亿元之多。

（四）能源资源

由于长期以来各自为政的发展体制，使得环渤海经济圈无论是在原有老工业还是新发展的产业安排上都存在明显的趋同性质。环渤海经济圈的省和直辖市都设有煤炭、石化、钢铁、汽车、重工等传统工业产业，在新的战略发展方向上又都重视电子、生物医药、新能源、新材料等高新领域，环渤海经济圈的各个省市甚至都要求有自己的出海口。其中钢铁行业的趋同性更为明显，各个省市都形成自己的龙头企业，各自独立的发展体系，同时都有设备老化、技术陈旧、产品单一、重数量轻质量等缺点。

作为传统的资源依托型产业区，环渤海地区比较发达的是原盐、钢铁、原油等技术含量低、附加值低的产业，这些传统型的产业虽然在市场上仍有需求，但受资源的约束力强，而且这些产品的生产技术落后对环境的破坏力也强。随着经济发展理念的转变，环渤海地区在注重改善传统工业的同时，越来越重视高新技术的发展，高新技术产业依靠技术创新和理念革新来减少能源消耗和温室气体排放。这种高新技术产业的发展是能源领域的一场革命，属于低碳经济发展方式，新能源的出现有利于解决经济发展过程中传统的化石能源不足的问题，有利于实现环境、经济和能源间的可持续发展。

二、社会资源因素分析

（一）技术及人力资源

环渤海经济圈内的工业结构偏重于重工业，圈内重工业占经济总量的比重比全国平均水平高出6个百分点。以重工业为主的经济结构决定了圈内企业以大型国有企业为主，中小企业的规模和数量相对较少。国有经济比重偏高的状况也使得环渤海经济圈内的经济发展受到行政干预的力量比较强，市场对资源的配置的作用尚未完全发挥。这也使得环渤海经济圈内的体制创新较弱，中小企业的活力较差、创新能力不强，在这方面比起长三角和珠三角，环渤海经济圈处于明显落后的位置上。长期以来行政体制的干预阻碍了股份制的发展，也相应地抹杀了企业的创新意识以及企业寻求创新发展的积极性。如今参考区域经济持续健康发展的经验，紧跟国家政策形势，环渤海经济圈的国有经济的比重大有锐减，多种所有制经济共同发展，涌现出大批优秀的科研人员，打破原有观念促进新兴技术的发展。

高科技产业园区作为高科技的孵化器，可以孕育促进经济发展的高新技术并使高新技术得到产业化发展，是改变传统经济增长方式、实现低碳发展的重要途径。根据国家科技部火炬计划中心的概念，高新区指依托智力密集和开放环境这两个条件，依靠自身科技和经济实力，优化局部软硬环境，最大程度的实现科技成果转化为社会生产力。同时面向国外与国内市场，形成集中区域发展我国高新技术产业①。环渤海地区高度重视高新区的建设，圈内的许多大城市都有国家级高新区。产业园区的快速发展也吸引了大量的高素质高科技人才，而科技人员数量的增加又促进了环渤海高新区的经济低碳化发展。

目前，如果说整个世界还在经济复苏中挣扎，那么中国经济"第三极"环渤海地区已经是生机勃勃。2012年，天津滨海新区生产总值7205.17亿元，同比增长20.1%，2012年唐山市的GDP同比增长率也达到10%以上，相比于2012年全国7.8%的GDP增速水平，天津与唐山无疑成为环渤海经济圈经济增长的新引擎。

天津市经济高速发展，其中天津滨海新区更是引人注目。滨海新区已经成为我国新一代运载火箭产业化基地，仅仅是一期项目的投资就高达10亿元。除此之外，百万吨乙烯、千万吨炼油、空客A320等国家重点项目已经在滨海新区落户。天津发改委的资料显示，2012年滨海新区的固定资产投资增幅高达20.3%，是推动天津市经济增长的重要动力。

唐山市作为拉动环渤海经济圈经济增长的重要力量，该市在保持GDP快速增长的同时，政府的财政收入也出现了高速增长。大量的投资项目会继续对GDP产生拉动作用。资料显示，2012年唐山市的固定资产投资额为3066.34亿元，在2013年该市的投资总规模突破1万亿元大关。

综上所述，环渤海经济圈的发展受到该区域资源环境的影响是明显的。分析资源环境的因素对低碳经济发展的影响，能够促进环渤海区域经济可持续发展、从而为形成以"三低一高"（低能耗、低污染、低排放、高效能）为基本特点的经济提供有力支撑。

---

① 王磊、汪波、张保银：《环渤海地区高新区科技人才政策比较研究》，载于《北京理工大学学报（社会科学版）》2010年第4期。

第三节

区域资源环境因素与环渤海低碳经济
发展的灰色关联分析

一、灰色关联度模型介绍

（一）相对灰色关联分析

第一步：对原始数据进行无量纲化处理。将所研究序列的第一个数据除后面的每一个原始数据，得到初值化数列，全为无量纲数据，被称为原始数据的初值化变换。

第二步：计算母因素时间数列 $X_i(t)$ 与子因素时间数列 $X_j(t)$ 在时刻 $t = k$ 时的绝对差值，计算表达式为：

$$X_i(k) - X_j(k) = \Delta_{ij}(k) \qquad (5-1)$$

其中 $k = 1, 2, 3, \cdots, n$。

记各时刻的最小绝对差值为 $m = \Delta_{\min} = \min\limits_{i} \min\limits_{k} |X_i(k) - X_j(k)|$；

记各时刻的最大绝对差值为 $M = \Delta_{\max} = \max\limits_{i} \max\limits_{k} |X_i(k) - X_j(k)|$。

第三步：母序列与子序列之间在各个时刻的灰色关联系数的表达式：

$$L_{ij}(t) = \frac{m + \beta M}{\Delta_{ij}(t) + \beta M} \qquad (5-2)$$

其中，β 为分辨系数，取值范围是（0，1），本书取值：$\beta = 0.5$。

第四步：计算相对灰色关联度数值，计算公式：

$$\gamma_{ij} = \frac{1}{n} \sum_{t=1}^{n} L_{ij}(t) \qquad (5-3)$$

其中，γ_{ij} 为子序列 $X_j(t)$ 与母序列 $X_i(t)$ 的关联度；n 为比较序列所包含的数据个数，或者所含有的数列长度。

（二）绝对灰色关联度分析

第一步：始点零化像。即用各序列的第一个数据，去减后面的各个原始数据，得到始点零化像的数列。

第二步：经过始点零化像的母序列 $X_i(t)$ 与子序列 $X_j(t)$ 的绝对灰色关联度为

$$\varepsilon_{ij} = \frac{1 + |s_i| + |s_j|}{1 + |s_i| + |s_j| + |s_i - s_j|} \qquad (5-4)$$

其中，ε_{ij} 为 $X_i(t)$ 与 $X_j(t)$ 的灰色绝对关联度。

$$|s_i| = \left| \sum_{k=2}^{n-1} x_i(k) + \frac{1}{2} x_i(n) \right| \qquad (5-5)$$

$$|s_j| = \left| \sum_{k=2}^{n-1} x_i(k) + \frac{1}{2} x_i(n) \right| \qquad (5-6)$$

$$|s_i - s_j| = \left| \sum_{k=2}^{n-1} \left[x_j(k) - x_i(k) \right] + \frac{1}{2} \left[x_j(n) - x_i(n) \right] \right| \qquad (5-7)$$

（三）综合灰色关联度分析

综合灰色关联度 R 的计算公式为：

$$R = \theta\gamma + (1 - \theta)\varepsilon \qquad (5-8)$$

其中，γ、ε 分别为相对灰色关联度和绝对灰度关联度，θ 为权重系数。

二、指标设置以及数据选取

在选取指标的过程中，综合考虑环渤海低碳经济发展与区域环境资源的各种要素，采用单位 GDP 碳排放量衡量环渤海地区低碳发展水平；通过反映自然资源、社会资源、环境压力水平、环境抗逆水平的十四个指标综合体现区域环境资源情况，选取 2003～2011 九年的数据进行分析（见表 5-1 和表 5-2）。

表 5-1　　　　　　　　　　区域环境资源衡量指标

资源环境水平	自然资源	森林总量
		供水总量
		石油、煤炭生产量
		发电量

资源环境水平	社会资源	规模以上工业企业 R&D 人员数
		城镇就业人员数
		全社会固定资产投入
	环境压力水平	工业废水排放总量
		工业废气排放总量
		工业固体废弃物产生量
	环境抗逆水平	工业废水排放达标量
		工业固体废物综合利用率
		工业烟尘去除量
		"三废"综合利用产品产值

表 5 - 2　　环渤海低碳经济发展与区域资源环境因素数据

指标	2003年	2004年	2005年	2006年	2007年	2008年	2009年	2010年	2011年
单位 GDP 碳排放量	4.3022	4.1073	3.9812	3.7753	3.4532	2.9993	2.9263	2.6432	2.262
森林面积数（万公顷）	870.66	889.96	877.65	876.96	879.19	881.22	1016.11	1020.13	1246.14
供水总量（亿立方米）	603.75	597.54	603.14	627.53	622.76	614.22	614.91	615.88	617.6
石油、煤炭生产量（万吨）	8611	10675	12575	14133	15274	15658	17003	18417	20175
发电量（亿千瓦时）	4025	4366	4736	5365	6080	5939	6424	7189	7750
规模以上工业企业 R&D 人员数（人）	298016	310935	307788	326678	372129	221578	265844	259548	377500
城镇就业人员（万人）	4349.75	4487.47	4644.26	4937.02	5393.17	5651.09	5966.84	6316.7	6517.5
全社会固定资产投入（亿元）	13086.6	17614.7	23226	27484.5	33010.1	41574.2	53457.9	66408	73511.9

续表

指标	2003年	2004年	2005年	2006年	2007年	2008年	2009年	2010年	2011年
工业废水排放总量（万吨）	497066	515602	558683	554046	581201	580851	604276	645088	424635
工业废气排放总量（亿标立方米）	52046	61324	79684	112135	103497	134824	127053	1407412	173153
工业固体废物产生量（亿吨）	2.58	3.56	3.81	4.09	4.76	5.12	5.61	6.81	9.58
工业废水排放达标量（万吨）	351697	365917	400975	376071	397580	385297	385264	408282	400875
工业固体废物综合利用率（%）	48.92	46.73	52.91	57.09	58.91	62.62	67.48	60.56	42.31
工业烟尘去除量（万吨）	4198.27	4902.9	5471.1	5937	6228	7067	8614	9580.4	6015.6
三废综合利用产品产值（亿元）	106.516	146.335	192.501	245.932	353.936	324.168	350.042	349.881	364.440

资料来源：2004~2012年《中国统计年鉴》、《中国环境统计年鉴》、《中国能源统计年鉴》。

（一）相对灰色关联度分析

根据表中统计数据，可以计算出母序列单位 GDP 碳排放与子序列区域环境资源各因素之间不同时点上的相对灰色关联系数，如表5-3所示。

表5-3　　　单位 GDP 碳排放与区域环境资源要素的相对灰色关系数

	2003年	2004年	2005年	2006年	2007年	2008年	2009年	2010年	2011年
L_{i1}	1	0.86029	0.68573	0.55780	0.36638	0.33333	0.45151	0.37821	0.36174
L_{i2}	1	0.82780	0.77975	0.75994	0.61612	0.48369	0.47021	0.42253	0.33333
L_{i3}	1	0.47532	0.35791	0.33333	0.35956	0.47673	0.43564	0.47739	0.89777
L_{i4}	1	0.68193	0.48221	0.35586	0.33333	0.78351	0.56736	0.56339	0.47648
L_{i5}	1	0.98855	0.88313	0.90315	0.99442	0.33333	0.42355	0.37763	0.48253

续表

	2003年	2004年	2005年	2006年	2007年	2008年	2009年	2010年	2011年
L_{i6}	1	0.88518	0.90958	0.90958	0.96679	0.60823	0.69775	0.60281	0.33333
L_{i7}	1	0.50691	0.37557	0.35164	0.34892	0.36278	0.33333	0.34282	0.45187
L_{i8}	1	0.97497	0.91079	0.94887	0.87386	0.69666	0.71894	0.69993	0.33333
L_{i9}	1	0.66103	0.43158	0.33333	0.40810	0.39916	0.43310	0.45801	0.59360
L_{i10}	1	0.36170	0.34427	0.34564	0.33333	0.40276	0.37169	0.35621	0.42996
L_{i11}	1	0.97125	0.81841	0.79053	0.72647	0.50228	0.48327	0.46835	0.33333
L_{i12}	1	0.79483	0.99777	0.94536	0.92786	0.80943	0.88859	0.64865	0.33333
L_{i13}	1	0.56515	0.44732	0.42879	0.49879	0.55372	0.39881	0.42064	0.33333
L_{i14}	1	0.52518	0.52518	0.36080	0.33333	0.40498	0.40025	0.44732	0.62609

由表 5-3 可计算出单位 GDP 碳排放与区域环境资源各要素之间的相对灰色关联度分别为：

$$\gamma_{i1} = 0.724261, \gamma_{i2} = 0.639904, \gamma_{i3} = 0.809457, \gamma_{i4} = 0.913603,$$

$$\gamma_{i5} = 0.605233, \gamma_{i6} = 0.923338, \gamma_{i7} = 0.723798, \gamma_{i8} = 0.805278,$$

$$\gamma_{i9} = 0.764147, \gamma_{i10} = 0.782038, \gamma_{i11} = 0.773071, \gamma_{i2} = 0.825365,$$

$$\gamma_{i13} = 0.85614, \gamma_{i14} = 0.727183。$$

（二）绝对灰色关联度分析

由单位 GDP 碳排放与区域环境资源各要素之间的相对灰色关联度能够计算得到两者之间的绝对灰色关联度分别为：

$$\varepsilon_{i1} = 0.562981, \varepsilon_{i2} = 0.53929, \varepsilon_{i3} = 0.726879, \varepsilon_{i4} = 0.66975,$$

$$\varepsilon_{i5} = 0.530947, \varepsilon_{i6} = 0.618889, \varepsilon_{i7} = 0.813717, \varepsilon_{i8} = 0.585733,$$

$$\varepsilon_{i9} = 0.765796, \varepsilon_{i10} = 0.748936, \varepsilon_{i11} = 0.576689, \varepsilon_{i12} = 0.591375,$$

$$\varepsilon_{i13} = 0.697139, \varepsilon_{i14} = 0.809043。$$

（三）综合灰色关联度分析

由公式 $R = \theta\gamma + (1-\theta)\varepsilon$，取 $\theta = 0.5$，根据相对灰色关联度和绝对灰色

关联度，可计算出单位 GDP 碳排放与区域环境资源要素之间的综合灰色关联度分别为：

$$R_{i1} = 0.6436211, R_{i2} = 0.5895968, R_{i3} = 0.7681678, R_{i4} = 0.7916765,$$

$$R_{i5} = 0.5680896, R_{i6} = 0.7711132, R_{i7} = 0.7687575, R_{i8} = 0.6955057,$$

$$R_{i9} = 0.7649715, R_{i10} = 0.7654867, R_{i11} = 0.6748800, R_{i12} = 0.7083698,$$

$$R_{i13} = 0.7766397, R_{i14} = 0.7681128。$$

三、结 论

从相对灰色关联分析可以看出，城镇就业人员和发电量与单位 GDP 碳排放的关联度很高，说明城镇就业人员生活生产更加注重有关碳排放的控制，这与近几年低碳经济发展的战略是分不开的。工业烟尘去除量和工业固体废物综合利用率与单位 GDP 碳排放的相对灰色关联系数为 0.85614、0.825365，从数字表达的绝对意义上看，工业污染物净化利用技术促进了低碳经济的发展，且影响力较大（见表 5 - 4）。

表 5 - 4   区域环境资源的影响因素与单位 GDP 碳排放的灰色关联度

影响因素	相对灰色关联	绝对灰色关联	综合灰色关联
森林面积数（万公顷）X_1	0.724261	0.562981	0.6436211
供水总量（亿立方米）X_2	0.639904	0.53929	0.6436211
石油、煤炭生产量（万吨）X_3	0.809457	0.726879	0.7681678
发电量（亿千瓦时）X_4	0.913603	0.66975	0.7916765
规模以上工业企业 R&D 人员数（人）X_5	0.605233	0.530947	0.5680896
城镇就业人员（万人）X_6	0.923338	0.618889	0.7711132
全社会固定资产投入（亿）X_7	0.723798	0.813717	0.7687575
工业废水排放总量（万吨）X_8	0.805278	0.585733	0.6955057
工业废气排放总量（亿标立方米）X_9	0.764147	0.765796	0.7649715
工业固体废物产生量（亿吨）X_{10}	0.782038	0.748936	0.7654867
工业废水排放达标量（万吨）X_{11}	0.773071	0.576689	0.6748800
工业固体废物综合利用率（%）X_{12}	0.825365	0.591375	0.7083698
工业烟尘去除量（万吨）X_{13}	0.85614	0.697139	0.7766397
三废综合利用产品产值（万）X_{14}	0.727183	0.809043	0.7681128

绝对灰色关联度的分析结果与相对灰色关联度稍微有所不同，即全社会固定资产投入与单位 GDP 碳排放的关联度名列前茅，关联度为 0.813717，而规模以上工业企业 R&D 人员数与单位 GDP 碳排放的关联度为 0.530947。

综合灰色关联度指的是对相对灰色关联度和绝对灰色关联度进行加权平均，权重各为 50%。本书研究的最终结果为目前影响环渤海经济圈低碳经济发展的因素中发电量的影响程度最高，之后依次为工业烟尘去除量、城镇就业人员、全社会固定资产投入和石油、煤炭生产量。原因在于，首先，目前环渤海经济圈低碳经济的发展仍以中低端低碳技术为主，低碳产业融资机制匮乏，工业固体废物不能得到很好的回收利用，既浪费资源又对环境造成一定程度的影响。其次，环渤海经济圈新型能源的开发利用不到位，风能、海洋能等环渤海的特色低碳能源的开发利用程度很小、重视程度有待加强。最后，环渤海经济圈的低碳经济发展状况与环保有直接关系，保护环境发展经济才能符合当今追求的可持续发展战略，才能获得环境资源、人口与经济的平稳协调的良性发展。

第四节

区域资源环境因素对环渤海低碳经济影响的实证分析

一、指标选择与模型设计

以柯布—道格拉斯生产函数（C‐D 函数）$Y = AL^{\alpha}K^{\beta}$ 作为基本方程，构建反映环境资源系统各因素与低碳经济发展水平之间关系的模型。令 Y_t 为环渤海低碳经济发展水平，以单位 GDP 碳排放作为代表。X_i 为影响低碳经济发展水平的各环境资源因素，可以写出低碳经济发展水平与环境资源各要素之间的关系函数为：

$$Y_t = f(x_1, x_2, x_3, \cdots, x_k, A) \tag{5-9}$$

其中，A 为环渤海地区影响低碳发展水平的其他因素，如制度因素、区位因素等；Y_t 为第 t 时期的单位 GDP 碳排放；x_i（$i=1$，2，$\cdots$，k）表示第 t 时期影响低碳经济发展的各环境资源要素。样本范围选取 2003～2010 年，选取发电量、工业烟尘去除量、城镇就业人员、全社会固定资产投入和石油、煤炭生产量等作为自变量，对环渤海经济圈单位 GDP 碳排放量取自然对数，作为因变量，为了消除价格的影响，使得历年数据之间具有可比性，数据采用相对指标，对 C－D 函数两边取对数，结合本书对象，构建多元回归模型如下：

$$\ln(cgdp_t) = b_0 + b_1\ln fdl_t + b_2\ln gyyc_t + b_3\ln czjy_t + b_4\ln gdzc_t + b_5\ln symt_t$$

$$(5-10)$$

其中，i 代表不同的面板单位；t 代表不同的时期，b_{oi} 为方程的常数项，b_i（$i=1$，2，3，4，5）代表各个解释变量的系数。

各项指标符号含义如下：$\ln(cgdp)$ 为单位 GDP 碳排放的相对数，代表环渤海经济圈低碳经济发展水平；fdl_t 为环渤海地区发电量；$gyyc_t$ 为环渤海地区工业烟尘去除量，$czjy_t$ 为环渤海地区城镇就业人员；$gdzc_t$ 代表环渤海地区全社会固定资产投资；$symt_t$ 为环渤海地区石油、煤炭生产量。

二、模型的参数估计

数据的处理采用 EViews 软件，使用最小二乘法 LS（NLS and ARMA），设定模型形式为：

$$\ln(cgdp_t) = b_0 + b_1\ln fdl_t + b_2\ln gyyc_t + b_3\ln czjy_t + b_4\ln gdzc_t + b_5\ln symt_t$$

模型运算评价指标结果如下：$R^2 = 0.9969$，$AdjR^2 = 0.9916$，因此模型的拟合度相当高，D. W. ＝3.57，模型的各解释变量之间存在序列负相关。模型整体在 1% 的显著性水平下通过检验，模型形式如下：

$$\ln(cgdp_t) = 6.869 + 0.347\ln fdl_t + 0.306\ln gyyc_t - 1.112\ln czjy_t$$
$$- 0.458\ln gdzc_t + 0.3\ln symt_t$$

三、回归结果分析

由回归方程可以看出，环渤海经济圈低碳经济发展水平的各影响因素——发电量、工业烟尘去除量和石油、煤炭生产量与环渤海经济圈低碳经济发展水平呈正相关关系。而城镇就业人员和全社会固定资产投资与环渤海海洋总产值增长呈负相关关系。

各影响因素与环渤海经济圈低碳发展水平的关系与机理，可以初步分析如下：

（1）电力是清洁能源，电力对其他高污染低产值能源的有效替代可以提高环渤海地区的低碳发展水平。但电的使用成本较高，在考虑投入产出效益的情况下，短期内煤炭等高污染能源还将继续被使用，所以发电量虽然与环渤海低碳经济发展正相关，但影响力度较小。

（2）环渤海固定资产投资的增加可有效带动该地区经济的发展。但固定资产的投入上升要求更多的使用能源进行生产，所以固定资产投资的上升一方面会使环渤海地区的资源更为稀缺，另一方面也使该地区的环境面临更大的压力。这反映在模型中固定资产投入与环渤海地区低碳经济发展的负相关关系。

（3）工业烟尘去除量是环境污染治理的指标。烟尘去除量越大，说明该地区的污染治理水平越高，低碳经济发展水平也相应越高。

（4）城镇就业人员指标与固定资产投资一样，可有效带动该地区经济的发展。但城镇就业人员的增加会使用更多的能源进行生产，所以一方面会增加环渤海地区的资源消耗，另一方面也会增加该地区的环境压力。这反映在模型中城镇就业人员与环渤海地区低碳经济发展的负相关关系。

（5）环渤海地区石油、煤炭生产量与环渤海地区低碳经济发展的正相关关系，说明随着低碳经济发展工作的深入，新生产的石油、煤炭资源的利用环保状况越来越高效。

由以上分析及模型的处理结果可以看出，影响环渤海地区低碳经济发展水平的主要因素是环境治理水平，这反映了该地区需要加强生态环境管理，引入碳排放权交易制度，走可持续发展的道路。其次是要重视盲目扩大投资对环境造成的破坏，应合理配置资源，正确分析固定资产投资带来的社会经济生态效益。另外，加强新能源的开发与使用、提高新能源使用效率、降低新能源成本和促进新能源对传统能源的替代等对提高环渤海经济圈低碳发展水平具有不容忽视的作用。

第六章

环渤海经济圈低碳经济发展对环境资源的影响效应研究

根据低碳经济发展理念的指导，运用制度创新、技术创新、产业转型、新能源开发等多种手段，最大限度地减少煤炭石油等高碳能源消耗，缩减温室气体排放，实现经济社会发展与生态环境保护双赢的一种经济发展形态。

第一节

区域技术创新对环境资源的影响效应分析

为解决区域发展面临着资源环境约束的问题，应当依靠区域技术创新体系建设，通过创新体系实现新技术的合理开发、利用、推广，克服资源环境的约束，最终完成推动区域经济社会的低碳化协调发展。当前阶段，资源环境问题已经成为区域经济可持续发展的制约瓶颈之一。以往经济的快速发展造成了昂贵的环境成本，同时区域经济的快速增长主要以投资和外贸两方面驱动，这就增加了区域自然环境承载压力。区域经济可持续发展以技术创新作为重要支撑和手段，因此加快技术创新、推动区域经济快速发展成为一种战略选择。①

---

① 郑宝山、蒋九余、王兴理、王学：《温室效应与全球变化（三）——全球碳循环与人为二氧化碳排放的控制》，载于《四川环境》1993 年 10 月 1 日。

一、技术创新对环境资源的作用机制分析

（一）技术创新的含义

首先，参照熊彼特在《经济发展理论》一书中的有关技术创新这一概念的理解，在经济领域技术创新是指把从来没有过的关于生产要素"新组合"引入生产体系，是对生产手段的新的组合，是以不同的方式把这些原材料和力量组合起来，并非从外部强加于它的，而是从内部自行发生的变化，它是经济个体保持自身稳定和发展的创造性的一种变动。主要包括产品、产品特征创新、技术及生产方法的创新、市场的创新、原材料或半成品来源的创新、工业组织的创新等。从哲学的角度可以说技术创新是行为主体参与社会实践的活动过程，是创新主体的创新与创新实践相互作用的动态过程，是创新主体的对象化活动过程。

（二）技术创新对环境资源的作用机制

低碳经济是以低能耗、低污染、低排放为基础的经济模式，因此，技术创新对环境资源的作用机制也主要体现在降低能耗、减少污染、减低排放三个方面对环境资源的作用。下面从提高效能、新能源开发、减少二氧化碳排放、发展循环经济对技术创新的需求详细阐释技术创新对环境资源的作用。

1. 提高能源利用效率，节约能源

能源利用效率的提高被称作天然气、核能、煤炭和再生燃料之外的另一种发电燃料，能源利用效率的提高能够减少温室气体排放，高的利用效率甚至能够减少60%的气体排放量。为保障我国经济又好又快增长目标的实现，需要坚持节能减排的发展战略，大力发展节能产业，提高能源利用效率，尤其是化工、水泥、钢铁等能耗较高的行业，所以必须加大节能减排措施，提高能源利用效率，不断减少碳排放量。当今国际社会提出的主要减排措施之一是提高能源利用效率。有研究表明，在降低单位GDP能耗方面，技术进步的贡献率为30%～40%。

首先，我国现在正处于现代化、工业化、城市化发展的关键时期，在这一

时期大量的基础建设的存在决定了我国的能源需求会继续保持快速增长的趋势；我国目前仍处于发展中国家阶段，我国需要继续注重发展经济、建设全面小康、改善人民的生活水平，这也带来了能源消费迅速增长的问题。高排放、高污染的"高碳"发展带来的经济发展的不可持续性是我国今后经济发展的重要制约因素。在这种情况下，就需要我国政府鼓励技术创新，倡导节能减排，开发新能源，提高化石能源的使用效率，以这些途径突破环境能源的约束。

其次，从我国的三大产业结构的构成上看，在我国占主体地位的第二产业，工业部门的发展对能源需求较大，加之我国个别经济区，特别是环渤海经济圈重工业占的比重大，而且设备老化、生产技术的相对落后，这些特点在一定程度上促使了我国经济的高碳特征。根据有关资料显示，中国工业能源消费的年均增长率维持在 5.8%，约 70% 的能源消费为工业能源消费，而工业能源消费中超过 60% 的能源投入建材水泥、钢铁、电力等高耗能工业行业中。要从根本上改变我国经济发展的高碳特征，就需要依靠科技含量高的低碳技术的发展。低碳技术的发展需要国内的自主创新，特别是调动中小企业的活力，发挥中小企业在低碳技术上的能动性，使我国抓住全球低碳经济发展的机遇，提高能源利用效率，研究开发利用新能源，实现经济的绿色发展。

2. 减少二氧化碳排放，发展循环经济

衡量低碳经济发展的常用指标是该国家的二氧化碳排放量。1990 年我国二氧化碳排放量只有 5.6 亿吨，到 2006 年我国的二氧化碳的排放量已达到 27 亿吨，大约是 1990 年的 5 倍，而我国也排在美国后成为世界上第二大的二氧化碳排放国，排名第一的美国也仅仅只比我国多排 1 亿吨。据一家法国媒体报道，2011 年中国人均温室气体（CO_2）排放量为 7.2 吨，比上年增加 9%，该数据与 2011 年欧洲的人均 CO_2 排放量（7.5 吨）相仿。2011 年美国人均 CO_2 排放量为 17.3 吨，居全球首位。

我国幅员辽阔、生态系统复杂、南北农耕制度多样以及社会发展的区域不平衡性造成了我国温室气体分布的区域性特征和碳循环的复杂性。在这种情况下，监测全国范围内温室气体的长期稳定性对研究全国区域气候变化以及碳循环的系统研究具有重要作用。在监测温室气体方面既要遵从国外研究的合理之处，也要体现我国区域气候的特点。当前国内外研究的共同问题包括气候变

化、大气中二氧化碳扰动对碳储存量的影响、各个大气层交界处二氧化碳浓度以及二氧化碳浓度与土壤、地形、植被的关系等问题。考虑到我国生态环境的特殊性和气候变化的复杂性，我国还需重点解决：第一，在陆地上特殊的有代表性区域，如黄土高原、东北林带、长三角等，建立可以精确测量二氧化碳状况的观测点；第二，将对二氧化碳的观测范围扩大到海上，在我国近海海域和沿海的重要地区设立海洋大气二氧化碳观测点，了解海洋大气二氧化碳带来的影响；第三，了解二氧化碳源汇在过去一定时空范围内发生的物理化学过程，以此对未来空气中二氧化碳的浓度极其发生的物理化学过程做出判断。除此之外，还要加强对碳循环过程中发生二氧化碳迅速大量排放的监测能力和建立相应的应急方案，为制定碳源汇相关政策提供科学依据。

3. 调整能源结构，开发利用新能源

碳能源的消耗是碳排放量的直接关键原因。相关统计数据显示，2012 年，煤炭消费在中国一次能源消费占比高达 68.5%，原油消费占 17.7%，天然气消费占 4.7%，煤炭、原油、天然气这三项碳能源消费占一次能源消费总量的比例超过 90%，相比之下新能源核能的消费比例只占 0.8%。2012 年，全球一次能源消费最多的国家是中国和美国，分别占世界总量的 21.9% 和 17.7%。中国已超过美国，一次能源消费居全球第一。据国家发改委披露数据显示，2012 年中国原油生产 20748 万吨，同比增长 1.9%；原油进口 27109 万吨，同比增长 7.3%；原油消费对外依存度达到 56.4%，2012 年原油对外依存度创下历史新高。同为"金砖国家"的印度，煤炭同样作为国家能源结构中的主体，然而 2012 年煤炭消费量却只占能源消费总量的 52.9%，其能源消费的其他两大来源是石油和天然气，分别占能源消费的 30.5% 和 8.7%。

尽管人类可通过对全球碳循环的某个环节进行干预、减缓或减轻温室效应增强及全球变暖危害，但是只有限制来自化石燃料燃烧时二氧化碳的排放才能真正解决一些问题。当然，为了降低二氧化碳的排放而要求任何一个国家放慢经济发展速度都是不可能的，我们只有设法在不降低能源总有效消费的情况下努力减少二氧化碳的排放量。最简单地减少 CO_2 排放量的办法是使用含碳量低的化石燃料，充分利用可再生能源，比较安全的可再生能源为地热（严格地讲，地热并非可再生能源，从地质历史上看，地热能来自于地球内部放射性元素衰变过程中释放的能量。地球内放射性元素的数量是一定的，放射性衰变的

时间的是固定的，因此，地热能从数量上也是有限的）、生物能、太阳能、水能、风能、海洋潮汐、海浪、海洋温差等。生物材料主要指各种植物的茎、叶在很长的历史时期内都曾是人类主要的能源，今天它们仍是地球上大部分发展中国家农村地区的主要能源，但生物材料在人类能源消耗中比例的扩大是不太可能的。在可再生能源中水能是开发程度最高、技术最成熟、经济效益最好的（水电站建设费用高但运转费用低，水电站也带来一些环境和生态问题，但是比较起来，比同样功率燃煤或石油的火电站少。水电受到资金的限制和环境保护主义者的反对。如果考虑到兴建水电站对减少全球二氧化碳排放方面的贡献，水力发电应当摆在更优先的地位）。太阳能和风能是庞大的可再生能源（太阳能发电和风力发电成本仍明显高于化石能源发电成本）。可再生能源利用的最大问题在于人类需要均衡的能量供应，而太阳能、风能、潮汐、海浪都随着自然变化而变化，只有找到廉价可靠的电能储存办法才能解决这个问题（太阳能电站最好设在沙漠或海洋里，风力发电站则只能建在长年大风地区，潮汐电站对建站地点有更苛刻的要求，这些情况也给它们的开发带来了困难）。

综上所述，为达到减少 CO_2 的目的，人类所能采取的措施目前只能集中在两个方面，即提高现有能源的使用效率；完善能源结构（如用天然气代替石油和煤以减少获得同样能量时二氧化碳的排放量，提高水能在能源体系中的比例）、积极研究开发可再生能源。[①]

二、以区域技术创新突破资源环境约束的对策措施和路径

区域技术创新主要涉及三个行为主体的参与：政府、企业和研发机构。

（一）促进以高等院校和重点科研机构为主体的知识创新体系建设

高校、企业和科研院所应当发挥开发和研究的长处和优势，为我国低碳经济的发展提供智力支持。以北京市低碳经济发展为例，在北京市低碳经济发展所必需的新能源技术、节能减排技术的研发方面，包括清华大学、北京理工大

---

① 冯伟洲、成美捷、宋艳萍、姜晨光：《从全球碳循环的特点淡我国的减碳策略》，载于《第十三届中国科协年会第14分会场——地热能开发利用与低碳经济研讨会论文集》2011 年 9 月。

学、中国矿业大学（北京）、中国石油大学（北京）、北京化工大学、北京建筑工程学院、神华集团、金隅集团、中国科学院、北京建筑材料科学研究总院、北京低碳清洁能源研究所等在内的高校、企业和科研院所可以说是责无旁贷的，在开展广泛而深入调研的基础上，做好更具有针对性的新能源技术和节能减排新技术的研发工作。[①]

（二）鼓励企业进行创新性的技术研发

中国企业存在着工业技术创新能力较弱、产业层次偏低、企业整体素质不高的特点。发展低碳经济从根本上依靠高水平的低碳技术，无论是提高能源转换效率、减少能源消耗，还是开发利用可再生能源、优化能源结构，都依赖于先进技术的研究开发与推广。科技上我国一直在追赶着发达国家的发展步伐，然而技术创新还处于起步阶段，在技术创新上不能光靠模仿创新，更应发挥企业自主创新能力，这样在提高能效、降低排放和新能源的研发中才不至于落后，实现绿色 GDP。[②]

1. 企业创新性技术研发的内在动力

推动企业进行创新性技术研发需要针对不同企业的特点，充分挖掘其内在动力。科研单位和大企业具备雄厚的资源优势和技术优势，这使得其进行技术创新拥有先天的优势。但与中小企业不同的是，他们两者本身创新意识不强，创新动力不足。而中小企业为了实现企业自身的发展壮大，必须不断地谋求技术创新，以寻求新的利润增长点。因此，虽然中小企业相对于前两者来说存在一定的"先天不足"，但是他们却拥有提升自身创新能力的不竭动力。

2. 企业创新性技术研发的主导者及路径

企业技术创新与科研机构、高等院校相比，一个极为重要的区别在于：领导企业的企业家们会基于自身对于企业发展远景的判断，认识技术创新在企业

---

① 张国：《新时期推动北京市低碳经济发展研究》，载于《现代化的特征与前途——第九期中国现代化研究论坛论文集》2011 年 8 月。

② 李晓琳：《低碳经济与中国经济的发展》，载于《"两区"同建与科学发展——武汉市第四届学术年会论文集》2010 年 10 月。

竞争过程中的重要性，从而主导并推动企业创新技术的进程。

（1）管理者对外部环境碳减排压力的辨识及认知。

企业高层管理者的支持是决定技术创新战略选择的前提，因此，管理者对企业所处外部环境碳减排压力的辨识及认知成为战略选择现实实施的首要步骤。管理者的辨识及认知主要来自政府的相关法律法规及包括公众在内的其他利益相关者对低碳环保的生态平衡的迫切需要，这主要可以体现在作为顾客的公众对低碳产品及服务的消费潮流及消费趋势的引领，迫使企业的战略选择不得不顺应这一转变。如果高层管理者对这一转变及时认知，不仅能促使企业及时应对来自政府及公众的外部环境压力，还是企业主动技术创新战略选择的关键。[①]

（2）管理者的认知形成企业的规范体系。

对企业整体环境风险进行评估，认真落实企业内部的环境政策和组织安排，并与我国有关环境问题的法律法规相协调，有针对性的将其纳入企业设置的日常制度安排中。经过补充完善的企业制度可以进一步将企业的低碳化生产经营带入正轨，既可以实现企业产品绩效的整体提高，又能有效降低碳排放，保证企业在完成经济效益的同时又确保了对生态环境潜在的负面影响。

（3）管理者的认知推广至企业员工。

污染的防治认知先于污染的控制，在企业相关环境问题的政策实施中，将管理者的防治认知转变成员工的认知才真正是主动环境技术创新战略实施的落脚点。各企业部门及员工的深度环境意识的培养除了专门的员工培训及宣传强化外，更应该在企业运营的全过程中引入防治先于控制的认知理念，将管理者的主动环境技术创新认知转变成企业每个员工的自觉意识。最终才能真正实现主动环境技术创新战略选择的现实实施。[②]

（三）强化政府的调控职能

低碳技术与其他高新技术一样具有高投入高风险的特征，因此相比完全来自于市场自发调节的动力，低碳技术的研发与推广更需要政策引导和鼓励，倡导和推进企业对低碳技术的改进和使用。一方面，政府在严格执行国家和地方

---

①② 张海燕、邵云飞：《低碳经济下企业环境技术创新战略选择研究》，载于《第六届（2011）中国管理学年会——技术与创新管理分会场论文集》2011 年 9 月。

相关法律法规的基础上，结合产业发展与能源消费和碳排放的实际情况及潜力，梳理已出台的节能减排等相关的法律法规和政策措施，逐步制定和完善促进产业低碳化发展的政策、法规、标准，保障低碳技术的专利权利，鼓励低碳技术的研发；另一方面，政府要加大资金投入，加大对相关技术推广、试点示范及重大工程的支持力度，强化科技支撑。其一，政府通过实行减免税收、财政补贴、绿色信贷等优惠政策，鼓励企业进行低碳技术创新、节能减排、使用可再生能源，推进环保产业、节能产业、减排产业和清洁能源产业四类低碳产业的积极发展。具体而言，该项政策可以从以下几个方面实行。一是政府可以运用法律手段规定各类企业碳排放量的上限，对凡是超过上限数额的按比例征收合理碳税。二是可以对低能耗、低污染的企业按其节能量减免税收。三是提高项目准入标准，严格限制资源消耗大、能源消耗多的项目建设，不能以牺牲环境为代价换取 GDP 的单纯增长。四是对可再生能源领域、节约能源的新产品的开发、低能耗的新工艺的开发等低碳基础产业加大支持力度。其二，积极发展低碳金融，发挥金融业在低碳经济发展过程中的重要作用。政府应通过出台政策，制定有效的激励机制，鼓励金融机构参与低碳经济的发展，完善绿色金融制度，促进低碳金融交易活动的长效开展。一方面，扩大国内碳交易试点工作，打造碳排放交易平台，探索碳交易的规律和特点，规范低碳证券、低碳期货等衍生品的交易和投资，为企业进行碳交易培育金融市场机制，以多元化的金融市场机制实现节能减排。另一方面，探索建立低碳银行，鼓励低碳项目开发的投融资活动，为企业大力开发低碳技术、推广高效节能技术、积极发展新能源和可再生能源提供金融支持。[1]

（四）　实现技术与经济环境的契合

"生态洲低碳"如今已是社会各界热议的话题，但主要的注意力都集中在高精尖技术方面，忽略了如何真正将低碳技术与我国经济的发展有机地结合到一起，使得低碳技术更加"接地气"。

---

① 李鸿雁、王建华：《河北省低碳经济发展的对策研究》，载于《京津冀城市集群发展与廊坊市域经济定位的延伸研究——第五届环渤海·环首都·京津冀协同发展论坛学术会议论文集》2011 年 8 月。

1. 对现有城市资源进行精加工

在世界城市的建设中，我们应该更多地将目光聚焦到现有的城市资源上，应当对其充分利用。尤其是对于城市中的闲置资源，更应该实现一种精加工，即深度开发。例如，北京市可以效仿杭州等城市，大力开发地下空间资源供社区居民在夏日集中纳凉。在日益加速的城市化进程中，由于资源和技术等一系列的因素限制，我们在较短的时间内难以寻找到更多的资源来满足城市居民日益增长的需求。这样一种由供求关系不平衡而导致的矛盾，恰恰是低碳发展中所不得不面对的。因此，在世界城市的建设中，为平衡供求矛盾，北京市应该将目光更多地投向那些现有的资源，充分地发掘现有的闲置的资源之中所蕴涵的开发潜力，寻找这些现有资源与市民需求之间所存在的必然联系，从而运用合理的技术对其进行精加工，实现一种深度开发，以更好地为世界城市建设服务。[①]

2. 采用具有地方适应性和推广性的"土办法"

"低碳"在当代的经济发展中已经得到世界各国的重视，但是由于认知的偏差，人们对于这一观念的理解过度依赖于现代科技，而这一片面的观念也极大地限制了"低碳经济"的活力。

"土办法"的创新模式则不失时机地为我们提供了另外一种选择。将低碳经济的发展与我国现阶段的经济现实相结合的"土办法"，会为我国经济发展的各个方面注入新的活力与生机。

第二节

制度创新对环境资源的影响效应分析

随着科学发展观、绿色 GDP 等治国方针的逐步落实，节能减排工作越来越受到政府的高度重视。为彻底改变现状，政府把建设资源节约型、环境友好型社会作为一项国策。在制度分析以前，有必要首先了解经济制度在节能减排方面的创新安排，制度创新是创新的一种，它更强调制度上，特别是自上而下

---

① 董阳：《浅析社会创新在生态城市建设中的作用——以合肥市防空洞集中纳凉模式为例》，载于《中国城市经济》2010 年第 10 期。

的强制性制度变迁过程。而这一过程又与自下而上的诱致性制度变迁的要求是相辅相成的。[①]

一、低碳经济发展面临的制度缺陷

（一）体制转轨时期影响低碳经济发展的经济法律制度缺陷

中国目前正处于经济体制转轨和发展转型的时期。一方面，旧体制和传统发展观造成的制度缺陷，导致人们的行为脱离低碳经济发展的轨道；另一方面，新体制发育过程中的不完善，也使经济主体在追求短期经济利益最大化的同时，与低碳经济发展的要求发生冲突。

1. 现有的制度安排基本上以片面鼓励经济发展为导向

作为一个发展中大国，中国面临着赶超发达国家的严峻任务。在传统发展观的影响下，人们往往把发展理解为经济增长，赶超也就仅仅表现为经济实力的赶超，尤其是 GDP 的赶超。我国的制度安排也以此为导向。在决策制度上，掌管经济发展的部门起主导作用，环境保护部门和社会发展部门只是配角，经济发展部门的决策往往更多考虑经济发展，而没有真正从低碳经济发展的角度综合决策。在激励和考核制度上，由于政企仍没有完全分开，政府在很大限度上仍直接参与企业的经济活动，因此用"政绩"尤其是经济增长指标考核各级干部的制度非常普遍。以 GDP 为导向的政绩评价体系大大地刺激了地方政府对环境不负责任的开发行为。地方政府都把任期内的 GDP 指标视为头等大事，以此来突出政绩，而忽略了当地的生态环境（不是一个任期内就能"出彩"的）。有的地方政府甚至把环境或资源保护部门当作"绊脚石"。这是当前许多地方政府对破坏环境的恶性事件听之任之的根源。

2. 体制转轨过程中的条块分割造成不可持续行为

在计划体制下，我国的经济管理基本上采取"条条管理"，即通过部门管理，下达和实施国家计划。改革开放以来，随着地方政府权力的不断扩大，

---

① 姚静武、邱力生：《经济制度创新促进节能减排的可行性探讨》，载于《商业时代》2009 年第 10 期。

"块块分割"的局面有发展的趋势。特别是地方行政权力和经济利益的结合，使地方政府成为重要的利益主体。它们为了追求本地区的眼前利益，往往牺牲全局和长远利益。为了眼前的经济增长和税收收入，往往对资源进行超强度的开发、使用，造成资源环境的严重破坏。洪水暴发很大程度上与中上游地区森林植被的过度砍伐和破坏有关。黄河的断流也与流域各地区过度用水、超过水资源可采量的极限有关。更为严重的是，"块块分割"导致低碳经济发展联合行动成为泡影。环境治理需要各地区联合行动，互相配合，但强烈的局部利益使得各地区以邻为壑，难以真正合作，甚至互相拆台。

3. 市场经济发展不完善对低碳经济发展的挑战

在市场经济条件下，市场机制成为配置资源的基本手段，它对提高经济运行的效率和质量的作用已被公认，从而对低碳经济发展具有积极意义。但是，必须看到，从市场经济的基本属性来看，市场、市场竞争、市场价格等这些市场经济体制运行的基本要素，以及作为市场主体的企业追求自身利益最大化，均与维持生态资本存量的稳定性无缘，尤其是市场失灵所导致的外部性成为低碳经济发展的巨大障碍。而中国的市场经济体制正在建立、发展过程中，这种不完善的市场经济体制对低碳经济发展更是构成了严峻的挑战。

（1）自然资源产权制度不合理。目前，我国的自然资源都归国家所有，只有部分土地归集体所有。而且自然资源的所有权、行政权和经营权三权混淆，资源的拥有者、使用者、管理者都是产权代表，以行政权、经营管理权代替所有权管理中国低碳经济发展——战略选择与制度创新使国家所有权受到条块的多元分割，国家作为国有资产所有权代表的地位模糊、产权虚置或弱化、各种产权关系缺乏明确的界定。并且，国家对自然资源的所有权在经济上的收益没有得到充分地体现，其收益由多种途径和渠道转化为一些部门、地方、企业甚至个人的利益。这些产权制度上的缺陷，造成国有自然资源被抢掠和掠夺性开发。如我国的森林资源不断被滥砍盗伐，野生动物被大量地非法捕杀贩卖，矿产资源、水资源等其他自然资源的流失也相当严重。①

（2）自然资源的定价机制畸形。由于传统"地大物博"的认知的影响，再加之计划经济体制的约束，自然资源一直受到"资源无价"观念的困扰，

---

① 金乐琴：《中国实施可持续发展战略的制度构建》，载于《山西财经大学学报》2006 年第 6 期。

其价格体系被扭曲，导致长期以来自然资源的市场价格无法真实反映其正常的市场价值。自然资源市场价格的严重低估使得资源滥用与浪费的情况雪上加霜，激化了其供求矛盾。如由于水价过低，水资源严重浪费的现象在工业领域、农业领域以及日常生活随处可见。

（3）企业制度不完善造成资源和环境成本居高不下。企业作为市场经济的微观主体，也是低碳经济发展的行为主体。目前，我国的企业制度正在改革，企业内部治理结构不完善，企业管理水平还比较落后。一些企业经营机制不够灵活，生产经营面临困难，资产负债率过高，技术水平低，资源利用率低，污染严重，生态效益很差。而在市场经济体制建立的过程中，一方面，企业利益得到了强化，具有更强烈地追求利润最大化的内在要求；另一方面，环境问题一直以来作为经济发展的外部性问题，是企业在追逐利益的过程中的一个盲点。

4. 自然资源和环境管理的法制不健全

经过十几年的努力，我国已基本形成了资源环境法律体系。但是，这一体系还存在相当严重的缺陷。首先，现有的资源和环境保护法律基本上属于部门法，是从环境和资源保护部门的立场出发，为这些部门能够依法开展环境管理而制定的。它与现行的其他法律法规的衔接不够，有的甚至相互冲突。其次，现行的环境法规缺乏对公民环境权益的规定和保护，影响了公民维护自身环境权益的积极性。最后，有法不依，执法不严，也使自然资源和环境保护法的作用限于形式。此外，经济市场化的进程使得现有的资源和环境法不能适应新的形势，资源和环境保护缺乏强有力的法律依据。①

（二）非正式制度建设缺乏应有的重视

与其他发展中国家相比，我国的环保力度是相当强的，但是环境质量仍面临着巨大的挑战，对这个问题的探源不能不涉及文化和伦理道德这一非正式制度安排上。我国传统文化中有许多方面体现了人与自然和谐相处的思想，如天人合一、仁爱万物，这些认识都符合低碳经济的思想。不过 2000 多年来，与小农经济相适应的文化传统——残存的封建小农意识和现代西方过于物质化的

---

① 金乐琴：《中国实施可持续发展战略的制度构建》，载于《山西财经大学学报》2006 年第 6 期。

经济文化冲击，造成了只追求最终的物质成果而忽略发展过程中的低碳化影响。只注重自身的经济利益而拒绝负担外部性问题，这都与低碳经济发展的要求大相径庭。目前，我国低碳经济发展制度建设中，非正式制度的作用没有得到应有的重视。

（1）从政府角度看，对低碳经济发展文化道德观的培育缺乏足够的投入，尤其是政府官员自身的素质亟待提高，因为"上行下效"的影响是非常强烈的。

（2）从公众角度看，低碳经济发展思想的普及工作有待于加强。虽然近几年大家的环境意识有所觉醒，但是真正的低碳经济发展意识在全国公众心目中仍相当淡薄，没有形成保护环境与低碳经济发展的良好生活习惯和生活方式。一方面，环境保护和低碳经济发展系统的、全面的教育活动重视不够，这不仅表现在广大农村，就是在大部分的城市也没有进行系统的教育。在大多数公众眼里，低碳经济发展完全是政府的事情，而中国地大物博、资源无价这些观念却根深蒂固，无形中影响着人们的行为。尤其在当前，发展经济、脱贫致富成为头等大事的同时，对环境保护、资源可持续利用这些涉及长远利益的事情就更是忽略。据中国科技促进发展研究中心提供的一份调查结果表明，大多数人认为保护环境是政府的事，选择个人努力的不到10%，选择居民参与反污染运动的仅占5%，有40%~50%的人对森林破坏、沙漠化等生态环境的严重程度并不清楚。另一方面，公众缺乏参与低碳经济发展的渠道。发达国家的经验表明，公众对低碳经济发展的参与程度是低碳经济发展战略能否成功的关键。而非政府组织（NGO）对推广环境教育和提高公众的低碳经济发展意识起着积极的作用。在我国，民间环保组织是20世纪90年代初期才出现的新生事物，如北京地球村、自然之友等，他们正发挥着重要作用，但力量还显得太单薄。①

（3）从企业角度看，市场经济条件下企业追求经济利益或利润最大化的目标日益强化，而环境保护的社会责任则非常淡薄，企业往往为了自身的利益而牺牲环境，增加社会成本。因此，非正式制度的进一步建立和完善，使之符合低碳经济发展的潮流，是一项长期而艰巨的任务。

---

① 金乐琴：《中国实施可持续发展战略的制度构建》，载于《山西财经大学学报》2006年第6期。

二、制度创新路径选择及措施

制度方面的创新是环渤海地区实现经济发展模式低碳化的重中之重，而具体的需要在以下几个层面展开，如图 6-1 所示。

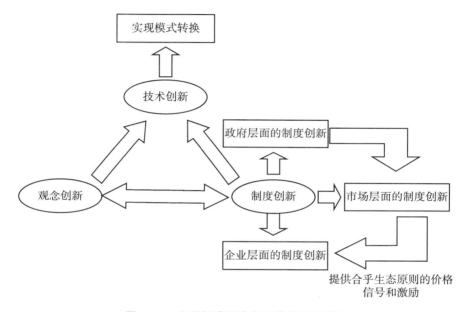

图 6-1　实现低碳经济发展模式路理简图

（一）政府层面的制度创新——塑造低碳经济发展模式转换的宏观基础

1. 政府明确在低碳经济发展中的定位

从政府层面讲，首先要明确政府在低碳经济发展模式转换中的定位，即解决政府"如何做"的问题。在此基础上再谈政府设计的引导低碳经济发展模式转换的体制框架和政策环境，即解决政府"做什么"的问题。

解决政府"如何做"的问题就是要切实转变政府职能，建立有效政府。转变政府职能主要就是调整政府、市场和企业三者之间的关系，由政府主导的经济增长模式，转换为政府调控、市场主导、企业创造经济增长的模式，而将政府的主要职能转向公共管理和公共服务方面。

政府逐步退出对经济发展的主导地位，为经济发展提供公共管理和公共服务。此时，政府将更多的精力放到法律法规的完善与补充上，可以使得市场经济在更加规范的经济体制下得到长足发展，同时也将会更大限度地激活企业参与经济活动的活力。这样，政府不仅可以作为"守夜人"，而且可以对企业的生产经营施加导向性的影响，同时又避免了矫枉过正的局面，保证了经济快速、健康、低碳式的发展。

离开了政府的政策导向，低碳经济发展模式是不会自动转换的。所以在明确了政府"如何做"的问题后，接着要谈的就是政府在低碳经济发展模式转换中应该"做什么"的问题了。政府应该制定有利于低碳经济发展模式转换的政策，通过有效发挥市场的激励作用，促进企业的发展模式向着可持续的方向转变。具体包括以下几方面的政策措施[①]：制定对于产业结构调整方向具有明显导向性的政策方针；实施有利于实现信息化的政策；制定关于资源节约、环境保护的立法。

2. 政府要善于选择有利于低碳经济的制度

建议政府按照以下优先顺序，选择相应的节能减碳政策：

如果存在一定节能或利用可再生能源的产品、服务或技术市场，其价格也具有一定竞争力，只是因为信息不对称，消费者对这些产品、服务或技术缺乏信心，其市场难以成长，其供给方也缺乏积极性；政府应当和其他组织合作建立一套能效认证体系，解决信息不对称问题，最常见的是节能电器的能源标识体系。

如果节能或利用可再生能源的产品、服务或技术具有一定的市场份额，但由于能源价格偏低，导致其价格缺乏竞争力，市场份额难以扩大；政府就应当对耗能较高的产品、服务或技术征收税费，或者向节能或利用可再生能源的产品、服务或技术提供补贴，或者索性提高能源价格，让节能或利用可再生能源变成一项有利可图的事业。具体的例子有针对房屋节能改造、太阳能屋顶的补贴。

如果节能或利用可再生能源的产品、服务或技术具有较好的市场化前景，

---

① 白昃：《资源环境约束下中国工业化模式的转换与制度创新》，载于《工业技术经济》2008 年第 6 期。

只是在走向市场的初期，缺乏必要的启动资金；政府就应当以提供融资担保、贴息贷款和专项基金补助等形式，解决资金困难，施加第一推动力。太阳能等新能源企业应当在获取初始资金环节成为政府的扶持对象，除了上述政策工具外，政府还可以采取设立公益创投，引导风险投资进入等手段，解决新能源企业的初始资金问题。

如果节能或利用可再生能源的产品、服务或技术缺乏必要的初始市场规模，规模效益难以显现，成本难以下降到社会可接受的程度，反过来又制约了市场规模的形成，形成恶性循环；政府就应当以绿色采购等形式，为其创造足够大的初始市场规模，形成规模效益，使其成本快速降到市场可以接受的程度，当其市场份额扩大后，规模效益会进一步显现，由此进入良性循环。例如，政府应当加大对新能源汽车的采购力度。

在市场不能或很难发挥作用的领域，也应当优先采用法律手段。如利用市场机制推广节能建筑效果较差，政策效应显现的周期较长，就可以在建筑条例中规定强制性的节能标准，以更加迅速有力地推进建筑节能。只有上述手段都无法达到应有效果时，才应该由政府亲力亲为。如基础设施的兴建，包括轨道交通以及面向新能源汽车的专用加油站、加气站、充电站，无法利用经济手段或法律手段促使企业或私人出资建设，政府就要义不容辞地承担责任。秉承充分利用市场机制的原则，可以少量财政资金为代价矫正外部性，使原先不具备商业价值和投资价值的产业，具备商业价值和投资价值，可以培育一大批新兴产业，创造新的经济与就业增长点，很好地发挥了有限公共财政对经济转型与经济发展的巨大杠杆撬动作用。

（二）市场层面的制度创新——塑造低碳经济发展模式转换的中观基础

1. 进一步完善市场经济体制，建立现代市场制度

进一步完善市场经济体制，建立现代市场制度：建立现代产权制度，完善公司法人治理结构，建立起名副其实的权利制衡机制；完善价格信号制度，消除制度性价格歧视，遵循价格面前人人平等的市场原则；完善市场规则制度，为相互竞争的各市场主体提供公平交易、平等竞争的市场环境；完善市场法律制度，保证市场法律法规等契约的有效性；完善社会保障制度，为市场经济体

制的建立和经济健康运行创造社会稳定的基础；完善市场道德规范制度，着力建立信用管理体系、信用管理组织体系，使现代市场经济能在诚信体系中健康地发展。[①]

2. 推进以生态法则为导向的市场制度创新

从理论上讲，自然资源和环境领域是最容易出现"市场失灵"的领域，失灵的主要原因是由于资源和环境的产权界定不太容易，因此要通过推进以生态法则为导向的市场制度创新来弥补这一缺陷，逐步形成有利于资源节约和环境保护的市场运行机制：要逐步建立和完善自然资源产权制度，建立有关自然资源有偿使用机制和价格形成机制，大力培育和规范自然资源市场，在实行自然资源有偿使用制度过程中，要推进自然资源资产化管理，建立政府调控市场、市场引导企业的自然资源流转运行机制；探索建立生态环境恢复的经济补偿机制，建立以环境税费为主的绿色税收体系和环境使用权的交易制度。

（三）企业层面的制度创新——塑造低碳经济发展模式转变的微观基础

1. 推进企业产权制度创新，使企业成为产权清晰的市场主体

因为产权在市场经济中的作用主要有引导资源配置、促使外部性问题内在化、影响经济主体的预期、决定规模经济和推进技术创新，所以只有产权清晰的企业才会对来自市场的激励产生有效反应。推进企业制度创新，使企业成为产权清晰的市场主体，就是要使企业具有独立的法人财产权、决策权、经营权并自主承担风险，成为独立的法人实体、市场竞争主体，成为经济资源配置的主体和创造经济增长的主体。

2. 引入企业环保制度，创立绿色企业制度

绿色企业制度主要是指企业在考虑原本经济效益的运营制度之上再引入低碳经营的环境效益，在维持企业利润目标的同时，提高自然资源的利用率，保护环境。其目标是实现企业经营与环境资源保护的统一，建立低碳化的现代企

---

① 白旻：《资源环境约束下中国工业化模式的转换与制度创新》，载于《工业技术经济》2008 年第 6 期。

业制度。这就要求企业在生产活动、消费活动以及日常管理活动中切实落实绿色经营的理念，以达到国家环境保护相关法律法规以及国际环境管理体制的要求。

3. 以信息化的制度模式推进企业制度创新

信息化、知识化时代的到来对企业制度产生的革命性影响，迫使企业必须以创新求得生存和发展，同时中国要走信息化带动工业化的新型工业化道路，实现跨越式发展，关键在于企业制度体系的跨越式发展。所以以信息化的制度模式推进企业制度创新，是企业实现低碳经济发展的必然选择。首先，企业要以知识和人才为核心，坚持以人为本，最大限度地调度员工的积极性，建立学习型组织；其次，要建设信息化、知识化的企业管理体系；最后，企业的组织结构要由金字塔型向扁平型转化。①

三、环渤海经济圈制度创新实践及对区域资源环境影响

环渤海区域合作平台是环渤海经济圈制度创新实践的主要形式，主要包括体制机制建设和基础设施建设两个重要组成部分。其中，体制机制建设能够从制度层面使区域创新要素的流动更加合理有效，借助于行政手段整合各区域资源，通过各正式或非正式平台进一步增强环渤海经济圈制度创新实践的实际运作效果。基础设施建设的目的是希望通过物流与人流速度的提升优化区域交通网络，以交通设施一体化的形式深化区域分工合作。

第三节

产业转型对环境资源的影响效用分析

经济增长的重要内容是转变经济增长方式，开展产业转型升级。改革开放以来对产业结构进行的优化升级，为环渤海地区沿海省份实现快速经济增长，实现经济的科学、协调发展奠定了基础。在后金融危机时代，东部沿海省份要进一步实现产业转型升级就必须以传统产业技术改造和升级为契机，促进高新

---

① 白旻：《资源环境约束下中国工业化模式的转换与制度创新》，载于《工业技术经济》2008 年第 6 期。

技术产业和传统产业的互动发展；促进自主创新，实现产业结构优化升级的要素驱动的创新；推进区域协作联动，促进东部沿海省份协调共赢；大力发展现代服务业特别是生产性服务业；改变农业的增长方式，推进现代农业发展的产业转型；加大人力资本的投入，重视人才的培养。

一、产业转型对环境资源的作用机制分析

通过人类社会发展史不难看出，人类社会发展由以农业为主的传统社会阶段到以工业为主的近现代社会阶段，再到目前全球正在经历的以信息、知识为主的当代社会阶段，人类经济产业结构一直不断地调整升级，其贯穿了人类经济进步的整个过程。目前我们也急需进行产业结构的优化升级来促使我国经济摆脱遇到的发展"瓶颈"问题，将经济发展带入集约化、低碳化发展的道路上来，以改造粗放型发展带来的重规模、轻效率，重产值、轻环境的落后发展观。

（一）产业转型的内涵

产业转型可以定义为在一国或地区的国民经济主要构成中，产业结构、产业规模、产业组织、产业技术装备等发生显著变动的状态或过程。产业转型的过程实际上就是资本、劳动力、技术等要素在各个产业之间重新配置的动态发展过程。技术进步是产业转型的内在动因，产业结构即产业之间的相互关联，取决于产业之间的生产技术结构水平。技术进步提高了产业要素的素质，使要素在产业之间重新配置，从而推动了产业转型。[1]

产业转型升级，可精炼浓缩为产业结构高级化，即向更有利于经济、社会发展方向发展。产业转型升级的关键是技术进步，技术进步对产业结构变化的影响和作用是：技术进步使生产力提高，促进社会分工的发展，形成新的产业分工；技术进步使劳动生产力提高，劳动力发生转移，使产业结构产生变化；技术进步刺激需求的增长和扩大，使需求结构发生变化，影响产业结构；技术进步产生新兴产业，改造原有产业，淘汰夕阳产业，改变生产结构；技术进步提高国家的国际竞争能力，促进贸易，带来产业结构的变化。所有这些作用和

---

① 吴伟萍：《信息化推动产业转型：作用机制与实证研究》，载于《广东社会科学》2008年第3期。

影响会导致产业结构向知识——技术密集方向发展的集约化趋势，使产业内部的生产要素构成高级化，这也就是产业结构的高级化。[①]

（二）产业转型对环境资源的作用机制

当今城乡可持续发展问题所面临的一个严重挑战是产业转型，而产业转型的方法论基础就是产业生态学。产业生态管理的实质是变环境投入为生态产出，实现经济资产与生态资产之间、生产基础设施与生态基础设施之间、社会服务功能与生态服务功能之间的协调发展以及平衡发展。产业生态管理涉及两个方面的创新：第一，生态效率（Eco – efficiency）创新，兼顾发展的经济效益与生态效益，改进产品生产工艺，充分利用资源；第二，生态效用（Eco – effectiveness）创新，在产品设计的过程中满足产品的生态效用和经济效用，更加全面地适应社会的需求。生态产品开发的战略管理涵盖诸多方面，如延长生命周期、优化工艺流程、改善材料质量、优化系统功能、减少环境负担、减少材料消耗、优化废物处置和优化流通渠道等。[②]

二、环渤海经济圈产业发展对本区域环境资源的作用现状

环渤海经济圈受行政区划掣肘严重，各省市均各自为战，在产业政策上追求大而全，强调"一个都不能少"，导致产业结构自成体系、明显趋同，进而导致竞争动机强烈，相互之间争资源、争项目、争投资等现象严重。统计数据显示，各省市之间制造业结构严重趋同，其相似系数都在0.6以上。其中，辽宁省和河北省之间制造业结构最为相似，达0.882，并且有进一步加剧的趋势。其次是山东和河北（0.838）、辽宁和天津（0.818），北京和天津（0.814），这说明区域内工业结构存在重复建设和争夺资源的现象，而且在工业生产和销售方面也存在内部循环和激烈竞争的情况，整个地区间还没有形成

[①] 张建华：《产业结构调整中的自组织现象》，载于《生产力研究》2000年第5期。

[②] 王如松：《资源、环境与产业转型的复合生态管理》，载于《系统工程理论与实践》2003年第2期。

良好的分工协作体系。①

经济发展的产业链化在环渤海地区初现端倪，但这种产业链的配套是一种低端的、割裂的状态，由于各个省市构建产业链的出发点局限在本地区的视野内，因此其难以实现整个区域内的产业链整合，反而使其呈现出一种单薄、残缺、低效的现状。

由于历史原因，环渤海地区的经济结构中第二产业一直占据着主要地位，而作为低碳经济发展生力军的第三产业，增速相对缓慢，甚至不及全国平均水平，所占比重更是远远落后于长三角地区与珠三角地区。这种经济结构是我国传统经济发展的一个缩影，是一种高能耗、环境污染严重的粗放型的发展道路的必然结果。工业中心地区环境问题日益突出，水污染严重，最近更是爆发了严重的雾霾天气，对本地区的经济发展造成了严重的后果，是对该地区经济健康、可持续发展的严峻挑战。

三、以产业转型突破资源环境约束的实现途径

（1）从经济发展的源头控制环境污染是今后环渤海地区治理环境污染的关键点。深化调整产业结构，坚持走新型工业化道路，逐步摆脱第二产业尤其是重工业对资源环境的拖累，激励第三产业特别是低能耗、低污染的服务型行业的整合与提高，大力支持环保产业的发展，促进循环经济形成更大的规模。升级消费结构，以优化消费结构带动经济结构的优化，努力实现经济内部产业结构之间的协调发展，进一步推动经济发展与环境保护之间的和谐共存。大力支持环保产业的发展，促进循环经济形成更大的规模。

（2）对于能耗较高以及环境污染较严重的行业，提高行业准入门槛，避免造成产能过剩的产业，遏制部分产能过剩项目的重复建设。深化改革开放，对进出口结构进行优化升级，着重发展高新技术产业，增加对高附加值、高技术含量、低能源消耗的高净值产品出口规模。同时调整出口产品结构，保持劳动密集型产品出口规模，着重增加传统优势产品以及自主品牌产品的规模。继

---

① 曲明哲、邢军伟：《环渤海视角下辽宁沿海经济带发展要处理好六种关系》，载于《党政干部学刊》2010 年第 3 期。

续引导外商直接投资流向具有良好经济增长效益和环境保护效益的领域和部门。①

（3）加速我国经济增长模式的转变，调整经济结构，合理谋划经济布局，以实现经济健康、平稳、可持续的发展。环渤海地区目前城市化的进程仍处于加速时期，因此要紧紧抓住国家产业结构转型的历史性机遇，实现从传统高能耗、高污染的产业结构模式中的突破，走上低碳经济发展模型的新型发展道路。优化传统能源生产结构，加速淘汰落后能源产能，引入新技术提高传统能源利用效率，大力倡导新能源产业，充分利用环渤海地区可再生能源，为该区域发展提供新型能源动力。另外，升级传统能源消费结构，鼓励引导企业在生产经营过程中积极主动地提高可再生能源比例，尤其是要注重传统建筑行业的绿色化、低碳化。

（4）推进环境污染监管体系，需要改变过去主要依赖行政手段解决环境污染问题的行为模式，转而综合运用法律手段、经济手段和行政手段，完善官员环境考核问责制度，建立良好的环境税收和生态补偿机制，进一步推进环境保护相关权益市场的建设工作。加强环渤海地区各省市环境监管机构的交流与合作。

（5）促进区域内的产业合作与分工，以产业基地和工业园区为载体，促进产业集聚、集约式发展。因此，营造富有竞争活力的投资环境，尤其是承载低碳经济与产业发展的物质环境至关重要，产业带、产业集群的形成等都有赖于作为产业空间支撑单元的产业园区建设。在两大战略空间区域低碳产业园区建设是未来城市转型的重要空间触媒。通过以绿色基础设施为切入点的土地一级市场整治与开发，建设现代绿色建筑产业园区和绿色建筑生活配套园区，示范土地开发与绿色交通耦合、清洁或可再生能源系统、绿色建筑与住宅产业化体系、水资源综合管理、固体废弃物资源化利用等技术，倡导并推广低碳生活与低碳发展理念等。②

---

① 任重、周云波：《环渤海地区的经济增长与工业废气污染问题研究》，载于《中国人口·资源与环境》2009 年第 2 期。

② 陈蔚镇、陈玲：《区域转型与重构下低碳经济与产业发展的规划探讨》，载于《中国发展》2011 年第 1 期。

第四节

新能源开发对环境资源的影响效用分析

目前，在所利用的能源中，以传统的煤炭、石油为主。煤炭和石油虽然开采工艺、加工工艺较为简单，但煤炭和石油在能源开采、储运过程以及加工转化及消费过程中都存在着能源的过度消耗以及对环境的污染等问题，不符合低碳、可持续的经济发展理念。在这种情况下，新能源的开发和利用成为一种必然的趋势，是解决高投入、高消耗、低产出的粗放型模式造成的资源利用率低、浪费严重等现象的根本途径。

一、新能源开发对环境的作用机制分析

传统能源的大量开发和利用，是造成大气和其他类型环境污染与生态破坏的主要原因之一。一方面，全球人口爆炸性增长，工业进步带动经济高速发展，为了获得能源以供生存和发展，人类过度攫取地球的煤、石油和天然气等化石燃料；另一方面，不合理利用问题严重。以煤炭为例，由于我国不够发达的机械化水平过分依赖于煤炭，且利用水平普遍偏低，过多的煤炭消费造成了较严重的大气污染，煤炭燃烧已经成为我国大气污染最大的源头。燃煤产生的烟尘、二氧化硫、氮氧化物排放量、二氧化碳排放量分别占到全国相应指标排放总量的70%、90%、67%和70%，各项指标占比都很高。上述这些问题都将会使大气中的二氧化碳含量增加，温室效应加强，最终导致全球变暖、气候恶化等严重后果。

在当前全球能源短缺的国际背景下，研发利用可再生清洁能源，有利于建立可持续发展的能源体系，转变能源消费方式与生产方式，为全球经济发展提供支持，同时有利于全球生态环境的保护，为子孙后代造福。传统能源大部分是不可再生能源，并且普遍存在能量转换效率低下的问题，已经不能满足当今高速发展的现代工业体系的需要。人们对于高效率的、环保的、可再生的、优质的新兴能源的需求变得越来越迫切。研发利用可再生能源，促进能源产业的现代化进程，实施能源可持续发展具有重要战略意义。目前，人类已初步掌握了几种比较重要的新能源——太阳能、风能、地热能、海洋能、潮汐能和生物

质能等。这些新能源清洁干净、污染物排放很少，是与人类赖以生存的地球生态环境相协调的清洁能源。

（一）太阳能

太阳能（Solar Energy）指太阳所蕴涵的辐射能量，利用太阳能指对太阳能进行转化。其中一种利用技术是太阳能光伏技术，这种技术依靠半导体器件所具有的光伏效应原理，能够把太阳能转化成热能。太阳能目前的发展存在转化效率低的问题，恰恰是由于其分散性、间歇性、随机性等特点造成的，同时光伏电池材料、器件、光伏理论研究存在一定的难度，导致太阳能的开发利用在过去的半个世纪进展缓慢，而且与核能等其他新能源的发展产生了较大的距离。当前阶段下，光伏发电主要受限于光伏电池转化效率以及转换成本。有关统计资料显示，国际上太阳能转化效率最高的高效聚光光伏电池可以达到32%，紧随其后的高效平板电池转化效率也处于25%～28%。目前我国光伏电池的研究与世界先进水平还有一定差距，转化效率约为21%，而商业化光伏组件的转化效率还要低一些，只有14%～15%，一般商业电池转化效率仅能达到10%～13%，与发达国家的技术差距约为10～15年。现阶段世界最大的光伏工厂实现年产量36MW，单位成本约为0.2美元/kWh。更大的光伏工厂正在设计建造中，新的工厂发电成本能降低到每千瓦时0.06美元，甚至可以与火电相竞争。[①]

太阳能的利用方向目前主要是利用太阳能发电，已经可以实现的方法有两种：一种是将太阳辐射能直接转换成电能，但这种方法效率低下，而且存在潜在的二次污染问题，与低碳经济的主旨相违背；另一种是太阳辐射能—热能—电能的太阳热能发电形式，其在太阳能技术领域具有效率高、经济价值高的特点。中国幅员辽阔，陆地可以接受的太阳辐射能量在$3.3 \times 10^3 \sim 8.4 \times 10^6$ kJ/（$m^2 \cdot a$）之间，这些能量等于24000亿吨标准煤，因此就接受总量来看，太阳能资源丰富。

太阳能利用已经取得了一定的进展，但其难点仍然存在于晶体硅技术、薄膜电池技术、并网发电系统技术和建筑一体化太阳能利用技术等瓶颈问题上。高纯度多晶硅是太阳能工业核心材料之一，由于其生产技术和工艺领域限制了

---

① 《我国新能源的发展现状与前景》，http://wenku.baidu.com/view/a7a8901514791711cc7917b8.html，2012年10月29日。

产量，进而限制了太阳能工业的发展，因此如何实现该材料的规模化生产就成为发展太阳能工业的重中之重；经济性方面，高温太阳能集热及太阳能热发电技术直接关系到分布式冷热电联产系统运行效率的成倍提升；薄膜电池技术、并网发电系统技术以及建筑一体化太阳能利用技术同样有待进一步的推进和重点研发。太阳能能够减少对煤炭和石油的应用，进而使低碳经济成为现实。

（二）风能

风能作为一种清洁能源，也具有较大的开发利用潜力。太阳辐射能能够转化为风能，但是转化率只有 2% 左右，然而依旧可以创造约 96 亿千瓦的风能总量。我国也是蕴涵风能丰富的国家，分布主要以西北、东北、华北为主，地形主要以草原、戈壁、沿海岛屿为主。中国具有辽阔的东部浅海海域，所蕴藏的风能资源十分丰富，而且具有风速稳定、可重复开发利用的特点，加之东部沿海是我国主要用电负荷区域，因此在东部沿海海域建设海上风电场具有突出优势和紧迫的现实需要。风能的转化主要通过风力发电机组，目前的技术水平下，虽然在理论上最高的风轮转换效率大约能够达到 60%，但是现代风电机风轮效率只能达到 40%。风力发电主要受到风速变化的频率以及电机布局环境的恶劣性两方面限制，承受较大的交变载荷。风电机的效益受风速的影响程度较大，主要因为在风电机额定功率到达之前，风速的立方与效率成正比。风能作为自然能源，理应受到重视，提高其开发利用力度，国家应当通过政策扶持，促进风力发电的技术研发，支持风力发电企业大力发展。在中国政府以及国家发改委的规划与政策支持下，风力发电在中国必将呈现迅速发展的势头。[①]

（三）地热能

地热能是指地球内部的天然热能，这种能量主要来自地壳深处的高温熔融体，按照载热体和属性的不同，地热能可以分为若干种，但是目前对于地热能的利用主要集中在地热发电这一方面，主要包括热水型地热发电和蒸汽型地热发电。我国高温地热自然分布主要集中在西北地区，包括川西、藏、滇以及台湾。

---

① 《我国新能源的发展现状与前景》，http：//wenku. baidu. com/view/a7a8901514791711cc7917b8. html，2012 年 10 月 29 日。

地热能主要应用于地热发电、地热供暖、地热行医等。与风能和太阳能不稳定性相比，地热是比较稳定的可再生资源，这就给人们描绘了美好的前景，将来使用地热能部分的替代煤炭、天然气等短缺能源。除此之外，地热能还是一种理想的清洁能源，并且其蕴藏量十分丰富，相比于煤炭等化石燃料，使用过程中不会产生温室气体，属于环境友好型能源。

（四）潮汐能

因海水涨落及潮水流动所产生的能量称为潮汐能。潮汐是由于地月之间的引力增减而引起地球海平面周期性跌涨的现象，随着地月沿轨道运行而日涨日落，周而复始。因此，稳定可靠、不受气候季节水文等自然因素影响是潮汐能一个最为显著的优势。潮汐能的原理是利用潮差势能，目前主要利用方式是发电，是一种清洁、不污染环境、不影响生态平衡的可再生能源，完全可以发展成为沿海地区生活、生产和国防需要的重要补充能源。潮汐能所具有的另一个优点是储量巨大。初步测算世界主要沿海海域潮汐能的发电量在 10 亿千瓦以上，我国潮汐能的理论发电量在 1.1 亿千瓦以上，开发前景十分广阔。不过，与河川水电站一样，潮汐电站的建设存在一次投资大、技术要求高、运储成本高等问题，尽管潮汐能的研究不断取得突破，但是世界上潮汐电站的成功项目仍然寥寥无几。

（五）生物质能

生物质能是主要的与生物能相关的能源，主要包括植物、动物及其排泄物、垃圾等。广义的生物质能指光合作用合成的有机物，这种转化过程是把太阳能转化为生物能，因此生物质能也属于太阳能的一种，转化过程是植物通过叶绿素的光合作用将水和氧气固化为葡萄糖。

对生物质能更通俗的解释为蕴藏在生物质中的能量，这部分能量的来源以及转化过程是通过绿色植物的光合作用，将太阳能转化为化学能进而贮存在生物质内。从某种意义上说煤炭以及石油等化石能源都是由生物质能经过上万年转化来的。生物质能的分类主要有几下几种：农业废弃物、油料植物、城市和工业有机废弃物、木材及森林工业废弃物、水生植物、动物粪便，这几个类别的生物质能存在共同的特点，表现为能量密度低，具有可再生能源属性，同时属于低碳能源范畴。如果能够实现高效的开发利用，必然能够转变我国的能源结构，改变化石燃料在能源消费中的主体地位，尤其有利于丰富的生物质清洁能源在新农村建设过程中发挥重大作用。在生物质能的开发技术上，我国主要关注高效的直接燃烧技术与设备，实现对生物质能综合开发利用。①

开发利用新能源是摆脱对传统能源的依赖，提高能源使用效率，减少能源利用当中产生的污染，实现节能减排的重要举措。

二、环渤海经济圈新能源开发现状

能源是人类赖以生存和社会得以发展的源泉和保障，是当前人类面临的最重要课题之一。能源的可持续直接关系社会的正常运行和未来的发展，因此，如何解决能源安全的、可持续的供应问题，是当今世界面临的一项重大战略任务。

新能源产业是在此严峻的背景下发展起步的战略性先导产业。新能源产业的发展不仅能够推动地区的产业结构调整，发掘新兴科技增长点，更关系到国家的能源战略和发展战略，关系到社会发展是否有充足的动力后盾。新能源产业发展前景好、潜力大，随着经济和社会的不断发展，可持续发展挑战的日益严峻，必将具有更加重要的意义。

环渤海经济圈独特的优势为其发展新能源奠定了基础。首先，该经济圈具有雄厚的科研实力，其自主创新以及产业化能力也是十分出众的，尤其在生物质能、太阳能、风能、海洋能等多个领域。经济圈内有许多名校及研究所，培养了大批新能源领域的人才，研发出大批科研成果，为经济圈内新能源的开发和利用提供了智力与技术支持。其次，该经济圈分布有众多的新能源企业，其中以龙头企业为主导，辅之以配套企业，形成专业化分工，鼓励技术创新，培养科研人才，提高产业集群程度，推进新能源的开发与利用。与此同时，在提高市场竞争力方面，形成梯次拉动和产业融合、相互促进的发展态势。最后，该经济圈区位优势明显。环渤海经济圈内太阳能资源较丰富，同时温带海洋和温带季风性气候提供了充足的风能，使风能和太阳能发电成为可能。另外，环渤海经济圈海岸线较长，有丰富的海洋能可以利用。以上几点优势都成为促进环渤海经济圈新能源发展的重要推动力。环渤海经济圈新能源产业发展主要包

---

① 《我国新能源的发展现状与前景》，http：//wenku. baidu. com/view/a7a8901514791711cc7917b8. html，2012 年 10 月 29 日。

括：太阳能、核能、风能、生物质能、海洋能，以及煤的清洁高效利用等新能源和可再生能源。

（一）风能

中国属季风气候区，冬季风向偏北，夏季风向偏南。风能可开发总量3200GW，可利用总风力资源估计约为253GW，风力资源丰富区（W > 200W /m^2，u > 3m/s，全年高于5000 h）占国土面积8%，分布于东南沿海及6300个岛屿、内蒙古与甘肃北部及黑龙江与吉林东部。中国全年风速大于3m/s。环渤海经济圈风能功率密度在200～300W /m^2以上，有的可达500W /m^2以上，丰富的风能资源优势需要因势利导，促进大容量风电装备制造产业的发展，鼓励发展塔架、主轴、风力发电机、机械传动、风叶、运行控制、输变电机组、风机变频等产品，使得环渤海经济圈风能的利用越来越普遍和高效。近年来环渤海经济圈内的天津、青岛、唐山等地建立了大量的风电场，预计到2015年，完成风电装机规模210万千瓦，实现150万吨标准煤规模的替代，从而缩减大气粉尘排放量12000 吨、CO_2排放量3240000 吨、SO_2排放量18000 吨。2020年年末完成风电装机规模450万千瓦的目标，替代318万吨标准煤、28000吨大气粉尘、690万吨CO_2排放量、36000吨SO_2排放量。

（二）太阳能

环渤海经济圈由于其地理位置相对优势，具有相对丰富的太阳能资源，全年的辐射量高达502kJ/cm^2，年均日照2300小时。数据显示，太阳能光热热水器应用面积在2009年达到$4 \times 10^7 cm^2$，光电应用面积16000cm^2。自2009年以来，环渤海经济圈的骨干城市青岛、大连、秦皇岛等陆续推出相关政策重点推进太阳能光热、光伏两大产业，通过一系列有效措施促进两大产业有机融合和有序发展。例如，山东省政府借助"太阳城"德州的雄厚基础，支持企业研发光伏海水淡化制备系统和光伏发电控制系统等技术，建设太阳能光伏发电站和景观照明示范工程。建设大容量并网光伏发电站（10万千瓦），替代常规能源的规模将在2015年得到迅速扩大，其中替代标准煤11万吨，缩减粉尘排放量630 吨、CO_2排放量15.4万吨、SO_2排放量790 吨、氮氧化物排放量430 吨、CO 排放量15 吨、灰渣1840 吨。

（三）生物质能

环渤海经济圈具有丰富的农业生物质能，潜在利用量高达 2940 万吨，在饲料、肥料以及造纸工业原料消耗外，仍然有 1470 万吨农作物秸秆可以作为能源使用，等同于 740 万吨标准煤。目前对生物质能的利用主要通过垃圾焚烧发电和沼气发电。在沼气利用方面，环渤海经济圈适宜发展沼气的农户有 800 万之多，沼气产量可达 31 亿立方米，折合量约等于 490 万吨标准煤。在秸秆和能源作物利用方面，可利用总量约为 3300 万吨，即便扣除其他综合因素，仍然有 40% 可利用量用以发电，能够实现发电容量 160 万千瓦。2012 年，已经实现装机规模 30 万千瓦，节约 60 万吨标准煤，缩减排放 1890 吨大气粉尘、CO_2 排放量 462000 吨、SO_2 排放量 2370 吨、氮氧化合物排放量 1290 吨、CO 排放量 45 吨、灰渣 5520 吨。2015 年节能减排目标将实现更大突破，装机规模预计能够达到 60 万千瓦，实现替代标准煤 130 万吨，减少大气粉尘排放量 3780 吨，CO_2 排放量 924000 吨、SO_2 排放量 4740 吨、氮氧化合物排放量 2580 吨、CO 排放量 90 吨、灰渣 11040 吨。2020 年的装机规模目标 110 万千瓦，实现标准煤替代 230 万吨，减少大气粉尘排放量 6930 吨、CO_2 排放量 170 吨、SO_2 排放量 8690 吨、氮氧化合物排放量 4730 吨、CO 排放量 165 吨、灰渣排放量 20240 吨。

（四）海洋能和地热能

环渤海经济圈濒临渤海与黄海，海岸线比较长，具有丰富的海洋资源，潮汐能、风能、生物能等都具有广阔的发展前景和开发利用价值。在海水资源开发利用方面，主要通过热利用方式，通过热水供应、制冷及供暖等。以沿海城市青岛市举例说明，2004 年华电集团青岛发电厂建成投入使用了海水源热泵项目，实现 1871 平方米的供热面积。奥帆中心同样建成了海水源热泵项目，建筑面积高达 8138 平方米，通过海水资源利用，供给媒体中心供暖、制冷和生活热水所需冷热量。鲁能住宅区海水源热泵空调系统项目，开发面积 82 万平方米，节约燃煤使用 2 万吨。蔚蓝群岛地源热泵项目，实现供热（供冷）面积 2.7×10^5 平方米，折合节约燃煤使用量 4676 吨。青岛市在开发利用海洋能设备研发的过程中，注重研发海水源热泵技术，并且拓展了浒苔综合利用的新途径。2015 年规划实现海水源热泵制冷、供热的建筑面积 80 万平方米。积极探索开发潮汐能电站、海浪能电站，充分利用地理区位优势，考察合适建厂地址，优先建设示范工程。

三、国外推进新能源开发利用的举措及启示

目前，我国的能源与环境的总体状况不容乐观。能源的主要问题是资源短缺，开采和利用方式粗放，能源利用效率不高，浪费严重。全国矿产资源总回收率仅为30%，共伴生矿产资源综合利用率不到20%，远低于国外50%以上的平均水平。能源利用率仅为33%，比发达国家低10个百分点，单位产值能耗是世界平均水平的2.3倍，主要工业产品单位能耗比国外先进水平高40%，我国每创造1美元GNP的能耗是德国的4.97倍，日本的4.43倍，美国的2.1倍，印度的1.65倍。我国人均石油资源量和人均产油量仅为世界平均水平的18%和21%，供需矛盾日趋突出，而单位GDP耗油量相当于美国的1.8倍，日本的3.2倍。而环境问题的重要方面是过度消耗资源并大量排放污染物。我国以煤为主要一次能源，年排放二氧化硫近2000万吨，酸雨面积已占国土面积30%，空气质量达二级标准以上的城市仅1/3，流经城市的河段有70%受到不同程序的污染。[①] 因此，我国应该吸取国外在新能源开发利用过程中总结出的宝贵经验，走出一条既符合国情，又能充分利用本国新能源的发展道路来，解决长久存在的能源利用率低、对环境污染大的问题。

作为能源消耗大国的美国十分重视新能源的开发与利用。自20世纪70年代的能源危机以来，美国逐步开始发展新能源，联邦政府以法案形式推广新能源政策，先后颁布了《公共事业管理政策法案》、《能源政策法》与《新能源法案》。除了太阳能、风能等领域，美国巨额拨款应用于拓展其他新能源的应用。除加大投资外，美国还实行各种优惠政策，鼓励企业和个人开发利用新能源。同时，政府主导研究开发示范项目使新能源开发利用技术不断提升，成本逐渐降低，进一步推进了新能源在各个领域的应用。2008年11月，奥巴马政府宣布了一项7870亿美元的"一揽子"经济刺激计划。在这一计划中，发展新能源是其中一个重要内容，有学者甚至将其视为奥巴马新政的核心。根据这一计划，美国将在未来10年内耗资1500亿美元刺激私人投资清洁能源，帮助

---

① 刘炎：《谈能源与环境——〈能源与环境〉代序》，载于《能源与环境》2004年第1期。

创造 500 万个就业机会；未来 10 年内节省更多石油，节约石油量要多于目前从中东地区和委内瑞拉进口的石油总量；到 2015 年前，将有 100 万辆美国本土产的充电式混合动力汽车投入使用；到 2025 年，保证美国人所用电能的 25% 来自风能、潮汐能发电；实施总量控制和碳排放交易，到 2050 年，将温室气体排放较 1990 年降低 80%。① 新能源的开发和利用降低了美国能源的消耗量，为美国经济持续增长奠定了基础。

德国的风能、太阳能利用及技术一直保持世界领先水平。目前，德国的太阳能企业有 75 家，2005～2008 年，德国太阳能企业累计用于基础设施和扩大再生产的投资达 53 亿欧元。近 10 年来，德国已成为新能源公司的理想创业地。德国可再生能源占全部能源消费量的 15% 以上，新能源企业年产值达 250 亿欧元（100 欧元约合 1020.46 元人民币）。德国采用补贴式发展模式推动新能源发展，2000 年的《可再生能源法》及其他相关法规体现了补贴式新能源发展模式。主要有：规定新能源占德国全部能源消费量的 50%，并为此制定了政府补助。新能源发电可无条件入网，传统能源和新能源采取非对等税收，全力扶持新能源企业发展。对新能源进行电价补贴，推出促进太阳能的"十万屋顶计划"，出台《生物能发展法规》。2009 年 3 月又通过《新取暖法》，德国政府提供 5 亿欧元补贴采用可再生能源取暖的家庭。德国政府的扶植重点逐渐向新能源下游产业转移。2009 年，制定 500 亿欧元的经济刺激计划，其中很大部分用于研究电动汽车和车用电池，提出到 2020 年生产 100 万辆电动汽车的计划，将初步形成新能源汽车产业链。通过行政手段解决新能源产业发展的资本难题，其核心是实现传统能源向新能源的产业支付。德国政府的具体做法是：通过公共财政向新能源提供补贴；通过为电力企业制定新能源指标，强制新能源发电入网，实现传统能源对新能源的直接补贴；维持高油价、高电价、高取暖费，通过消费者对新能源进行补贴。②

芬兰地处斯堪的纳维亚半岛，南北狭长，湖泊众多，含碳能源产量低下，其所需能源主要依赖于进口。因此，芬兰政府十分注重对能源的集约化利用。推出了以"能源多样化"为基础的能源政策：一是注重保持外部能源来源的稳定性与多样性；二是注重引进外国先进技术，改良本国的资源利用技术，着

---

① 王廷康、唐晶：《美国能源政策的启示及我国新能源发展对策》，载于《西南石油大学学报（社会科学版）》2009 年第 4 期。

② 瞿国华：《发达国家新能源政策的调整及其启示》，载于《中外能源》2010 年第 1 期。

力拓展国内可利用的新能源领域；三是注重能源利用的可持续性。到 2020 年，芬兰可再生能源使用率的目标，是将目前 1/4 的可再生能源使用率提高到 38%，这一目标大致是欧盟目标的两倍。按照芬兰工业能源委员会提供的规划目标显示，2050 年核电将提供芬兰 40% 的电力，水电和风电各达到 13%。

法国 2008 年公布了发展可再生能源的短期规划，目标是要摆脱目前法国对传统能源的依赖局面，全面提升可再生能源在社会生产生活当中所占比重，并且要跻身世界可再生能源利用大国之列。根据法国政府的公报表明，在未来十几年的时间里法国政府会实施"一揽子"的可再生能源开发计划，几乎涉及了目前世界上各国成功利用可再生能源的所有范畴，包括了传统的风能发电、水力发电等，还涉及了新型的地热能开发与生物能的利用。

英国把海上风电、核电以及装备了碳捕捉和封存（CCS）设施的燃煤和燃气电厂等作为能源转型的突破口，设立了一笔超过 10 亿英镑的专项资金用来举行 CCS 示范项目设计大赛，借以加速 CCS 技术的进步。借助能源转型的契机，英国政府希望建立低碳排放的电力系统的时间节点能在 2030 年之前，以期能实现其在碳排放减排方面承诺的目标。

一些发展中国家如印度、印度尼西亚和巴西等国家，越来越重视可再生能源对满足未来发展需求的重要性。印度成立了可再生能源部，政府全力推动可再生能源资源的开发利用，目前印度在风电和太阳能利用规模方面已居于世界前列。东盟国家也开始重视可再生能源的开发工作。10 个成员各自都有了发展可再生能源的计划，包括地热、水电、风能、太阳能和来自棕榈或椰子油的植物燃料等。[①]

四、国外推进新能源开发利用对我国的启示

各国通过对新能源的开发与利用，有效地减小了对传统能源的使用和依赖，同时，此举对环境的意义也是深远的。长久使用传统能源必然会加剧环境的污染，而新能源的利用却可以使碳排放量减少，对环境起到了保护的作用。对于我国来讲，长期的经济高速增长带来了不断恶化的环境，我国也应该以各国为鉴，使用新能源减少对环境的污染，各国政策对中国的启示有：

---

① 王圳：《全球可再生能源的发展》，载于《国际经济合作》2007 年第 6 期。

（一）新能源的规划与发展应注重全局性与层次性

开发利用新能源对于未来人类文明发展具有十分重要的战略意义，因此必须重视新能源发展规划的全局性和层次性。新能源开发利用过程中要注意协调好与传统能源之间的关系。随着能源危机的逐渐加深，各国都十分重视新能源的开发，减少对传统能源的依赖，尤其是不可再生的化石燃料，大力发展节能减排工业。新能源对传统能源的替代进度要结合我国经济发展的实际情况与发展需要，综合考虑技术水平、能源安全、开发成本、环境承载等诸多因素，同时应考虑军事安全和经济安全，稳定有序推进新能源的研发利用过程。新能源的开发利用能够引导建筑、新材料、电力、通信等其他行业的变革发展，并且能够催生新兴产业，转变现代生产方式。①

（二）推进定额配给制度的建立

在生产生活中多注意新能源的定额规定，以电力供应为例：社区供电逐步引入并加大新能源电力的比例，如社区内的光伏发电；在生产领域，要求从事工业生产的企业，特别是一些高耗能的行业像建筑业和钢铁制造业等，逐步落实新能源使用比例的额度。从而促进新能源更广泛地进入我们的生产生活当中，加速我们生产生活活动的低碳化。

（三）建立健全碳排放权交易市场

在碳排放须严格控制的今天，西方一些发达国家已经在碳排放的产权交易方面取得了长足的进步。为了进一步规范碳排放量的科学计量，环渤海经济圈应当开始考虑建设区域性的碳排放权交易中心，并注意引入发达国家的先进经验，为在全国范围内开展碳排放产权交易的施行奠定坚实的基础。以市场为基础调节机制，解决环渤海经济圈传统经济发展模式给环境、资源带来的严重的外部性问题，从而促进能源结构的优化升级。

（四）加速产业调整的同时注意寻求"低碳突破点"

在我国最新的产业政策的指导下，切实推进落实产业发展模式的调整，以

---

① 王圳：《全球可再生能源的发展》，载于《国际经济合作》2007 年第 6 期。

实现产业低碳化的任务。例如，建筑行业在设计与施工过程中应充分考虑太阳能的利用问题，对于建筑物建成后和施工过程中的太阳能配套设施都应认真规划设计并加以实施；另外，电力行业应该充分认识到我国目前发电模式高耗能的特点，在电力行业明确规定并加以鼓励、引导新能源发电模式，充分利用我国丰富的自然能源条件，及时淘汰落后企业产能。

（五）建立新能源的资金保障体系

新能源的开发会消耗巨大的资金成本，这就需要实行成本均摊制度来克服市场制约因素。国家政策支持也是新能源开发利用所必需的，政府应当做好税收优惠、资金补贴、政府投入等方面辅助工作，促进新能源产业向市场化方向转变。加大对新能源领域风险投资以及扩大投融资规模同样是发展新能源的当务之急；国外新能源产业的经验值得借鉴，如绿色证书交易模式。国内应当建立市场化激励机制，实现资源的合理配置，提高资源丰富的地区研发积极性，同时加强配套金融市场建设，发展创新型融资产品，如指数型债券，设计时考虑政府减排目标、能源价格等标的，建立有效的补偿机制来避免研发过程中的市场风险和政策风险。[①]

开发和使用新能源，利用新能源对环境无害的优势，能够改变中国目前环境污染严重的问题，使低碳经济成为可能。新能源的开发和使用是对抗传统能源带来的高污染的有效武器，是实现可持续、低碳化发展的重要举措。

第五节

低碳经济发展水平与区域环境资源
系统灰色关联分析

一、环渤海经济圈区域资源环境状态指数的合成

在选取的反映环渤海经济圈区域资源环境状况指标的基础上，将各指标汇总得到一个综合指标，以便从整体上反映区域资源环境情况。我们考虑采用多

---

① 王圳：《全球可再生能源的发展》，载于《国际经济合作》2007年第6期。

指标综合评价的方法将环渤海经济圈区域资源环境状况指标综合为发展状态指数。不同的评价方法各有优劣，其中 AHP 和模糊综合评价法在确定权重时使用了专家打分法。专家打分法具有很强的主观性，虽然在权数与综合指标之间建立了一定联系，但是评价结果的准确性会受到影响。由于主成分分析法综合评价函数中的权数不是人为确定的，而是根据主成分的方差贡献率确定的，有效地解决了主观性的问题。因此我们采用主成分分析法合成资源环境发展状态指数。

主成分分析法（Principal Components Analysis）也称作主分量分析，最早由霍特林（Hotelling）于 1933 年提出。在多因素评价中，由于存在涉及指标多，各指标存在相关性的问题，而且量纲差异也加大了指标比较的困难，因此需要从多个指标中提炼出少数几个综合指标，既能全面反映原指标信息，又能够剔除重复性影响，主成分分析法恰恰能够满足这些要求。主成分分析法本质上是利用降维的思想，将多个指标统计分析提取出一组相互独立的几个综合指标，并且反映原指标主要信息的方法。

（一）主成分分析数学模型

设有 n 个样品，每个样品观测指标（变量）：X_1，X_2，X_3，$\cdots$，X_p 构成原始数据矩阵：

$$X = \begin{bmatrix} x_{11} \cdots x_{1p} \\ \cdots \\ x_{n1} \cdots x_{np} \end{bmatrix} \tag{6-1}$$

其中，有：

$$X_i = \begin{bmatrix} x_{1i} \\ \cdots \\ x_{ni} \end{bmatrix} \tag{6-2}$$

用原始数据矩阵 X 的 P 个向量（即 P 个指标向量）X_1，X_2，X_3，$\cdots$，X_p 作线性组合得到综合指标向量为：

$$\begin{cases} F_1 = a_{11}X_1 + a_{21}X_2 + \cdots + a_{p1}X_p \\ F_2 = a_{12}X_1 + a_{22}X_2 + \cdots + a_{p2}X_p \\ \cdots \\ F_p = a_{1p}X_1 + a_{2p}X_2 + \cdots + a_{pp}X_p \end{cases} \tag{6-3}$$

简记为：

$$F_i = a_{1i}X_1 + a_{2p}X_2 + \cdots + a_{pi}X_p, i = 1, 2, \cdots, p \qquad (6-4)$$

上述方程组要求：

$$a_{1i}^2 + a_{2i}^2 + \cdots + a_{pi}^2 = 1, (i = 1, 2, \cdots, p) \qquad (6-5)$$

且系数 a_{ij} 按照下列原则决定：

F_i 与 F_j（$i \neq j$，i，$j = l$，$\cdots$，p）不相关；

F_1 是 X_1，X_2，$\cdots$，X_p 的一切线性组合（系数满足上述方程组）中方差最大的，F_2 是与 F_1 不相关的 X_1，X_2，$\cdots$，X_p 的一切线性组合中方差最大的，F_p 是与 F_1，F_2，$\cdots$，F_{p-1} 都不相关的 X_1，X_2，$\cdots$，X_p 的一切线性组合中方差最大的。

满足上述条件的 F_i 称为 X_1，X_2，$\cdots$，X_p 的第 i 个主成分（其中 $i = 1$，$\cdots$，p）。

由谱分解定理可知，X_1，X_2，$\cdots$，X_p 的主成分 F_i 就是以数据矩阵 X 的协方差阵的第 i 个特征根 λ_i 的特征向量 $a_i = (a_{li}, a_{2i}, \cdots, a_{pi})^T$ 为系数的线性组合，且有 $Var(F_i) = \lambda_i$（其中 $i = 1$，$\cdots$，p）。

需指出的是，当协方差阵未知时，可用其估计值样本协方差阵 S 来代替，而在实际应用中，为消除指标量纲不一致的影响，往往对原始数据标准化，这样样本协方差阵 S 和相关系数阵 R 相同。因此一般转化为求 R 的特征根和特征向量。[①]

（二）贡献率

称 n 个样本点的第 j 个主坐标形成的向量 $y_j = Xu_j = (x_1'u_j, \cdots, x_n'u_j)'$ 为 X 的第 j 个主成分，$j = 1$，$\cdots$，p。

称 $a_k = \lambda_k (\sum\limits_{i=1}^{p} \lambda_i)^{-1}$ 为第 k 个主成分 y_k 的方差贡献率。

称 $\sum\limits_{i=1}^{m} \lambda_i (\sum\limits_{i=1}^{p} \lambda_i)^{-1}$ 为主成分，$y_1, y_2, \cdots, y_m$ 的累积贡献率。

由此可知，主成分分析是把 p 个随机变量的总方差 $\sum\limits_{i=1}^{p} \lambda_i$ 分解为 p 个不相关

---

① 洪素珍：《如何有效利用主成分分析中的主成分》，《硕士学位论文》，华中师范大学，2008 年。

的随机变量的方差之和，使第一主成分的方差达到最大，第一主成分是变化最大的方向向量所对应的线性函数，最大方差是 λ_1。$a_1 = \lambda_1 (\sum_{i=1}^{p} \lambda_i)^{-1}$，表明了 λ_1 的方差在全部方差中的比值，称 a_1 为第一主成分的方差贡献率。这个值越大，表明 $y_1 = u_1'x$ 这个新变量综合 $x_1, x_2, \cdots, x_p$ 信息的能力越强，也即由 $u_1'x$ 的差异来解释 x 这个随机向量的差异的能力越强。正因为如此，才把 $y_1 = u_1'x$ 称为 x 的主成分。进而解释了为什么主成分的名次是按特征根 λ_1，λ_2，$\cdots$，λ_p 取值的大小顺序排列的。

利用主成分分析的目的是为了减少解释变量的个数且信息丢失量尽可能的少，所以应选择 m（$m<p$）个主成分。通常所取的 m 应使得累积贡献率达到 85% 以上，即：

$$\sum_{i=1}^{m} \lambda_i (\sum_{i=1}^{p} \lambda_i)^{-1} \geqslant 85\% \qquad (6-6)$$

一般情况下，当 $m=3$ 时就可使所选主成分保持信息总量的比重达 85% 以上。[1]

（三）负荷因子

第 k 个主成分 y_k 与原来变量 x_i 的相关系数 $\rho(y_k, x_i)$ 称作因子负荷量。

因子负荷量是主成分解释中非常重要的解释依据，由因子负荷量在主成分中的绝对值大小来刻画该主成分的主要经济意义及其经济成因。

基于构建的环渤海经济圈资源环境评价指标体系，采用 SPSS 统计软件对 2003～2001 年的数据进行主成分分析（见表 6-1）。在分析中提取前 3 个特征值的主成分，这三个主成分的累计方差贡献率达到 93.413%，表明这 3 个主成分可以基本反映全部 15 个指标的全部信息，一定程度上能够说明影响环渤海经济圈资源环境质量的综合因素。第一主成分（f1）的贡献率为 65.141%，它在 x1、x2、x4、x5、x7、x8、x10、x11、x12、x14、x15 变量上负荷显著。第二主成分（f2）的贡献率为 20.94%，在 x6、x9、x13 变量上负荷显著。第三主成分（f3）的贡献率为 7.33%，x3 变量上负荷显著。

---

① 许煜：《地方政府财政能力评价体系的构建研究》，《云南财经大学硕士论文》2011 年 4 月。

表 6-1   成分得分系数矩阵

	成分		
	1	2	3
Zscore（x1）	-0.100	0.021	0.134
Zscore（x2）	0.078	-0.176	-0.230
Zscore（x3）	0.062	0.042	0.634
Zscore（x4）	0.102	-0.014	0.038
Zscore（x5）	0.102	-0.030	0.022
Zscore（x6）	0.001	-0.236	0.542
Zscore（x7）	0.101	-0.005	-0.097
Zscore（x8）	0.100	-0.033	-0.171
Zscore（x9）	0.019	0.301	0.061
Zscore（x10）	0.099	-0.027	0.012
Zscore（x11）	0.094	-0.121	-0.109
Zscore（x12）	0.079	0.024	0.121
Zscore（x13）	0.030	0.290	0.126
Zscore（x14）	0.079	0.184	-0.147
Zscore（x15）	0.096	0.050	0.188

注：提取方法为主成分分析法。

然后根据因子得分系数和原始变量的标准化值，可以计算各主成分得分：

$f1 = -0.1x1' - 0.078x2' + 0.062x3' + 0.102x4' + 0.102x5' + 0.001x6' + 0.101x7' + 0.1x8' + 0.019x9' + 0.099x10' + 0.094x11' + 0.079x12' + 0.03x13' + 0.079x14' + 0.096x15'$

$f2 = 0.021x1' - 0.176x2' + 0.042x3' - 0.014x4' - 0.03x5' - 0.236x6' - 0.0054x7' - 0.033x8' + 0.301x9' - 0.027x10' - 0.121x11' + 0.024x12' + 0.29x13' + 0.184x14' + 0.05x15'$

$f3 = 0.134x1' - 0.23x2' + 0.634x3' + 0.038x4' + 0.022x5' + 0.542x6' - 0.097x7' - 0.171x8' + 0.061x9' + 0.012x10' - 0.109x11' + 0.121x12' + 0.126x13' - 0.147x14' + 0.188x15'$

最后计算出综合得分值即为环渤海经济圈资源环境状态发展指数。计算结果如表 6-2 所示。

表 6-2 主成分得分

年份	第一主成分得分	第二主成分得分	第三主成分得分	综合得分
2003	-1.39676	-0.41812	-0.49122	-1.03343
2004	-1.10165	-0.50244	-0.81202	-0.88236
2005	-0.67005	0.045107	-0.12551	-0.39092
2006	-0.19103	0.160995	1.532376	0.021588
2007	0.227444	0.15556	1.899497	0.319953
2008	0.369983	0.931744	-0.59902	0.392243
2009	0.596255	0.938856	-0.46914	0.550648
2010	1.061716	0.910143	-0.71029	0.830167
2011	1.034538	0.818324	-0.22467	0.849762

由此我们可得出，2003~2011年环渤海经济圈资源环境状态发展指数趋势图（见图6-2）。从图6-2中我们可以看出，2003~2007年环渤海区域资源环境发展迅速，2007~2010年，发展趋于平稳，期间持续时间较短。从2010年以后，环渤海经济圈的资源环境状态进入了一个稳定时期。总体来看，环渤海区域资源环境发展一直呈现不断增长发展的态势。

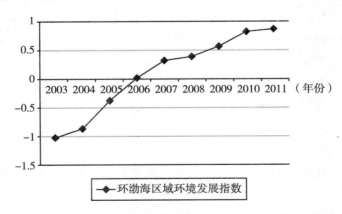

图6-2 环渤海区域资源环境发展指数趋势

二、模型介绍

（一）相对灰色关联分析

第一步：原始数据的无量纲处理。即用该序列的第一个数据，去除后面的各个原始数据，得到初值化数列，全为无量纲数据，被称为原始数据的初值化变换。

第二步：计算母因素时间数列 $X_i(t)$ 与子因素时间数列 $X_j(t)$ 在时刻 $t = k$ 时的绝对差值，计算表达式为：

$$X_i(k) - X_j(k) = \Delta_{ij}(k)，其中 k = 1,2,3,\cdots,n。$$

记各时刻的最小绝对差值为 $m = \Delta_{\min} = \min_i \min_k |X_i(k) - X_j(k)|$；

记各时刻的最大绝对差值为 $M = \Delta_{\max} = \max_i \max_k |X_i(k) - X_j(k)|$。

第三步：母序列与子序列在各时刻的灰色关联系数的表达式为：

$$L_{ij}(t) = \frac{m + \beta M}{\Delta_{ij}(t) + \beta M} \tag{6-7}$$

β 为分辨系数，取值范围是（0，1），取 $\beta = 0.5$。

第四步：求相对灰色关联度，计算公式为[1]：

$$\gamma_{ij} = \frac{1}{n} \sum_{t=1}^{n} L_{ij}(t) \tag{6-8}$$

其中，γ_{ij} 为子序列 $X_j(t)$ 与母序列 $X_i(t)$ 的关联度；n 为比较序列的数据个数，或数列长度。

（二）绝对灰色关联度分析

第一步：始点零化像。即用各序列的第一个数据，去减后面的各个原始数据，得到始点零化像的数列。

第二步：经过始点零化像的母序列 $X_i(t)$ 与子序列 $X_j(t)$ 的绝对灰色关联

---

[1]　赵昕、潘艳艳：《基于灰色关联分析的主要海洋产业经济效应测度与评价》，载于《海洋经济》2012 年第 3 期。

度为：

$$\varepsilon_{ij} = \frac{1 + |s_i| + |s_j|}{1 + |s_i| + |s_j| + |s_i - s_j|} \qquad (6-9)$$

其中 ε_{ij} 为 $X_i(t)$ 与 $X_j(t)$ 的灰色绝对关联度。[①]

$$|s_i| = \left| \sum_{k=2}^{n-1} x_k(k) + \frac{1}{2} x_i(n) \right| \qquad (6-10)$$

$$|s_j| = \left| \sum_{k=2}^{n-1} x_k(k) + \frac{1}{2} x_i(n) \right| \qquad (6-11)$$

$$|s_i - s_j| = \left| \sum_{k=2}^{n-1} [x_j(k) - x_i(k)] + \frac{1}{2} [x_j(n) - x_i(n)] \right| \qquad (6-12)$$

（三）综合灰色关联度分析

综合灰色关联度 R 的计算公式为：

$$R = \theta\gamma + (1 - \theta)\varepsilon \qquad (6-13)$$

其中，γ、ε 分别为相对灰色关联度和绝对灰色关联度，θ 为权重系数。

三、指标设置及数据的选取

在指标的选取（见表 6-3）上，我们综合考虑影响环渤海低碳经济发展的各种要素，选取碳排放总量、单位 GDP 碳排放量、人均碳排放、化石能源消耗占比、煤炭在能源消耗结构中占比、低碳产业产值占比、低碳产业从业人员、低碳产品出口及对外服务总额、产业结构多元化演进水平、可再生能源在能耗结构中占比、碳生产率：GDP/碳排放总量 11 个因素，进行综合考虑，采用拟合资源环境综合评价指数衡量环渤海地区资源环境发展水平，截取2003～2011 年的数据进行分析（见表 6-4）。

---

① 赵昕、潘艳艳：《基于灰色关联分析的主要海洋产业经济效应测度与评价》，载于《海洋经济》2012 年 6 月，第 3 期。

表6-3 低碳经济发展水平指标体系设计

	准则层	指标层	指标方向	熵值权重
低碳经济发展水平	碳排放水平	碳排放总量	负向	0.0746
		单位GDP碳排放量	负向	0.0800
		人均碳排放	负向	0.1175
	碳源控制水平	化石能源消耗占比	负向	0.1003
		煤炭在能源消耗结构中占比	负向	0.0774
	低碳产业发展水平	低碳产业产值占比	正向	0.1463
		低碳产业从业人员	正向	0.0747
		低碳产品出口及对外服务总额	正向	0.0786
	低碳发展潜力	产业结构多元化演进水平（ESD）	正向	0.0611
		可再生能源在能耗结构中占比	正向	0.0914
		碳生产率：GDP/碳排放总量	正向	0.0980

注：1. 碳排放量简要计算 = 能源消耗总量折算成标煤的量×标煤的碳排放系数；

2. ESD 的计算公式为 ESD = $\sum$（P/P，S/P，T/P），式中，P 为第一产业产值；S 为第二产业产值；T 为第三产业产值。ESD 的值域为 1 至无穷大。

表6-4 低碳经济发展水平评价指标原始数据

	2003年	2004年	2005年	2006年	2007年	2008年	2009年	2010年	2011年
碳排放总量	140195	161483	188651	208595	226696	235815	251109	267395	286340
单位GDP碳排放量	4.3022	4.1073	3.9812	3.7753	3.4532	2.9993	2.9263	2.6432	2.3920
人均碳排放	96.26	108.18	122.66	131.94	138.82	139.12	143.08	136.29	128.8
化石能源消耗占比	0.8476	0.8325	0.8253	0.8115	0.7927	0.7891	0.8451	0.8299	0.8516
煤炭在能源消耗结构中占比	0.6891	0.6606	0.6476	0.7117	0.7009	0.6995	0.7263	0.7114	0.6874
低碳产业产值占比	0.5414	0.5261	0.4992	0.4998	0.5041	0.5016	0.5173	0.5074	0.5103
低碳产业从业人员	1770.58	1810.52	1801.42	1835.47	1833.47	1892.15	1925.44	1951.40	1978.56

续表

	2003 年	2004 年	2005 年	2006 年	2007 年	2008 年	2009 年	2010 年	2011 年
低碳产品出口及对外服务总额	53.96	64.72	77.15	99.51	126.61	150.35	148.17	169.98	176.76
产业结构多元化演进水平	22.89	26.59	29.35	33.62	37.59	39.93	40.18	44.21	47.52
可再生能源在能耗结构中占比	0.1183	0.1403	0.0785	0.0827	0.0956	0.0935	0.0991	0.1361	0.1411
碳生产率：GDP/碳排放总量	0.2324	0.2435	0.2512	0.2649	0.2896	0.3334	0.3417	0.3783	0.418

注：数据来源于 2004~2012 年环渤海地区三省两市统计年鉴。

（一）相对灰色关联度分析

根据表 6-4 的数据，可以计算出母序列资源环境综合评价指数与子序列低碳经济发展系统各因素之间不同时点上的相对灰色关联系数，如表 6-5 所示。

表 6-5 资源环境综合评价指数与低碳经济发展系统各因素的相对灰色关系数

	2003 年	2004 年	2005 年	2006 年	2007 年	2008 年	2009 年	2010 年	2011 年
L_{i1}	1	0.999838	0.333333	0.999752	0.999866	0.999891	0.999853	0.999987	0.999988
L_{i2}	1	1	0.333333	0.999982	1	1	0.998691	1	1
L_{i3}	1	1	0.3333	0.9999	1	1	0.9991	1	1
L_{i4}	1	0.995874	0.923485	0.600343	0.801432	0.33584	0.333333	0.473628	0.5027
L_{i5}	1	0.915094	0.333333	0.794858	0.573674	0.813595	0.568237	0.694472	0.7014
L_{i6}	1	0.909826	0.333333	0.826914	0.585817	0.840477	0.582017	0.715034	0.7234
L_{i7}	1	0.699293	0.333333	0.790918	0.735284	0.774	0.734938	0.966718	0.8755
L_{i8}	1	0.730396	0.333333	0.862963	0.707391	0.809681	0.699443	0.935564	0.9433
L_{i9}	1	0.806551	0.333333	0.864471	0.670316	0.962685	0.449537	0.940284	0.7423
L_{i10}	1	0.999796	0.998045	0.333398	0.780896	0.892784	0.333333	0.861727	0.4465
L_{i11}	1	0.998489	0.977052	0.360097	0.359302	0.333333	0.687674	0.597674	0.6701

由表6-5可计算出资源环境综合评价指数与低碳经济发展各要素之间的相对灰色关联度分别为：

$$\gamma_{i1} = 0.500027, \gamma_{i2} = 0.5, \gamma_{i3} = 0.5, \gamma_{i4} = 0.500839,$$

$$\gamma_{i5} = 0.524992, \gamma_{i6} = 0.545201, \gamma_{i7} = 0.850242, \gamma_{i8} = 0.766016,$$

$$\gamma_{i9} = 0.677214, \gamma_{i10} = 0.500026, \gamma_{11} = 0.500202。$$

（二）绝对灰色关联度分析

由表6-5数据，可计算出母序列资源环境综合评价指数与子序列低碳经济发展系统各因素之间的绝对灰色关联度分别为：

$$\varepsilon_{i1} = 0.5, \varepsilon_{i2} = 0.5, \varepsilon_{i3} = 0.5, \varepsilon_{i4} = 0.717518, \varepsilon_{i5} = 0.502451,$$

$$\varepsilon_{i6} = 0.502338, \varepsilon_{i7} = 0.500022, \varepsilon_{i8} = 0.500683, \varepsilon_{i9} = 0.501419,$$

$$\varepsilon_{i10} = 0.547622, \varepsilon_{i11} = 0.686619。$$

（三）综合灰色关联度分析

由公式 $R = \theta\gamma + (1 - \theta)\varepsilon$，取 $\theta = 0.5$，以及相对灰色关联度和绝对灰色关联度，可计算出资源环境综合评价指数与低碳经济发展系统各因素之间的综合灰色关联度分别为：

$$R_{i1} = 0.50001343953121, R_{i2} = 0.50000000277181,$$

$$R_{i3} = 0.500000005862263, R_{i4} = 0.609178420103761,$$

$$R_{i5} = 0.51372162406973, R_{i6} = 0.523769343419776,$$

$$R_{i7} = 0.675131648158779, R_{i8} = 0.633349678455662,$$

$$R_{i9} = 0.589316449325911, R_{i10} = 0.523824089197514,$$

$$R_{i11} = 0.593410636401118。$$

（四）结论

从相对灰色关联分析可以看出，低碳产业从业人员与资源环境的关联度最高，说明低碳产业从业人员的整体人员变动与资源环境的发展呈现高度的关联性。其次，低碳产品出口及对外服务总额和产业结构多元化的演进水平是影响资源环境发展的次要因素，其分别与资源环境系统的关联系数为 0.766016 和

0.677214。低碳产业产值占比和煤炭在能源结构中占比是影响资源环境发展的第三层次因素。碳排放总量和可再生能源在能源结构中的占比对资源环境发展的影响程度几乎相近，相对灰色关联系数分别为 0.500027 和 0.500026（见表 6－6）。

表 6－6　资源环境综合评价指数与低碳经济发展系统各因素的灰色关联度

影响因素	相对灰色关联	绝对灰色关联	综合灰色关联
碳排放总量（万公顷）	0．500027	0.5	0.50001343953121
单位 GDP 碳排放量	0.5	0.5	0.50000000277181
人均碳排放	0.5	0.5	0.500000005862263
化石能源消耗占比	0.500839	0.717518	0.609178420103761
煤炭在能源消耗结构中占比	0.524992	0.502451	0.51372162406973
低碳产业产值占比	0.545201	0.502338	0.523769343419776
低碳产业从业人员	0.850242	0.500022	0.675131648158779
低碳产品出口及对外服务总额	0.766016	0.500683	0.633349678455662
产业结构多元化演进水平	0.677214	0.501419	0.589316449325911
可再生能源在能耗结构中占比	0．500026	0.547622	0.523824089197514
碳生产率：GDP/碳排放总量	0.500202	0.686619	0.593410636401118

绝对灰色关联度的分析结果与相对灰色关联度略有不同，化石能源占比和碳生产率与资源环境发展的关联度最高，为 0.717518 和 0.686619。而低碳产业从业人员与资源环境的绝对关联度却排在了较后的位置，绝对关联系数仅为 0.500022。

基于权重各占 50% 的相对灰色关联和绝对灰色关联结果，最终的综合灰色关联度结果表明，目前影响环渤海经济圈资源环境发展的最重要因素是低碳产业从业人员，其次是低碳产品出口及对外服务总额和化石能源消耗占比，再次是碳生产率和产业结构多元化演进水平。这表明，首先，在今后低碳经济发展策略中，应该把低碳从业人员的数量变化和素质要求作为关注重点。其次，在如何改变产业结构、调整引资战略、加强低碳技术创新以及建立碳交易市场等成为促进环渤海区域资源环境发展的待解之题，随着中国工业化、城市化进程的加快，减轻大量化石燃料的消耗所产生的二氧化碳对资源环境造成的压力也是低碳经济发展的重中之重。最后，环渤海区域的产业结构仍然存在不合理现象，工业生产的"高碳"特征对环渤海区域资源环境的发展极为不利，大力发展服务业、提升产业结构多元化演进水平可以改善环渤海区域资源环境状况。

第七章

环渤海经济圈低碳经济系统与区域环境资源耦合的实证分析

第一节

环渤海低碳经济系统与环境资源系统的耦合模型建立

一、耦合度模型

根据耦合度的概念，本书采用变异系数来表示低碳经济系统与环境资源的耦合度。变异系数又称离散系数，反映两组数据的变异或者离散程度，特别适用于比较不同单位资料的变异度。对于不同含义的数据，比较大小是没有意义的，而变异系数是一个比值，没有量纲，因此可用来比较单位不同的观察值的离散程度。低碳经济系统与环境资源是两个不同的系统，可用变异系数表示两者之间的耦合度，变异系数越小协调程度越高，变异系数越大协调程度越低。[①]

建立的环境资源综合评价函数为：

$$z(x) = \sum_{i=1}^{m} a_i x_i \tag{7-1}$$

---

① 黄瑞芬：《环渤海经济圈海洋产业集聚与区域环境资源耦合研究》，《中国海洋大学博士论文》2009 年 9 月。

其中，i 为描述环境资源系统特征的指标个数，a_i 为第 i 个指标的指标权重，x_i 为描述环境资源系统特征的第 i 个指标的标准化值。由此函数计算的环境资源综合指数越高，表明环境资源状况越良好；环境资源综合指数越低，则生态及环境状况越差。

建立的低碳经济系统综合评价函数为：

$$h(y) = \sum_{i=1}^{m} b_i y_i \qquad (7-2)$$

其中，i 为描述低碳经济系统特征的指标个数，b_i 为指标权重，y_i 为描述低碳经济系统特征的第 i 个指标的标准化值。由此函数计算的低碳经济系统发展综合指数越高，表明低碳经济系统发展水平越高；低碳经济系统发展综合指数越低，低碳经济系统发展水平越低。

如前所述，$z(x)$ 与 $h(y)$ 的离差越小越好，用离差系数 C^* 表示，即：

$$C^* = \frac{2S}{z(x) + h(y)} = 2\sqrt{1 - \frac{z(x)h(y)}{\left[\dfrac{z(x) + h(y)}{2}\right]^2}} \qquad (7-3)$$

其中，S 为 $z(x)$ 与 $h(y)$ 的协方差。

使 C^* 取极小值的充要条件是 $\dfrac{z(x)h(y)}{\left[\dfrac{z(x) + h(y)}{2}\right]^2}$ 取极大值，因此，得出生态

经济耦合度公式为：

$$C = \left\{ \frac{z(x)h(y)}{\left[\dfrac{z(x) + h(y)}{2}\right]^2} \right\}^k \qquad (7-4)$$

其中，C 为耦合度，k 为调节系数，一般 $2 \leqslant k \leqslant 5$，为了增加区分度，本书取 $k = 4$。[①]

C 反映出了低碳经济系统与环境资源协调的数量程度，由模型看出，C 的取值在 $0 \sim 1$ 之间。值越大，耦合性越好；反之，耦合性越差。

---

① 黄瑞芬：《环渤海经济圈海洋产业集聚与区域环境资源耦合研究》，《中国海洋大学博士论文》2009 年 9 月。

二、耦合协调度模型

耦合度 C 作为反映低碳经济系统与环境资源相互协调的重要指标，能较好地反映低碳经济系统与环境资源相互协调的程度，它对于约束低碳经济系统与生态及环境的发展行为，促进两者的协调发展具有十分重要的意义。然而需要指出的是，在有些情况下它也很难反映出低碳经济系统与环境资源的整体功能或综合环境经济效益的大小（或发展水平）。例如，若两个区域耦合度 C 相当，但可能两个区域的低碳经济系统化水平与环境资源水平不同，一个可能是都在高水平的协调，另一个可能是都在低水平的协调。

鉴于此，为进一步反映环境资源与低碳经济系统的整体发展水平，进一步构造环境资源与低碳经济系统耦合协调度公式：

$$R = \sqrt{C \times P} \tag{7-5}$$

其中，R 为耦合协调度，C 为耦合度，P 为低碳经济系统与环境资源效益综合评价指数。

而 $P = \alpha z(x) + \beta h(y)$，$\alpha$ 为环境资源发展水平权重，β 为低碳经济系统发展水平权重，因为低碳经济系统与环境资源的重要性是一样的，所以在本书中取 $\alpha = \beta = 0.5$。

耦合协调度模型综合了低碳经济系统与环境资源协调状况 C 以及两者所处区域的经济发展水平。与耦合度模型相比，耦合协调度具有更高的稳定性及更广的适用范围，可用于同一城市（或区域）之间、同一城市（或区域）在不同时期低碳经济系统与环境资源耦合发展的定量评价和比较，具有较强的操作性。

不难证明，$z(x)$、$h(y)$、R 的值均在 0～1 之间。耦合发展程度越高，既表明环境资源与低碳经济系统发展的总体水平越高，也表明环境资源与海洋产业经济系统之间的耦合关系越和谐[①]。

---

① 黄瑞芬：《环渤海经济圈海洋产业集聚与区域环境资源耦合研究》，《中国海洋大学博士论文》2009 年 9 月。

三、耦合发展类型评判标准

低碳经济发展必然会消耗自然资源并给生态环境带来一定的压力，由于环渤海经济圈具有丰富的旅游资源，因此对生态及环境的要求标准较高，期望两者的发展进入一个良性循环的状态，真正建立起一个交互耦合的科学发展机制。鉴于此，在两大系统耦合发展评判标准的划分中，既要充分考虑低碳经济发展的成熟度，也要考虑环境资源的可持续发展。为了更准确地反映两大系统的耦合关系和发展水平，本书研究以环境资源综合指数、低碳经济发展综合指数及耦合协调度为基础[1]，研究环渤海经济圈低碳经济发展水平与环境资源系统耦合的发展评判标准和基本类型，如表7-1所示。

表7-1　　　环渤海经济圈低碳经济发展水平与环境资源系统耦合

发展评判标准和基本类型

耦合协调度 R	水平分类	耦合发展类型
$0.9 \leqslant R \leqslant 1$	优质协调发展	优质协调发展产业主导型
$0.8 \leqslant R < 0.9$	良好协调发展	良好协调发展产业主导型
$0.7 \leqslant R < 0.8$	中级协调发展	中级协调发展产业主导型
$0.6 \leqslant R < 0.7$	初级协调发展	初级协调发展环境资源滞后型
$0.5 \leqslant R < 0.6$	轻度失调发展	轻度失调发展环境资源损益型
$0.4 \leqslant R < 0.5$	中度失调衰退	中度失调衰退环境资源损益型
$0.4 > R$	严重失调衰退	严重失调衰退环境资源损益型

四、指标体系的建立

低碳经济发展与环境资源系统耦合指标体系如表7-2所示。

---

[1]　黄瑞芬：《环渤海经济圈海洋产业集聚与区域环境资源耦合研究》，中国海洋大学博士论文，2009年9月。

表7-2   低碳经济发展与环境资源系统耦合指标体系

目标层	准则层	指标层
低碳经济发展水平	碳排放水平	碳排放总量[a]
		单位 GDP 碳排放量
		人均碳排放：碳排放总量/人口总量
	碳源控制水平	化石能源消耗占比
		煤炭在能源消耗结构中占比
	低碳产业发展水平	低碳产业产值占比
		低碳产业从业人员
		低碳产品出口及对外服务总额
	低碳发展潜力	产业结构多元化演进水平[b]
		可再生能源在能耗结构中占比
		低碳技术：碳生产率：GDP/碳排放总量
资源环境水平	自然资源	森林总量
		供水总量
		石油煤炭生产量
		发电量
	社会资源	规模以上工业企业 R&D 人员数
		城镇就业人员数
		全社会固定资产投入
	环境压力水平	工业废水排放总量
		工业废气排放总量
		工业固体废弃物排放量
	环境抗逆水平	工业废水排放达标量
		工业固体废物综合利用率
		工业烟尘去除量
		"三废"综合利用产品产值

注：a. 碳排放量简要计算：能源消耗总量折算成标煤的量×标煤的碳排放系数。

b. ESD 的计算公式为 $ESD = \sum (P/P, S/P, T/P)$，式中，$P$ 为第一产业产值；S 为第二产业产值；T 为第三产业产值；ESD 的值域为 1 至无穷大。

第二节

环渤海低碳经济系统与环境资源系统耦合关系的实证分析

一、数据收集及标准化

（一）数据的收集

本书选取 2003～2011 年的统计数据作为实证分析材料。数据主要从各地区的统计年鉴获得，为避免数据的缺少给分析结果造成影响，在做统计分析时，极少量的缺失数据采用增长率替代方法[①]进行弥补。

（二）数据的标准化

在实际问题中，不同的指标具有不同的量纲和数量级，为了消除由变量的量纲不同所造成的影响，常采用将指标变量标准化的办法。指标的标准化处理一般有离差标准化、极差标准化和正规标准化三种方法。根据研究需要本书采用极差标准化法，标准化后的数据介于 0～1 之间。

极差标准化公式为：

$$x'_{it} = \begin{cases} \dfrac{x_{it} - x_{i\min}}{x_{i\max} - x_{i\min}}, & x_{it} \text{ 具有正效应} \\[3mm] \dfrac{x_{i\max} - x_{it}}{x_{i\max} - x_{i\min}}, & x_{it} \text{ 具有负效应} \end{cases} \tag{7-6}$$

（$i = 1, 2, \cdots, p$ 个指标；$t = 1, 2, \cdots, n$ 年）

其中，x'_{it} 为指标 i 历年标准化后的数据；

x_{it} 为指标 i 历年的原始数据；

$x_{i\max}$ 为指标 i 在选取时段的最大值；

---

① 增长率替代方法：利用已知的各年份数据计算出年平均增长（或减少）率，缺失数据则由其他已知年份数据及增长（或减少）率计算而得。

x_{imin} 为指标 i 在选取时段的最小值。[1]

标准化后的数据见表 7-3。

表 7-3　环渤海低碳经济发展与环境资源耦合的评价指标及标准化数据

指标体系/年份			2003	2004	2005	2006	2007	2008	2009	2010	2011
低碳经济发展系统	碳排放水平	碳排放总量[a]	1.00	0.83	0.62	0.46	0.32	0.25	0.13	0.06	0.00
		单位 GDP 碳排放量	0	0.12	0.19	0.32	0.51	0.79	0.83	0.85	1
		人均碳排放	1	0.75	0.44	0.24	0.09	0.08	0	0.08	0.14
	碳源控制水平	化石能源消耗占比	0	0.26	0.38	0.62	0.94	1	0.04	0.36	0.3
		煤炭在能源消耗结构中占比	0.47	0.83	1	0.19	0.32	0.34	0	0.26	0.19
	低碳产业发展水平	低碳产业产值占比	1	0.64	0	0.02	0.12	0.06	0.43	0.54	0.2
		低碳产业从业人员	0	0.22	0.17	0.36	0.35	0.67	0.86	0.84	1
		低碳产品出口及对外服务总额	0	0.09	0.2	0.39	0.63	0.83	0.81	0.93	1
	低碳发展潜力	产业结构多元化演进水平[b]	0	0.17	0.3	0.5	0.69	0.8	0.81	0.87	1
		可再生能源在能耗结构中占比	0.64	1	0	0.07	0.28	0.24	0.33	0.45	0.93
		碳生产率：GDP/碳排放总量	0	0.08	0.13	0.22	0.39	0.69	0.75	0.81	1

---

[1]　黄瑞芬：《环渤海经济圈海洋产业集聚与区域环境资源耦合研究》，《中国海洋大学博士论文》2009 年 9 月。

续表

指标体系/年份			2003	2004	2005	2006	2007	2008	2009	2010	2011
环境资源系统	自然资源	森林总量	0	0.13	0.05	0.04	0.06	0.07	0.97	0.89	1
		供水总量	0.21	0	0.19	1	0.84	0.56	0.58	0.37	0.61
		能源生产总量	0	0.29	0.24	0.19	0.31	0.28	0.36	0.43	1
		电燃水生产工业增加值	1	0	0	0	0	0.01	0.01	0.01	0.01
	社会资源	科研人数	0	0.08	0.06	0.19	0.48	0.72	0.82	0.94	1
		城镇就业人员数	0	0.07	0.15	0.3	0.53	0.66	0.82	0.87	1
		全社会固定资产投入	0	0.08	0.19	0.27	0.37	0.53	0.76	0.78	1
	环境压力水平	工业废水排放总量	1	0.87	0.58	0.62	0.43	0.43	0.28	0.17	0
		工业废气排放总量	1	0.9	0.58	0.35	0.45	0.07	0.17	0.09	0
		工业固体废弃物排放量	0	0.99	0.99	0.99	1	0.99	1	0.99	1
		工业废水排放达标量	0	0.25	0.87	0.43	0.81	0.59	0.59	0.63	1
		工业固体废物综合利用率	0.12	0.51	0.55	1	0.83	0.11	0.42	0.56	0
		工业烟尘去除量	0	0.13	0.24	0.32	0.38	0.53	0.82	0.98	1
		"三废"综合利用产品产值	0	0.15	0.33	0.54	0.96	0.84	0.94	0.96	1

注：a. 碳排放量简要计算：能源消耗总量折算成标煤的量×标煤的碳排放系数。

b. ESD 的计算公式为 $ESD = \sum (P/P, S/P, T/P)$，式中，$P$ 为第一产业产值；S 为第二产业产值；T 为第三产业产值；ESD 的值域为 1 至无穷大。

二、指标权重设计

本书运用专家打分法和层次分析法进行指标权重的设计。层次分析法（AHP：Analytic Hierarchy Process）是美国运筹学家匹兹堡大学萨蒂（T. L. Saty）于 20 世纪 70 年代初提出的一种多指标多方案的综合比较方法。在对所要解决的问题明确目标后，利用数学手段确定每一层各因素相对重要性的权值，而后再把上一层信息传递到下一层，最后给出各因素相对重要性总的排序。[①]

（一）层次划分

为了实现上述思想，AHP 法将被比较对象按考虑问题角度不同做层次的划分，本书根据研究的需要，把决策层次划分为功能团（一级指标）和二级指标两个层次，本书决策的层次划分如表 7 - 4 所示。

表 7 - 4　　　　　　　　　　指标重要性评价标度

标度值 a_{ij}	含　义
1	i 指标与 j 指标同样重要
3	i 指标比 j 指标略重要
5	i 指标比 j 指标明显重要
7	i 指标比 j 指标强烈重要
9	i 指标比 j 指标极端重要
2、4、6、8	i 与 j 两指标重要性比较结果处于以上结果的中间

（二）构造判断矩阵

建立了递进层次结构后，请相关领域的专家对同一决策层下的指标进行两两评分，使指标之间的重要程度得到定量描述（评分标准如表 7 - 4 所示）。

---

① 黄瑞芬：《环渤海经济圈海洋产业集聚与区域环境资源耦合研究》，《中国海洋大学博士论文》2009 年 9 月。

经评分可得若干个两两判断矩阵。

$$
\begin{array}{c|cccc}
B & B_1 & B_2 & \cdots & B_n \\
\hline
B_1 & b_{11} & b_{12} & \cdots & b_{1n} \\
B_2 & b_{21} & b_{22} & \cdots & b_{2n} \\
\cdots & \cdots & \cdots & \cdots & \cdots \\
B_n & b_{n1} & b_{n2} & \cdots & b_{nn}
\end{array}
$$

判断矩阵　　

判断矩阵具有如下性质：

（1）$b_{ii} = 1$（$i = 1, 2, \cdots, n$）；

（2）$b_{ij} = 1/b_{ji}$（$i = 1, 2, \cdots, n$；$j = 1, 2, \cdots, n$）；

（3）$b_{ij} = b_{ik}/b_{jk}$（$i, j, k = 1, 2, \cdots, n$）。

（三）单层次排序及一致性检验

第一步，单层次排序。[1]

所谓单层次排序，就是根据判断矩阵，确定本层次各元素上一层的某一个元素为标准的重要性次序的权值。首先，将判断矩阵的每一列进行正规化，其元素的一般项为：$\bar{b}_{ij} = \dfrac{b_{ij}}{\sum\limits_{k=1}^{n} b_{kj}}$（$i, j = 1, 2, \cdots, n$）；其次，每一列经过正规化后的判断矩阵按行相加，即 $\bar{w}_i = \sum\limits_{k=1}^{n} \bar{b}_{ij}$（$i = 1, 2, \cdots, n$）；最后，对向量 $\bar{W} = \begin{bmatrix} \bar{W}_1 & \bar{W}_2 & \cdots & \bar{W}_n \end{bmatrix}^T$ 正规化，即 $w_i = \dfrac{\bar{w}_i}{\sum\limits_{j=1}^{n} \bar{w}_j}$（$i, j = 1, 2, \cdots, n$），所得到的 $w_1, w_2, \cdots, w_n$ 就是层次单排序权重。

第二步，计算判断矩阵的最大特征值 $\lambda_{\max}$。

$$
\lambda_{\max} = \sum_{i=1}^{n} w_i s_j, (j = 1, 2, \cdots, n) \tag{7-7}
$$

---

[1]　黄瑞芬：《环渤海经济圈海洋产业集聚与区域环境资源耦合研究》，《中国海洋大学博士论文》2009年9月。

其中，s_j 为判断矩阵的各列之和。

第三步，一致性检验。

为了检验判断矩阵的一致性，需要计算其一致性指标 CI，计算公式为：

$$CI = \frac{\lambda_{max} - n}{n - 1} \qquad (7-8)$$

其中，n 为判断矩阵阶数，由表 7-5 查随机一致性指标 RI，并计算 CI/RI 的比值，当 $C1/R1 < 0.1$ 时，判断矩阵一致性达到了要求，否则重新进行判断，计算出新的判断矩阵。

表 7-5　　　　　　　　　　　　　　　　RI 取值

阶数	1	2	3	4	5	6	7	8	9
RI	0.00	0.00	0.58	0.9	1.12	1.24	1.32	1.41	1.45

第四步，计算综合总评分。

获得各评价方案各指标的评分后，计算加权平均值，即得综合总评分，总评分最高者即影响最大的因素。

根据调查表中专家对各指标重要性给出的标度值，利用层次分析法，计算出各指标的权重，如表 7-6 所示[①]。

表 7-6　　　　　　低碳经济发展与环境资源系统耦合指标权重

目标层	准则层	权重	指标层	权重	方向
低碳经济发展水平	碳排放水平	0.45	碳排放总量[a]	0.3	负向
			单位 GDP 碳排放量	0.4	负向
			人均碳排放：碳排放总量/人口总量	0.3	负向
	碳源控制水平	0.15	化石能源消耗占比	0.6	负向
			煤炭在能源消耗结构中占比	0.4	负向

---

① 黄瑞芬：《环渤海经济圈海洋产业集聚与区域环境资源耦合研究》，中国海洋大学博士论文，2009 年 9 月。

续表

目标层	准则层	权重	指标层	权重	方向
低碳经济发展水平	低碳产业发展水平	0.15	低碳产业产值占比	0.4	正向
			低碳产业从业人员	0.3	正向
			低碳产品出口及对外服务总额	0.3	正向
	低碳发展潜力	0.25	产业结构多元化演进水平[b]	0.2	正向
			可再生能源在能耗结构中占比	0.6	正向
			低碳技术：碳生产率：GDP/碳排放总量	0.2	正向
资源环境水平	自然资源	0.3	森林总量	0.2	正向
			供水总量	0.2	正向
			煤炭石油生产量	0.3	正向
			发电量	0.3	正向
	社会资源	0.3	规模以上工业企业 R&D 人员数	0.25	正向
			城镇就业人员数	0.4	正向
			全社会固定资产投入	0.35	正向
	环境压力水平	0.2	工业废水排放总量	0.4	负向
			工业废气排放总量	0.3	负向
			工业固体废弃物排放量	0.3	负向
	环境抗逆水平	0.2	工业废水排放达标量	0.2	正向
			工业固体废物综合利用率	0.3	正向
			工业烟尘去除量	0.2	正向
			"三废"综合利用产品产值	0.3	正向

注：a. 碳排放量简要计算：能源消耗总量折算成标煤的量×标煤的碳排放系数。

b. ESD 的计算公式为 $ESD = \sum (P/P, S/P, T/P)$，式中，$P$ 为第一产业产值；S 为第二产业产值；T 为第三产业产值；ESD 的值域为 1 至无穷大。

三、结果及分析

根据标准化数据，计算得到环渤海地区耦合模型中经济系统的低碳发展水平指数和环境资源系统的综合指数，以及两者之间的耦合度和耦合协调度。得到表7-7。

表 7-7 环渤海经济圈低碳经济发展水平与环境资源耦合发展水平计算结果

项目 年份	资源环境 指数 $z(x)$	低碳发展 指数 $h(y)$	耦合度 C	耦合协 调度 R	耦合发展类型
2003	0.2498	0.4550	0.7017	0.4973	中度失调衰退
2004	0.2958	0.5224	0.7268	0.5453	轻度失调发展
2005	0.3172	0.3098	0.9994	0.5598	轻度失调发展
2006	0.4099	0.2994	0.9065	0.5670	轻度失调发展
2007	0.4970	0.3978	0.9517	0.6525	初级协调发展
2008	0.4543	0.4788	0.9972	0.6821	初级协调发展
2009	0.5959	0.3994	0.8530	0.6515	初级协调发展
2010	0.6878	0.5798	0.9713	0.7846	中级协调发展
2011	0.7182	0.4976	0.9350	0.7279	中级协调发展

（一）环境资源综合评价指数与低碳经济发展综合评价指数分析

环渤海经济圈环境资源指数与低碳经济发展指数变化趋势如图7-1所示，从图7-1可以看出，环渤海经济圈的环境资源综合评价指数和低碳经济发展综合评价指数尽管存在波动，但增长趋势较为明显。环境资源综合评价指数2003~2007年经历了先缓慢后快速的上升阶段后，2008年出现小幅度下降，随后呈快速增长趋势；低碳经济发展综合评价指数2003~2011年不断上下波动，且波动幅度相对较大，大致可分为两个阶段：第一阶段为2003~2005年，指数在小幅上涨之后出现了大幅度的下降；第二阶段为2005~2011年，低碳经济发展水平从长期来看呈增长趋势。由图7-1还可以看出，环渤海经济圈的低碳经济发展与环境资源的变动方向是基本一致的，但是环境资源的改善幅度相对于低碳经济的发展幅度更大，增长趋势也更为明显。两者背后社会各方对其调整程度与效果也可见一斑。一方面，环境资源改善幅度的整体大幅上升，体现了自2003年来政府、企业等社会各界对环境资源重视程度的提高和对可持续发展理念理解程度的深化。另一方面，技术创新缺乏深度、技术溢出效应不明显则导致低碳经济发展水平振荡上升，且上升幅度较慢。今后一段时间内政府在制定决策时应继续加强对资源环境的保护，同时在兼顾资源环境的基础上将重心向低碳经济发展倾斜，加大低碳技术的研发、新能源开发等行业的政策扶持力度，探索适合环渤海经济圈环境资源与低碳经济协调发展的道路。

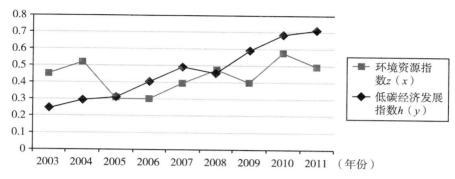

图7-1　环渤海经济圈环境资源指数与低碳经济发展指数变化趋势

（二）耦合度演变趋势分析

环渤海经济圈低碳经济发展与环境资源系统的耦合度曲线如图7-2所示，曲线在初始时间节点2003年时最低为0.7017，在2005年时达到耦合度的最高点为0.9994。曲线的变化趋势基本上是重复了经典的经济——环境库兹涅茨曲线。

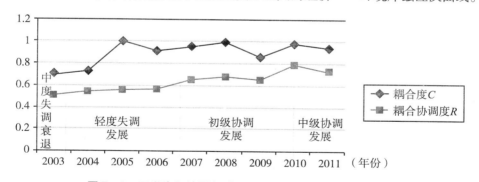

图7-2　环渤海经济圈低碳经济发展与环境资源耦合情况

本书试图分析环渤海经济圈低碳经济发展与环境资源系统耦合度曲线的这种变化的现实原因：在新中国成立后至20世纪末很长一段时间内，环渤海地区集中了京津冀、辽东半岛等诸多重工业发展区，承担着我国重工业发展龙头的重任。在长期追求单一的经济增长目标的推动下，忽略了环境资源的保护和发展效率的提升，造成环渤海地区内诸重工业区形成粗放型的产业发展模式。

到了 20 世纪 90 年代后期，这种高能耗、高污染、以牺牲环境资源系统为代价的经济发展方式已经不能适应新形势下的经济发展。因此在 20 世纪 90 年代末 21 世纪初，低碳经济发展与环境资源系统的耦合度较低。随着可持续发展观念的深入，政府和企业逐渐意识到环境恶化与资源的非有效利用对经济发展的后续动力产生的严重危害，采取了一系列的改善环境质量、有效利用和开发资源的举措，并取得了良好的效果。因此，自 2003 年后，低碳经济发展与环境资源系统的耦合度逐步提升。

（三）耦合协调度与耦合发展类型分析

如图 7 - 2 中环渤海经济圈低碳经济发展与环境资源系统耦合协调度曲线所示，两者的耦合协调度自 2003 年起呈上升趋势，在 2010 年到达最高耦合协调度，随后小幅下滑。图 7 - 2 中还对耦合协调的不同程度进行了划分。环渤海经济圈低碳经济发展与环境资源系统之间的耦合发展类型从中度失调衰退开始逐步改善，最终到 2011 年实现中级协调发展。

环渤海经济圈低碳经济发展与环境资源系统之间耦合协调度演化的原因与耦合度相类似。20 世纪末之前，环渤海地区重工业的发展与环境资源的低碳可持续发展背道而驰，由于环境严重污染、资源开发利用缺乏合理性，导致高速发展的经济缺少后续支撑，最终经济增长滞缓，低碳经济发展与环境资源两大系统处于失调阶段。进入 21 世纪后，国家和当地政府开始推进发展方式由粗放型向集约型、低碳型的转变，对各生产企业进行整改的同时对当地环境进行大力的治理和改善。由于环境治理的效果具有滞后性，两大系统的耦合协调度直至 2007 年才出现显著的提高，进入初级协调发展阶段，并于 2010～2011 年实现了中级协调发展。图 7 - 2 中两大系统之间的耦合协调度呈显著的长期上升趋势，可以预测只要能够继续保持两者同步协调发展，若干年内环渤海经济圈低碳经济发展与环境资源系统有望实现优质协调发展，步入低碳经济发展与环境资源系统优质耦合的可持续发展之路。

第三节

环渤海经济圈低碳经济发展系统与环境资源系统耦合度预测分析

预测是进行决策与调控的依据，即为实现某一目标提出预警性建议或直接为决策提供选择方案，也可以分析某种现象的宏观趋势，从而提供方向性的识别和辨析其规律性。由于低碳经济系统与环境资源系统耦合关系涉及两个复杂系统，协调度受到双重的制约，因此，准确确定未来发展趋势存在一定困难；同时，本书只选取了 9 年的统计数据，样本数量较少，因此用时间序列预测、多元回归预测等常规预测模型进行分析，当经济发生重大变化或波动时，或统计资料较少时，就会造成较大偏差。基于以上考虑，根据人工神经网络能自动学习、联想存储和平行处理数据的特点，选用了人工神经网络中应用最为普遍的 BP 反馈模型来预测耦合度的动态变化情况，进而对系统的动态关系进行协调。下面分别就海洋产业集聚评价指数与环境资源评价指数建立神经网络模型，并预测检验其后的发展变化趋势。

一、预测模型

为了提高网络的性能，减少其陷入局部极小值的可能性，提高收敛速度，在算法上采用了 *Levenberg-Marquardt* 反向传播算法来实现。人工神经 BP 模型的训练函数、反馈函数与算法公式分别为：

$$S_j = \sum_{i=1}^{n} w_i p_i - \theta_j \qquad (7-9)$$

$$L_i = \sum_{i=1}^{n} v_{ji} b_j - r_i \qquad (7-10)$$

$$f(p_i) = 1 / (1 + e^{-p_i}) \qquad (7-11)$$

$$\Delta w = (J^T J + \mu I)^{-1} J^T e \qquad (7-12)$$

其中，p_i、b_j 分别为序参量输入和隐含层输入；w_i、v_{ji} 分别为输入层和隐含层的连接权值；θ_j、r_j 分别为输入层和隐含层的阈值；e 为误差向量；J 为网络误差对权值导数的雅可比（*Jacobian*）矩阵；μ 为标量。*Levenberg-Marquardt* 算法是建立在优化算法基础上的一种学习算法。在学习过程中 μ 按照一定的方式进行自适应调整。在迭代过程中，当误差 e 出现增加的趋势时，μ 也会增加，随着 μ 的增加，$J^T J$ 就可以忽略，此时剩下 $\mu^{-1} J^T e$ 项，但 μ 增加，则 μ^{-1} 就减小，这样 $\mu^{-1} J^T e$ 项就不会因为误差的增大而过分增大，从而使 Δw 在较短的时间内得到正确的调整，有效缩短学习的时间。当达到希望的误差或达到了最大的训练次数时，就会停止[①]。

二、低碳经济系统与环境资源系统耦合度预测

（一）神经网络模型训练

为了预测模型的简洁与精确，选取 2003 ~ 2011 年的指标作为控制因子，将计算出的耦合度 C、耦合协调度 R、环境资源综合评价函数 $z(x)$ 和环渤海低碳经济发展综合评价函数 $h(y)$ 分别作为输出因子，进行 BP 神经网络建模并训练。中间层结点数根据公式 $l = \sqrt{i + j} + \alpha (1 \leqslant \alpha \leqslant 10)$，其中，$i$ 为输入层指标数，j 为输出层指标数。经过比较试验，选择中间层结点数为 10，分别经过 36 次、9 次、26 次和 19 次迭代得到拟合的神经网络。其训练误差曲线见图 7 - 3 ~ 图 7 - 6。[②]

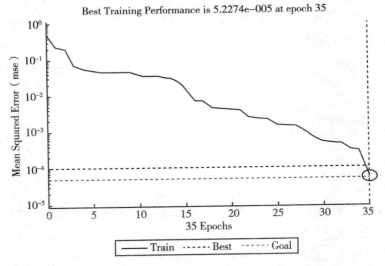

图 7 - 3 耦合度 C 网络训练误差曲线（中间层数：36）

①②　黄瑞芬：《环渤海经济圈海洋产业集聚与区域环境资源耦合研究》，《中国海洋大学博士论文》2009 年 9 月。

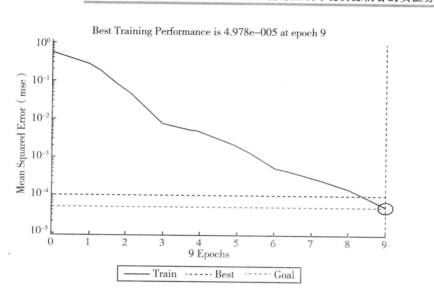

图 7-4　耦合协调度网络训练误差曲线（中间层数：9）

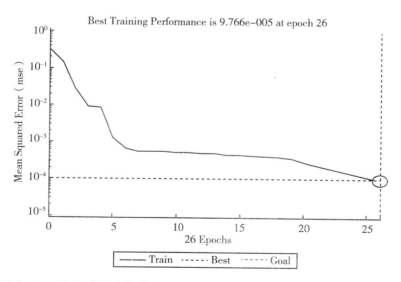

图 7-5　环境资源综合评价函数 $z(x)$ 网络训练误差曲线（中间层数：26）

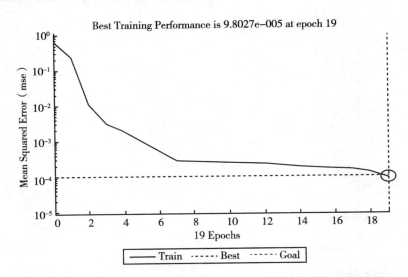

图 7 - 6　环渤海低碳经济综合评价函数 $h(y)$ 网络训练误差曲线 （中间层数：19）

由上述训练误差可知，各指标网络训练得到的平均相对误差如表 7 - 8 所示，可见网络模型精度较高，可以进行预测。

表 7 - 8　　　　　　　　　　　　　　神经网络平均误差

指标	$z(x)$	$h(y)$	耦合度 C	耦合协调度 R
平均相对误差%	0.562	0.552	0.296	0.561

（二）预测样本

利用灰色系统 GM（1，1）模型对所选取的八个控制因子（碳排放总量、煤炭在能源消耗中的占比、低碳产业产值占比、低碳技术、电燃水生产工业增加值、全社会固定资产投入、工业废水排放总量、"三废"综合利用产品产值）的未来 5 年的数据进行预测。

构建 GM（1，1）模型如下：

第一步：累加生成序列。设有非负序列 $X^{(0)} = [X^{(0)}(1), X^{(0)}(2), \cdots, X^{(0)}(n)]$，

$X^{(0)}(k) \geq 0, k = 1, 2, \cdots, n$；则累加生成序列，$X^{(1)} = [X^{(1)}(1), X^{(1)}(2), \cdots, X^{(1)}(n)]$ 其中 $x^{(1)}(k) = \sum_{i=1}^{n} x^{(0)}(i), k = 1, 2, \cdots, n$。

第二步：生成紧邻均值序列或$\frac{\mathrm{d}x^{(1)}}{\mathrm{d}t}$的背景值序列$z^{(1)}$。$z^{(1)}$为$x^{(1)}$的紧邻均值生成序列，$Z^{(1)} = \left[z^{(1)}(2), z^{(1)}(3), \cdots, z^{(1)}(n)\right]$。其中，$z^{(1)}(k) = \frac{1}{2}\left[x^{(1)}(k) + x^{(1)}(k-1)\right], k = 2, 3, \cdots, n$。

第三步：求参数$\overline{h} = (a, b)^T = (B^T B)^{-1} B^T Y$，其中，

$$Y = \begin{bmatrix} x^{(0)}(2) \\ x^{(0)}(3) \\ \vdots \\ x^{(0)}(n) \end{bmatrix}, B = \begin{bmatrix} -z^{(1)}(2) & 1 \\ -z^{(1)}(3) & 1 \\ \vdots & \vdots \\ -z^{(1)}(n) & 1 \end{bmatrix}。$$

第四步：确定$GM(1,1)$模型：

$$\frac{\mathrm{d}x^{(1)}}{\mathrm{d}t} + ax^{(1)} = b$$

其对应的时间相应函数为：$\hat{x}^{(1)}(k+1) = \left[x^{(1)}(0) - \frac{b}{a}\right]e^{-ak}, k = 1, 2, \cdots, n$；

取$x^{(1)}(0) = x^{(0)}(1)$，则$\hat{x}^{(1)}(k+1) = \left[x^{(1)}(1) - \frac{b}{a}\right]e^{-ak}, k = 1, 2, \cdots, n$。

第五步：求$x^{(1)}$的模拟值$\hat{x}^{(1)}$和还原出$x^{(0)}$的模拟值$\hat{x}^{(0)}$。

$\hat{x}^{(1)} = \left[\hat{x}^{(1)}(1), \hat{x}^{(1)}(2), \cdots, \hat{x}^{(1)}(n)\right], \hat{x}^{(0)} = \left[\hat{x}^{(0)}(1), \hat{x}^{(0)}(2), \cdots, \hat{x}^{(0)}(n)\right]$

其中，$\hat{x}^{(0)}(k) = \hat{x}^{(1)}(k) - \hat{x}^{(1)}(k-1)$。

第六步：模型精度检验。$GM(1,1)$模型的精度检验一般用残差$\varphi(k)$和平均相对误差Δ的方法，残差的计算公式为：$\varphi^{(0)}(K) = x^{(0)}(k) - \hat{x}^{(0)}(k)$，相对误差为$\Delta_k = \frac{\varphi(k)}{x^{(0)}(k)}$，平均相对误差为$\Delta = \frac{1}{n-1}\left|\sum_{k=2}^{n}\Delta_k\right|$。

检验标准如下：当精度达到一级时，$\Delta \leqslant 0.01$；当达到二级时，$0.01 \leqslant \Delta \leqslant 0.05$；当达到三级时，$0.05 \leqslant \Delta \leqslant 0.10$；当达到四级时，$0.10 \leqslant \Delta \leqslant 0.20$。

或者采用后验差比值C和小误差频率P进行精度检验。

设S_1^2是原始序列数据的方差，是S_2^2预测序列数据的方差，即：

$$S_1^2 = \frac{1}{n}\sum_{i=1}^{n}(x^{(0)}(i) - \overline{u}_1)^2$$

$$S_2^2 = \frac{1}{n} \sum_{i=1}^{n} (\hat{x}^{(0)}(j) - \bar{u}_2)^2$$

其中，$\bar{u}_1$，$\bar{u}_2$ 分别是原始数据序列和预测数据序列的均值，定义后验差比值 C：

$$C = \frac{S_1}{S_2}$$

和小误差概率 P：

$$P = P\{q^{(0)}(k) - \bar{q} \mid < 0.6745S_1\}$$

$\bar{q}$ 是残差序列 $q^{(0)} = x^{(0)} - \hat{x}^{(0)}$ 的均值。

一个好的预测，要求 C 越小越好，一般要求 $C < 0.35$，最大不超过 0.65。预测好坏的另外一个指标是小误差频率要大，所谓小误差频率是指绝对偏差 $\mid \varphi_{(k)}^{(0)} - \bar{\varphi} \mid < 0.674S_1$，$S_1$ 为 $X_{(t)}^{(0)}$ 的方差；或者说，相对误差（$\mid \varphi_{(k)}^{(0)} - \bar{\varphi} \mid / S_1$）$< 0.674$，一般要求 $P > 0.95$，不得小于 0.7。

按照 C 与 P 的大小，可将预测精度分为四个等级，各等级标准如表7.9所示。[①]

表7-9 灰色预测模型预测精度等级分类

等级	P	C
好	>0.95	<0.35
合格	>0.8	<0.45
勉强	>0.70	<0.50
不合格	≤0.70	≥0.65

如果检验不合格，可建立残差 $GM(1,1)$ 模型进行修正。

通过上述模型，得到样本预测的精度，如表7-10所示。

---

① 黄瑞芬：《环渤海经济圈海洋产业集聚与区域环境资源耦合研究》，《中国海洋大学博士论文》2009年9月。

表 7 - 10　　　　　　　　　　　　样本灰色预测精度

	碳排放总量（万吨）	煤炭在能源消耗中占比（%）	低碳产业产值占比（%）	低碳技术	电燃水生产工业增加值（亿元）	全社会固定资产投资（亿元）	工业废水排放总量（万吨）	"三废"综合利用产品产值（万元）
平均相对误差 Δ%	2.66	1.94	1.59	2.37	2.14	2.27	1.74	11.39
等级	二级	二级	二级	二级	二级	二级	二级	四级

基本上达到预测精度，可以进行预测，其中海洋产业增加值可通过海洋产业总产值进行类比预测[①]。检验并预测 2012 ~ 2015 年的数据，如表 7 - 11 所示。

表 7 - 11　　　　　　　　　　　　灰色预测样本预测值

指标　　　　年份	碳排放总量（万吨）	煤炭在能源消耗中占比（%）	低碳产业产值占比（%）	低碳技术	电燃水生产工业增加值（亿元）	全社会固定资产投资（亿元）	工业废水排放总量（万吨）	"三废"综合利用产品产值（万元）
2012	316243.409	0.7483	0.504708	0.439602	61182.891	101218.538	674036.683	5077793
2013	340813.931	0.759729	0.504066	0.475663	76296.1	126091.89	695584.975	5734882
2014	367293.458	0.771332	0.503426	0.514685	95142.525	157077.596	717822.144	6477001
2015	395830.312	0.783111	0.502786	0.556907	118644.337	195677.702	740770.213	7315154

三、预测结果分析

将预测样本代入已建好的神经网络进行模拟预测得到 2012 ~ 2015 年 4 年的预测值，如表 7 - 12 所示。

---

① 如 2007 年海洋产业增加值可由预测的 2007 年海洋产业总产值同 2006 年海洋产业总产值相减近似得到。

表 7 – 12		神经网络训练预测值		
项目 年份	资源环境 指数 $z(x)$	低碳发展 指数 $h(y)$	耦合度 C	耦合协调度 R
2012	0.8420	0.7088	0.9551	0.7607
2013	0.8878	0.5573	0.9781	0.8518
2014	0.9059	0.6181	0.9984	0.9147
2015	0.9363	0.6744	0.9969	0.9179

　　从图 7 – 7 环渤海经济圈环境资源指数与低碳经济发展指数变化趋势可以看出，环渤海经济圈的环境资源综合评价指数和低碳经济发展综合评价指数总体上是在不断波动中呈现出长期上升的趋势。其中，环境资源综合评价指数在2008 年出现了小幅下降，其余年份一直处于平稳增长态势；低碳经济发展综合评价指数演变趋势则相较复杂，根据其波动区间大致可分为两个阶段：2003 ~ 2009 年指数在 0.3 ~ 0.6 区间内上下波动，2010 ~ 2015 年指数在 0.5 ~ 0.7 区间内上下波动。综合来看，环渤海经济圈的低碳经济发展与环境资源在长期内基本都呈现稳定的一致性增长。这说明低碳经济的发展潜力与资源环境是相同的，今后需要更多的政策倾斜。

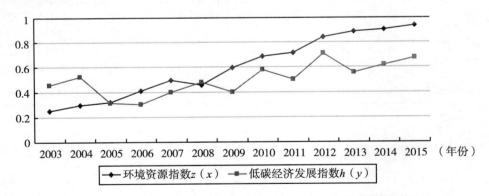

图 7 – 7　环渤海经济圈环境资源指数与低碳经济发展指数变化趋势

第八章

环渤海低碳经济发展与区域环境资源的耦合协调机制设计

第一节

低碳经济发展与环境资源建立耦合协调机制的理论基础

每一个地区都有其独特的环境资源体系，区域经济的发展必须充分考虑当地的环境资源系统，从而达到经济发展与区域环境资源的协调。环渤海地区低碳经济发展属于经济发展的一部分，而经济系统与环境资源系统在时间、空间两个维度上协调互动、相辅相成正是低碳经济发展与环境资源综合评价之间耦合机制强调的重中之重。环渤海地区致力于实现两个系统之间的动态平衡，其主旨在于保证人类经济社会健康、可持续发展，同时减轻环境污染，改善生态资源现状。

一、机制的含义与作用

了解机制的含义有助于从宏观上把握机制的设计，设计出合理的机制，保证系统之间的协调。

"机制"一词最早源于希腊文，原指机器的构造和动作原理，后来被引申到了其他领域，产生了不同领域的机制。系统各个部分的存在是机制存在的前提，因为存在系统的各个部分，就存在如何协调各个部分之间关系的问题。此时便显示出机制的独特作用，因为协调各个部分之间的关系一定是一种具体的运行方式。机制就是以一定的运行方式把系统的各个部分联系起来，使它们协调运行发挥作用。产业集聚和区域环境是两个系统，要使两个系统协调运行发挥作用需要有一个良好的机制。

二、低碳经济发展与环境保护、资源开发的关系

人类活动对自然环境产生影响，自然环境又反过来对人类社会系统进行反馈，从而形成了系统之间的循环。当人类活动对自然存在积极的影响时，自然环境对人类社会会有好的反馈；反之，如果有不好的影响会有差的反馈。

如图 8-1 所示，上方箭头代表人类社会系统对自然的破坏，自然反过来会给予不好的反馈；下方箭头代表人类社会系统对自然环境系统的积极影响，自然环境给予了积极的反馈。

图 8-1　低碳经济发展与环境资源的关系

低碳经济作为经济系统的一部分，在发展过程中必然会对环境资源造成一定程度上的不良影响，环境资源系统也会给予相应的反馈。但更主要的方面在于，低碳经济的发展改变了以往以牺牲环境资源为代价的经济增长模式，从而使在保证经济发展的同时提高环境资源质量成为可能。低碳经济的茁壮成长会促使环境资源现状改善，而得到改善的环境资源系统也会为低碳经济的发展奠定坚实的基础。

总之，依据前面得出的环渤海经济圈的低碳经济发展和环境资源系统两者之间的协调耦合关系，经济健康发展与生态环境保护、资源利用率提高的协调发展能够得以实现，两者之间的矛盾也能得以克服，最终使两个因素相辅相成，达到动态的最优平衡。

三、低碳经济发展与环境资源因素耦合协调机制方案的优选原则

机制的设计有很多方案，选择具体的方案时需要遵循一定的原则。选择方案遵循的基本原则是：用可持续发展的眼光看待经济发展与环境之间的关系，对于机制的设计方案要注重长期利益，注重保护环境，合理、充分、高效利用资源，必要时为了维护长期利益可以暂时牺牲短期利益。为此，我们将低碳经济发展水平与环保强度、资源利用效率分别建立组合矩阵，以确定备选方案。见表8－1和表8－2。

表8－1　　　　碳经济发展程度与环保强度组合矩阵

低碳经济发展 ＼ 环保强度	弱	强
高	A1	B1
低	C1	D1

表8－2　　　　低碳经济发展程度与资源开发力度组合矩阵

低碳经济发展 ＼ 资源利用效率	低	高
高	A2	B2
低	C2	D2

从以上两个组合矩阵中可以看出，每个矩阵中的 C 方案是最应避免的。因为 C 方案，表明低碳经济发展水平与环境资源系统的耦合程度较低，这种方式不仅不能有效地发展经济，并且对环境也造成了破坏。另外，矩阵中的 D 方案也不可取，因为它代表了一种消极的发展方式，为了保护环境而牺牲经济发展，或者牺牲经济发展速度来降低资源开发力度，然而高的资源利用率却不能促进低碳经济水平的整体进步，这种"不思进取"发展方式也并不符合中华民族伟大复兴的长远利益。A 方案主要关注的是短期收益，应该注意把新投资引导至能够提高资源利用效率的途径上去，使之逐步转向 B 方案，在切实落实

阶段性的发展目标的同时，逐渐优化资源利用，以实现经济系统与环境资源系统"双赢"的和谐发展。环渤海地区应根据目前的产业发展水平、环境资源状况、资源利用效率，选择适宜的方案。

第二节

环渤海地区低碳经济发展与环境资源因素协调发展的机制设计

要实现海洋产业集聚与环境资源的耦合协调发展，需要建立完善的机制。产业集聚与区域环境资源的耦合是复杂的系统工程，两者的要素数目众多，本身各自构成一个复杂系统，而且两个系统各要素之间的关系是错综复杂的，同时其内部各因子的关系也是网状的。本书在前面进行实证分析的基础上，结合海洋产业集聚和环境资源各自系统的内涵与特征，提出环渤海经济圈应建立高级发展的强环境滞后协调机制。之所以如此，是因为考虑到环渤海经济圈各省市环境污染治理投资额较大，海洋产业集聚程度已经凸显，资源开发利用程度较高，但是环保效果不明显以致呈现滞后现象，因此要加强环保力度，实现环保对产业集聚的强势推进效果。本着可行性原则，从宏观、中观和微观三个层面出发，本书尝试设计两者的协调机制，促进两者协调发展[①]。

一、宏观层面设计

（一）法律协调机制

1. 建立有利于低碳经济发展的法律法规体系

低碳经济与区域环境的可持续发展离不开法律手段的保障，具有环境意蕴功能和协调效应的法律手段、工具，必将有助于促进和保障可持续发展。我国应尽快制定和颁布相关的能源法律，以确保当前能源调整战略的实施，并以此为基础，对《煤炭法》、《电力法》等涉及能源、环保、资源的法律法规进行

---

① 黄瑞芬：《环渤海经济圈海洋产业集聚与区域环境资源耦合研究》，《中国海洋大学博士论文》2009 年 9 月 24 日。

相应修订，进一步突出清洁、低碳能源开发和利用的鼓励政策。环渤海经济圈各省市在环境污染防治法律的制定和修改中，应当通过对立法目的和立法指导思想的规定以及基本实施途径的设计，把低碳经济发展的理念体现出来，使之具体化、程式化①。

2. 完善行政执法部门的法律法规

对于我国低碳经济发展的法律法规而言，仅仅完善上述具体的环境资源保护法律法规来说是远远不够的，更需认真考虑的是具体行政执法中需要遵循的规章条例，在整个低碳经济目标的实现过程中做到"有法可依、有法必依"。

（二）　经济协调机制

在我国的低碳经济发展中，经济手段是实现对环境资源类的外部成本的合理定价、完成经济社会与环境资源相协调的最终目标的基础调节机制，也是解决经济发展过程中环境污染问题的主要手段。

1. 开征环境税

随着我国社会和经济的飞速发展，化石能源的使用量也随之不断增加，在经济发展和能源使用的同时，带来的环境污染也与日俱增，因此开征环境税是调节我国经济结构，转变经济发展方式，增强我国企业和民众低碳意识的必要手段。环境税是把环境污染和生态破坏的社会成本，内化到生产成本和市场价格中去，再通过市场机制来分配环境资源的一种经济手段。征收环境税的目的在于通过税收加大对污染、破坏环境行为的调控力度，促进我国解决环境保护问题，加快经济结构转型和改善生态环境，同时完善我国税制结构②。

2. 建立碳税制度开征碳税

我国从 2007 年颁布《中国应对气候变化国家方案》开始，制定了一系列的政策法规来支持节能减排，控制环境污染。在制定的"十二五"规划建议中，我国将加快转变经济发展方式作为实现经济社会又好又快发展的主线，提

---

① 孙昊：《我国低碳经济发展的对策研究》，《河北大学硕士论文》2011 年 5 月 1 日。
② 李鹏：《我国发展低碳经济的财政政策研究》，《河南大学硕士论文》2011 年 5 月 1 日。

出树立绿色、低碳发展理念，将节能减排作为重点，加快构建资源节约、环境友好的生产和消费方式，提高我国的可持续发展能力。碳税属于环境税的一种，是一种污染税，它是针对化石燃料的生产、分配或使用，根据化石燃料燃烧后碳量排放的多少来征收税费的。开征碳税在我国具有重要的现实意义：碳税带来的收入，不但可以补贴节能减排成效好的企业，对提高能源使用效率的作用也十分明显①。对碳排放征税将促进经济发展与环境保护的协调统一，促进清洁生产，实现环境资源的综合利用。

3. 发挥财政功能

财政功能主要体现在政府关于基础设施方面的财政投入需要体现出对发展低碳能源的引导作用。对基础设施的低碳化建设具有显著的双重意义。首先，基础设施建设低碳化本身就是人民群众生活活动能源生产结构与能源消费结构的优化升级，这是环渤海经济圈整个能源结构优化的重要一环；其次，低碳化的基础设施建设也将为环渤海地区发展低碳经济奠定坚实的基础，促进低碳技术的推广，提高传统能源的利用效率，加速可再生能源替代传统能源——特别是高耗能、高污染的能源产能——的整个进程。环渤海经济圈加大低碳化基础设施建设的着力点主要有三点：一是鼓励和推广新型低碳技术的研发与转化工作，不仅要投入大量的研发资金，更要注意整个新型低碳技术保护制度的建立健全；二是加速淘汰传统高耗能燃料的过剩产能；三是扶持可再生能源行业基础设施的完善，提高可再生能源的利用效率。

（三）行政协调机制

1. 加强政府干预

低碳经济发展，必须平衡经济发展与资源环境的关系，特别是要权衡经济发展与能源的关系。而在资源环境领域内存在一些市场机制无法解决或者解决不好的难题，诸如温室气体排放的外部性、资源的公共产品特点等，这些问题需要政府出面，弥补市场失灵。因此，政府在发展低碳经济的过程中需要扮演主导作用。为此必须建立低碳经济发展的政府主导机制②。

---

① 孙昊：《我国低碳经济发展的对策研究》，《河北大学硕士论文》，2011 年 5 月 1 日。
② 闫卡：《中国低碳经济发展策略研究》，《海南大学硕士论文》，2011 年 5 月 1 日。

我国政府已经明确低碳经济发展道路是我国今后经济发展的大方向，而且各级政府根据我国人大常委会与国务院出台的相关的法律法规，已经开展并逐步落实党中央的指导性新能源策略，使得低碳经济发展之路已经愈发的明朗起来。

2. 加强环渤海经济圈区域环境保护合作体系与机制

（1）增加环保投入力度。

增加各地区市政环境工程建设的投入。一方面，环渤海经济圈内各省市应把投入重点放到环境基础设施建设上，提高城市污水处理厂和垃圾无害化处理场等设施的数量和质量，同时注意中间运输环节的改善，确保所有地市都能从污染源头上进行有效控制，在污染物运输环节上不出差错，最终实现环境污染的高效率高质量处理。另一方面，区域环境保护应重视人作为主体的积极性和决定性，发挥人的主观能动性。各级相关部门必须重视环境污染危害性和环境保护知识的宣传、普及与教育，尤其是在工业企业、资源开采企业等环境污染高危行业中的教育、宣传，从反面案例和成功经验两方面使各企业不仅认识到环境污染的危害，而且意识到环境友好型、可持续发展方式的益处，从而自觉提高维护环境的意识。最终达到全社会人人认识环境、关心环境、主动保护环境的目的。

（2）加强资源开发与环境治理的统筹协调，合理推进资源开发管理体系。

环境的外部性特点以及资源的稀缺性所带来的区域环境问题在环渤海地区表现十分突出，环境问题的区域化特征日趋明显。最为紧迫的是区域水资源利用恶性争夺、渤海海洋污染两大问题。鉴于环渤海地区海陆经济发展现状和规划趋势，应重点对陆源污染物治理、海上污染防治、海洋生态区建立及保护、海洋环境监测与评价、突发污染事件应急方案、渤海周边地区产业布局、海洋执法、区域发展规划和政策等方面进行有效协调和管理，建立环渤海区域统一发展的管理机制，逐渐改善渤海生态环境现状，形成环渤海地区海洋资源开发利用和保护协调发展的良好态势。环渤海经济圈应注重建立区域资源环境协调机制，加强区域水污染防治、水资源保护和综合治理、大气污染防治、渤海海域污染防治等方面的合作，促进环渤海区域经济、社会、环境协调健康发展。通过技术创新，提高水资源利用效率，扎实推进环渤海地区重化工业节能降耗减排，更加努力落实和推广低碳经济模式①。

二、中观层面设计

中观层面是区域资源环境与环渤海低碳经济发展协调机制设计的核心，宏观层面机制和微观层面机制都是围绕中观层面展开，中观层面起到承上启下的作用，所以这个层面也是我们论述的重点。

（一）调整产业结构，发展低碳产业

胡锦涛提出的"科学发展观"，为中国发展低碳经济实现经济可持续发展指明了方向。党的十七大报告中明确提出："要完善有利于节约能源资源和保护生态环境的法律和政策，加快形成可持续发展体制机制，落实节能减排责任制"。这表明了党中央发展低碳经济，加快可持续发展的决心。2010 年"两会"期间，中国政府将低碳发展道路确定为经济社会发展的重大战略，并将低碳经济作为新的经济增长点，具有中国特色的低碳发展道路已被列入"十二五"规划中。随着低碳经济逐渐上升到国家战略层面，将逐渐成为应对气候变化、推动经济发展的重大战略，将更加保证国家的长治久安。因此，低碳经济的发展在我国已经成为不可逆转的趋势。

环渤海经济圈产业结构不尽合理，经济的主体是第二产业，从 2013 年环渤海省份产业比重来看，第二产业比重占到 47.27%。一般来说，第二产业能源消耗大、碳排放量大，第三产业没有得到充分发展。第二产业发展的多是能源、资源、环境投入大的传统石油化工业、钢铁制造工业等，这些产业具有较为明显的高碳特征。这种粗放型经济增长方式存在多种弊端；首先，造成社会资源的浪费，其中绝大部分都是不可再生资源；其次，造成环境的污染和生态破坏。造成的结果就是无法有效实现环渤海经济圈产业结构效益与生态及环境质量的协调发展。为改变这一现状，环渤海经济圈三省两市政府应该积极推动产业升级，改变粗放型的经济增长，实现由分散向集中转变，由低端向高端转变。传统产业在环渤海经济圈占有相当大的比重，环渤海经济圈的传统产业升级必将成为该地区经济增长的一个新增长极，实现在传统产业的改造中促进环

---

① 黄瑞芬：《环渤海经济圈海洋产业集聚与区域环境资源耦合研究》，中国海洋大学博士论文，2009 年 9 月 24 日。

渤海地区低碳经济发展。

针对环渤海经济圈调整产业结构，发展低碳产业，提出以下几点对策：

1. 调整产业结构，实现低碳化发展

（1）要将碳汇理念融入第一产业中，大力发展碳汇产业。[1]

碳汇（Carbon Sink）指的是从空气中清除二氧化碳的过程、活动、机制。碳汇一定程度上可以衡量森林消解储存二氧化碳的能力。"森林碳汇"是依靠树木从大气中吸收二氧化碳，将其储存在树木体内或土壤中，从而减少大气中二氧化碳的浓度。海洋生物捕获二氧化碳的能力或者行为被称为"蓝色碳汇"[2]。

从低碳经济的角度看，在环渤海经济圈地理区域优势的条件下，发展林业和捕捞养殖丰富的海洋资源，可以有效减少二氧化碳在空气中的比重，起到净化空气的作用，不仅能够提高环渤海地区的空气质量，而且能够维护生态系统的平衡性和生物多样性。此外，碳汇产业的发展可以是我国低碳产业与国际低碳产业接轨，更容易地接受国际产业转移和对外低碳技术交流与合作。

（2）积极推动环渤海经济圈能源生产结构和能源消费结构的低碳化。

从前面的分析中，我们不难发现环渤海经济圈能源生产结构和能源消费结构严重偏离了低碳化理念。能源生产和消费结构均以煤、石油等化石能源为主，造成大量温室气体的排放，特别是近些年，由于烟尘大量排放，使得"雾霾"问题成为环渤海经济圈最为突出的环境问题。为解决这一难题，一方面环渤海地区作为我国重要的煤炭和石油产地，在生产过程中应积极提高冶炼技术；另一方面，政府应积极宣传低碳消费理念，鼓励使用清洁能源。

与化石能源相比，风能、水能、太阳能等可再生能源具有储量大、低碳环保等优势。因此，应积极鼓励和支持可再生能源的开发与利用，改善环渤海地区能源生产和消费结构。然而，可再生能源发展也需要政府的宏观调控，如在水能开发的同时，也应积极关注水资源的保护；发展核能的同时，做好核能管理工作，防止核泄漏等危难性后果；在生物能开发过程中也要保证地区粮食供

---

① 刘美平：《我国低碳经济推进与产业结构升级之间的融合发展》，载于《当代财经》2010 年第10 期。

② 孙颖士、邓松岭：《近年海洋灾害对我国沿海渔业的影响》，载于《中国水产》2009 年第 9 期，第 18 ~ 20 页。

应。除此之外，能源产业实现低碳化发展还必须有完善的能源生产和消费管理制度，并制定合理的奖励与惩罚机制。

（3）将低碳技术与传统工业改造相结合。

在鼓励低碳技术自主创新的同时，积极引进国内外先进的低碳技术，并将低碳技术融入传统工业改造中，降低传统工业能耗，实现绿色发展。如今世界上经推广应用的低碳技术，我国悉数引进，并已实现产业化。2014 年，国家发改委为贯彻落实"十二五"规划《纲要》和《"十二五"控制温室气体排放工作方案》的有关要求，加快低碳技术的推广应用，促进 2020 年我国控制温室气体行动目标的实现，组织编制了《国家重点推广的低碳技术目录》。目录包括 34 项低碳技术，包括非化石能源类技术 12 项，燃料及原材料替代类技术 11 项，工艺过程等非二氧化碳减排类技术 6 项，碳捕集、利用与封存类技术 2 项，碳汇类技术 3 项。在煤炭、电力、钢铁、有色、石油石化、化工、建筑、轻工、纺织、机械、农业、林业等 12 个行业，我国致力于将低碳技术与传统工业改造相结合，在 33 个国家重点项目中推广低碳技术。

（4）实行低碳产业管制。

市场存在失灵，需要政府的宏观调控，其中指定产业规章制度也是宏观调控的一种手段。一方面，主动与发达国家低碳产业发展接轨，使能耗标准符合国际标准，提高能源使用效率，淘汰落后产能。另一方面，逐步实行碳交易许可证制度，做到防止污染、环境保护和经济发展的有机统一。[①]

（5）发展循环经济，构造低碳型产业体系。

循环经济和低碳经济的实质与内涵是一致的，大力发展循环经济是低碳经济发展的重要方面。发展循环经济应积极构建循环型工业体系、构建循环型农业体系、构建循环型服务业体系，推进社会层面循环经济发展、开展循环经济示范行动，实施示范工程，创建示范城市，培育示范企业和园区[②]。环渤海经济圈三省两市政府也都制定了各地区的循环经济"十二五"发展规划，为实现低碳经济发展地区合作创造了有利条件。环渤海经济圈应积极建设循环经济产业园区，建立并引进循环经济示范型企业，引导低碳技术的推广和应用。此外，建立和完善城乡废旧物资和再生资源回收利用体系，提高资源利用效率。

---

① 史言信、熊旭航：《中国新型工业化进程中的产业政策》，载于《当代财经》2005 年第 10 期，第 85 ~ 89 页。

② 《"十二五"循环经济发展规划》。

（6）发展"低碳经济"转为建立"低碳社会"。

将发展"低碳经济"定位为创建"低碳社会"，而非仅仅停留在经济发展层面，这与我国建设环境友好型、资源节约型的"两型社会"本质上是相同的①。经济发展、社会发展、环境保护、资源合理开发四者的有机统一符合以人为本的可持续发展观的要求。同样，低碳经济的发展也与社会、资源、环境密切相关。因此，在发展低碳经济时，也要促进经济与社会的协调发展，这也就决定了低碳经济政策与环境保护政策以及相关法律法规的一致性。"低碳社会"是一个复杂的系统，需要经济、社会、环境、法制等各种层面的相互协调。首先，在经济层面，转变经济发展方式，提高能源利用效率，减少碳排放。其次，在社会层面，积极宣传低碳消费理念，树立公民的环保意识。再次，在环境层面，保护自然生态环境，扩大绿地面积。最后，还应完善法律法规建设，如《可再生能源法》、《循环经济促进法》、《节约能源法》等。此外，近些年，碳金融理念已经得到广泛的推广，环渤海经济圈应积极抓住国际碳金融发展的契机，建立碳金融市场、碳交易市场等，加强与发达国家碳金融领域的交流与合作。

2. 培育和发展低碳产业

低碳产业是以低能耗、低污染为基础的产业。低碳化包括能源低碳化、交通低碳化、建筑低碳化、农业低碳化、工业低碳化、服务低碳化。低碳技术同样设计能源、电力、交通、建筑等多个行业。培育和发展低碳产业，鼓励支持传统产业实行低碳技术改造，降低化石燃料比例，增加可再生能源的使用比例，建立和完善能源消耗体系和低碳产业体系，使经济发展由传统模式逐步向低碳经济转型，是未来环渤海经济圈产业转型的长远规划。②

（1）太阳能。

太阳能即太阳辐射能，广义上的太阳能也包含了风能、化学能、水能等，每年到达地球的辐射能约等于130万亿吨标准煤，而且具有清洁无污染、长久性等优点。如今在全球，太阳能开发已经成为世界各国新能源开发的焦点，太阳能技术也被广泛应用于电器、汽车等领域，更成为新一代年轻人追求的时尚。我们把太阳能利用技术分为：光热转换、光电转换和光化转换三类。目前

---

① 赵雪珂：《日本发展低碳经济对我国的启示》，载于《环渤海经济瞭望》2010年第5期。

② 农工党厦门市委：《厦门市低碳经济发展与对策》。

的光伏产业主要是指晶体硅太阳能电池产业，即利用光伏效应使太阳光射到硅材料上产生电流直接发电的"光伏转换"①。

（2）潮汐能。

潮汐能的利用方式以潮汐发电为主，主要以潮汐电站的形式实现潮汐能的转化利用。自20世纪初欧美国家开始研究潮汐发电技术以来，相关技术得到迅速发展。1912年德国在北海海岸建成布苏姆潮汐电站，开始了人类利用潮汐发电的尝试。1966年法国在希列塔尼米岛圣马洛湾朗斯河口建成朗斯潮汐电站，其最大落差为13.5米，坝长750米，总装机容量24万千瓦，年均发电量为5.44亿千瓦每小时，使潮汐电站实现了商业实用价值。但是我国的潮汐能利用并不充分，潮汐电站少，而且多是建于20世纪70年代，近几十年发展少。统计数据显示，环渤海经济圈位于山东半岛乳山南部的白沙口潮汐发电站为北方唯一、全国第二大潮汐发电站，其他几座分别在浙江、江苏、广西和福建等南方地区。潮汐发电无污染，而且可得到许多副产品，如水产养殖、旅游观光等，潮汐发电可谓前景光明。为此，环渤海经济圈应充分运用海洋资源发展潮汐能。

（3）海洋风能。

海洋风能发电是利用海风附带发电。目前，我国海风发电量和总的发电量比，还是很少。海风发电面临的技术难题主要是缺乏大功率的发电机，另外海风发电也有一定的环境问题，如其会导致风轮安装地区温度上升。要想大规模的利用海洋风能，还有很长的路要走，既要解决功率问题，又要解决海洋风能发电可能产生的环境问题。

（4）生物质新能源。

生物质能如今越来越受到各国政府和普通民众的重视，在本质上它是一种碳源，一种逐渐被认可的可再生能源。生物质能可以来源于树木、农作物秸秆、粪便和生活垃圾等，开发成本低，应用范围广，可以真正实现"变废为宝"。生物质能的开发利用不仅能为我们提供能源，而且能够减少垃圾排放，保护自然环境。利用生物质能源开发出的能源产品可以是生物柴油、生物乙醇、生物颗粒燃料等，这些产品都属于清洁能源之列。例如，生物柴油是可代

---

① 王茂洋、何洪发：《光伏产业循环经济发展现状与对策》，载于《经济问题探索》2010年第7期。

替柴油的一种环保燃料油，是典型"绿色能源"①。生物质新能源通过生物资源生产的燃料乙醇和生物柴油，可以替代由石油制取的汽油和柴油，是可再生生物质锅炉用生物质压块能源开发利用的重要方向②。

3. 优化能源消费结构，提高能源使用效率

我国目前的能源消费结构仍然以化石燃料为主，加上国内煤炭、钢铁等行业产能过剩问题严重，想要改变目前的能源消费结构并不容易。然而，我国的石油对外依存度逐年提高，未来的能源短缺问题直接威胁到我国经济发展的命脉，加上国内环境问题越来越突出，优化能源消费结构，提高能源使用效率已经成为刻不容缓的任务。

环渤海经济圈是我国重要的煤炭生产区，如山东省兖州煤矿、河北省开滦煤矿、辽宁省阜新煤矿等。除此之外，环渤海地区，港口众多，是北煤南运的出海口，形成了以煤炭为主的能源消费结构。正是以煤炭为主的能源消费结构成为环渤海地区低碳经济发展的最大障碍。环渤海经济圈低碳经济发展面临的首要任务就是要抓紧时间扫除这一障碍。首先，环渤海地区政府应制定优惠的财税政策，鼓励新能源的开发和使用，特别是在风能的利用方面，环渤海经济圈由于近海的优势，风能资源的开发潜力非常大。其次，积极宣传低碳消费理念，优化能源消费结构。此外，环渤海地区毗邻日韩，应利用自身的区位优势，引进先进的低碳技术，提高能源的利用效率，减少碳排放。高效低碳技术的引进同样需要当地政府的政策扶持，而低效高碳的生产设备及方式应受到严格的控制并逐步淘汰，最终通过对能源供应结构的调整带动能源终端消费结构的调整，实现生产方式的优化升级。

环渤海经济圈可以从以下几个方面来调整能源结构：第一，开发新的产业链，对钢铁、化工、建材等高碳产业进行转移，实现上下游产业低碳化；第二，采用绿色 GDP 作为政绩考核指标，鼓励政府积极主动地调整能源生产和消费结构；第三，鼓励企业自主创新，打造企业与高校结合，产学研一体的创新模式，充分利用环渤海地区的高校资源优势；第四，完善相关法律法规，加大对环境污染企业的惩罚力度。要提高能源使用效率，就必须提倡清洁生产、

① 《生物质能源：双重危机下的新能源》荆楚网新闻，http://news.cnhubei.com。
② 季玉凤：《基于产业结构调整视角的河北省低碳经济发展策略研究》，《河北工程大学硕士论文》2011 年。

资源节约的生产和消费理念，促进资源的循环利用，推动高耗能高污染型产业向资源节约和生态环保型产业转变。淘汰落后技术和落后产能，以科技创新推进节约减排，通过生产的规模效应和产业的集聚效应来降低成本，发展生态型工业园，淘汰落后且缺乏规模效应的炼铁、炼钢产能和水泥产能，发展资源回收利用的"静脉"产业，减少资源和能源的消耗①。

（二）依靠雄厚的环境资源优势，建设环渤海低碳经济城市圈

目前，世界各国特别是发展中国家仍然依靠对资源的过度消耗来实现经济增长，给本国乃至全球的生态环境形成了严重挑战，进一步威胁到全球经济的可持续发展。而且，城市的环境污染与乡村相比更加严重，在我国不少地区出现了"垃圾包围城市"的现象。环渤海经济圈建设低碳城市，需要大力发展可再生资源产业和可再生能源产业，提高能源资源利用效率；需要以企业为主体，转变经济发展方式，建设低碳产业体系②。

随着低碳理念的推广，低碳生活逐渐成为时尚，低碳城市也已经成为世界各地的共同追求。在发达国家实现城市化和工业化的道路上，并没有协调好经济发展与资源环境的关系，造成经济发展和环境保护的失衡。然而，目前在环渤海地区依然存在这一问题，因此在环渤海地区大力发展可再生资源产业和可再生能源产业，提高能源资源利用效率，成为经济发展目标的重中之重。环渤海地区可再生能源储量丰富，其中水能、风能、波浪能等开发条件优越。据估算，目前环渤海地区可再生能源的开发总量是 1.9 亿吨标准煤，估计到 2020 年可达 6 亿吨标煤，2050 年约达到 17 亿吨标准煤。在建立低碳城市的过程中，环渤海应积极发展新能源，建立新能源生产和消费体系。

1. 促进发展方式"绿色转型"

近些年，我国经济保持了高速的发展，对资源能源的需求越来越大，资源和环境压力也成为制约我国经济进一步发展的"瓶颈"。因此，为了突破这一"瓶颈"，在经济发展过程中务必保证资源与环境的协调统一，实现经济发展方式的"绿色转型"。"绿色转型"本质上就是改变粗放型的经济发展方式，实现经济的又好又快发展，在环渤海经济圈内绿色转型的过程中，要注重绿色

---

① 李宏岳、陈然：《低碳经济与产业结构调整》，载于《经济问题探索》2011 年。
② 郭先登：《关于青岛建设低碳城市的研究》，载于《青岛日报》2010 年 2 月 20 日。

生产和消费理念的普及，鼓励和提倡公民的绿色实践，转变能源消费方式，加快绿色转型。

企业是发展低碳经济，实现绿色转型的主体。企业是低碳经济的核心，是低碳技术创新的主体。企业应利用政府制定的优惠政策，加大对低碳产业的投入，加大低碳技术的科研投入，适应新的低碳经济发展环境，增强自己的竞争能力。环渤海经济圈应为企业低碳技术改造提供财政和税收政策支持，改变企业中的能源消费结构，促进企业转型。此外，还应由财政划拨低碳科研专项资金，鼓励和支持企业低碳技术开发。通过企业建立"绿色生产"模式，从根本上实现城市发展方式转型。

2. 发展清洁能源

为了应对未来全球性的能源危机，世界各主要经济体纷纷制定了可再生能源战略。欧盟计划 2020 年实现可再生能源占比达到 20%，到 2050 年，可再生能源消费比例将达到 1/2 以上；美国计划到 2030 年，风力发电要占其全部电力装机的 1/5，接近 1/3 的石油产品被液体燃料替代；日本计划到 2050 年，可再生能源的生产和消费比例将达到能源生产消耗总量的 1/2 以上。根据我国的"十二五"规划，到 2020 年，我国的新能源消费占到总量的 15% 左右；2030年，达到 25%；2050 年，达到 40% 左右，可再生能源已经成为我国能源消费的主体。①

近年来全球在风电方面发展迅速。全球风能理事会的数据显示：2009 年全球涉足风力发电的国家达到 100 多个，世界新增风电装机容量 38.312 千兆瓦；2010 年与 2009 年基本持平，新增 35.802 千兆瓦装机容量；截至 2011 年年底，全球风电累计装机已实现 238.35 千兆瓦的容量。

在国家政策的扶持下，我国风力发电技术不断成熟，市场规模以及所占市场份额不断扩大，风力发电事业蓬勃发展。根据中国资源综合利用协会可再生能源、专业委员会的统计数据显示：2009 年年底，我国新增 1300 万千瓦风机装电量，风机总装电量达到 2580 万千瓦，赶超德国，位居世界第二；2010 年年底，中国全年新增 1600 万千瓦风机装电量，累计装机容量达到 4182.7 万千瓦，比上年增长约 62%，首次超越美国，成为世界第一风力发电大国；2013

---

① 《我国新能源和可再生能源领域的发展状况》，载《中国能源报》2009 年 4 月 21 日。

年，风电累计装机容量达到 9146 万千瓦，在 2012 年的基础上增加了 21.3%，占世界风电装机的比例为 28.6%。在太阳能发电方面，2013 年，中国累计装机容量达到 1830 万千瓦，与 2012 年相比增加 161.4%，占世界太阳能发电装机的比例为 13.1%。而在地热、生物质能及其他发电方面，中国市场规模有限：2013 年，地热发电累计装机容量 270 万千瓦；《2013 年中国生物质发电建设统计报告》显示，2013 年，生物质能发电全国累计核准容量约 1222.6 万千瓦。

随着我国工业化进程的不断深入，能源需求不断增加。2013 年，我国能源消费总量为 37.5 亿吨标准煤，化石能源占到 90.2%。其中，煤炭占 66%，石油占 18.4%，天然气占 5.8%；非化石能源，即水电、核电、风电消费比重仅为 9.8%。与美日欧发达国家相比，我国面对的能源压力更加紧迫，为此环渤海经济圈作为我国重要的能源生产和消费地区，应尽快制定可再生能源生产和消费规划，缓解我国的能源危机。

3. 提高能源利用效率

2013 年我国能源消费总量 37.5 亿吨标煤，占全球能源消费量的 22.4%，单位 GDP 能耗与 2012 年相比下降 3.7%。2012 年时，中国单位 GDP 能耗为世界平均水平的 2.5 倍，美国单位 GDP 能耗的 3.3 倍，日本单位 GDP 能耗的 7 倍，并且还高于一些发展中国家，如巴西、墨西哥等。每消耗 1 吨标准煤的能源，中国仅能创造 GDP14000 元人民币，而全球平均水平是创造 25000 元 GDP，美国能创造 31000 元 GDP，日本则创造 50000 元 GDP。由此看出，提高能源效率是我国能源开发利用方面的当务之急。在提高能源利用效率的过程中，首先需要实施的就是优化现有的产业结构。将耗能比较低的产业逐渐转化成为市场的主力产业，不仅可以达到推进经济发展的目标，而且还可以缓解我国当前的耗能过速的问题。在各个城市以及城镇都通过改造优化产业，大力推行循环使用等优化方式，从而从产业结构上提高利用效率，形成市场供需的良性循环与协调。

除了通过改良产业结构的方式来提高利用效率，还可以着手从改善重点扶持发展区域来实现利用效率的提高。在目前的能源体系中，城市人口快速增长，且城市资源浪费超标，是导致目前耗能过量的主要原因。因此改善城镇供需不足，以及城市耗能严重的问题，成为重中之重。通过合理地合并城市规模，促使人口向适合发展的中小城镇以及区域发展，并通过实行复合型的城镇发展模式，达到提高利用效率，有效解决目前困扰城市和乡村的资源严重匮乏的问题①。

4. 加大低碳技术研究

环渤海经济圈低碳经济的发展离不开低碳技术的支撑，虽然环渤海经济圈在我国具有工业和人才优势，但是与美日欧等发达国家相比，环渤海地区的低碳技术仍然比较滞后。下面，我们将从两个方面探讨在环渤海经济圈如何加大低碳技术研究，实现低碳技术研发和应用新的突破。

（1）提高自主创新能力。

早在党的十七大报告就已经提出，提高自主创新能力，建设创新型国家，这是国家发展战略的核心，是提高综合国力的关键。明确要求坚持走中国特色自主创新道路，把增强自主创新能力贯彻到现代化建设各个方面。环渤海经济圈提高自主创新能力应从以下三个层面着手：第一，政府层面。政府应制定合理的财政政策和税收政策，加大支持低碳技术创新的科技支出，对低碳技术创新企业减税或免税。第二，企业层面。企业是市场的核心和创新的主体，企业应该加大对技术研发的投入，提高研发人员的工资待遇，吸引更多的人才加入研发队伍。第三，个人层面。政府积极鼓励个人技术研发，低碳技术专利申请。

环渤海经济圈在低碳技术自主创新方面，具有的优势包括：第一，政策优势。环渤海经济圈包含中国的政治文化中心北京，又连接了京津唐工业基地和东北工业基地，是国家重点开发的战略地带，享有优惠的政策。第二，人才优势。在环渤海地区有 300 余大学和众多国家级科研中心，分布着近 40 所"211"、"985"高校，是我国重要的人才聚集区，具有明显的科研优势。第三，金融优势。环渤海经济圈除了拥有众多银行资源外，也是吸引外资的热土。据统计，2013 年，环渤海经济圈实际利用外资约 751 亿美元，而全国实际利用外资额 1178.2 亿美元，环渤海经济圈利用外资额占全国利用外资额的比例为 63.3%。第四，区位优势。环渤海地区毗邻日韩，便于引进国外低碳技术人才，为低碳研发提供支持。

---

① 如何提高能源的利用效率［OL］. http://zghb. chinadaily. com. cn.

（2）加强合作。

环渤海经济圈低碳技术合作包含两个方面：一个方面是区域合作；另一方面是国际合作。区域合作，即环渤海经济圈的内部合作，各省市之间应该加强更多的政策合作、金融合作、技术合作等，共享低碳技术成果，带动环渤海经济圈低碳技术整体提升。国际合作，即与发达国家之间的合作。发达国家工业发达，有着较为完备的创新体系，我们在引进先进技术的同时，应积极学习其创新模式，完善自身的科技创新体系。目前，环渤海经济圈的低碳技术落后于世界先进水平，如何快速地实现技术突破，除了加强自主创新外，还要注重国外先进技术和低碳人才的引进，加强与发达国家低碳研发团队的技术交流与合作。只有进一步深化改革和扩大开放，才能更好地加强国际上技术的合作和转让，才能共享低碳技术发展成果。

环渤海经济圈作为第一大经济体（2013年地区生产总值143934.11亿元，长三角地区生产总值118332.36亿元）正处于蓬勃发展阶段，应积极促进区域内各省份之间的合作，运用北京、天津和山东的科研高校机构进行低碳技术的研发，辽宁省和河北省的资源优势进行开发运用，达到节能减排的效果，实现整合区域的协调发展。

（三）加强环渤海经济圈内部合作，促进低碳经济的发展

1. 区位优势有利于产业结构的低碳化调整

环渤海经济圈是中国交通网络最为密集的区域之一，是我国海运、铁路、公路、航空、通信网络的枢纽地带，在分布上具有典型的纵向和横向的经济集聚优势效应。铁路以北京为中心，纵横交错、四通八达；国家公路干道覆盖了整个地区的绝大部分城市；以北京为中心的通讯干线连接全国及世界各地。在整个交通配置中，形成了以港口为中心、陆海空为一体的立体交通网络，成为沟通东北、西北和华北经济和进入国际市场的重要集散地。区位和交通上的优势为环渤海经济圈内部经济技术合作交流提供了便利，有利于形成优势互补、合理高效的区域分工合作体系，能有效地促进环渤海经济圈产业结构向低碳模式的转化与调整。

2. 良好的社会经济发展态势为低碳城市圈建设提供物质保障

环渤海地区经济总量大，在全国处于举足轻重的地位，特别是海洋产业经

济。环渤海地区的陆地面积共 49.87 万平方千米，占全国土地面积的 5.19%；2013 年，人口约 2.5 亿，占全国人口的 18.4% 左右；环渤海地区国内生产总值约为 14.43 万亿元，占全国 GDP 总量的 25.49%，其中 2012 年环渤海地区海洋产业 GDP 为 1.81 万亿元，占环渤海地区经济总值的 12.54%，占全国海洋产业总值的 36.09%。虽然人口和面积只占全国的 16.77% 和 5.19%，但其经济总量 2013 年却占全国的 25.49%，也就是说环渤海地区用占全国 5.19% 的土地和 16.77% 的人口，为我国创造了超过 1/4 的经济总量。

环渤海地区经济总量以及占全国的比重稳步增长，环渤海地区 GDP 总量呈逐年递增的梯度发展趋势，GDP 总量由 2005 年的 4.73 万亿元上升到 2013 年的 14.43 万亿元，GDP 增长了 205.1%。其在全国 GDP 中的比重也是上升的，由 2005 年的 20.41% 上升到 2013 年的 25.49%。

环渤海地区的标准煤消耗量虽是呈增长趋势，其占全国的比重却是逐年下降的。标准煤消耗量因产出的增长而增长，由 2005 年的 6.2 亿吨上升到 2011 年的 9.64 亿吨，增长了 55.48%，低于 GDP 的增长率 152.9%。

三、微观层面设计

（一）碳基金参与机制

2005 年生效的《京都议定书》是人类首次以法规形式来控制温室气体的排放。规定缔约方有责任限制和减少排放二氧化碳等温室气体，以使其在 2008~2012 年承诺期内，这类气体的排放量从 1990 年排放水平减少 5%。此后，不论发达国家还是发展中国家都纷纷建立碳基金，为节能减排做好融资工作。中国绿色碳基金成立于 2007 年，绿色碳基金的主要目标是提供资金渠道，从京都和非京都碳市场（自愿市场）、政府和私人部门到最需要发展的领域，而这些领域能够带来生物多样性保护、支持社区发展和减轻气候变化多重利益的项目。中国绿色碳基金是设在中国绿化基金会下的专项基金，属于全国性公募基金。该基金的建立，为企业、团体和个人志愿参加植树造林以及森林经营保护活动，从而增加碳汇以应对气候变化搭建了一个平台。基金先期由中国石油天然气集团公司捐资 3 亿元人民币，用于开展旨在吸收固定大气中二氧化碳为目的的造林、森林管理以及能源林基地建设等活动①。

碳基金的融资方式主要包括：政府全部承担所有出资；政府和企业按比例共同出资；政府通过征税的方式出资；企业自行募集的方式。根据外国碳基金运营管理经验，政府出资能够更加有效地执行节能减排政策，可以充分利用各项金融资源和高校资源，提高碳基金的运营效率。环渤海经济圈是我国经济开放最早的地区之一，金融领域开发始终走在全国前列。在此背景下，可以充分借鉴国外的碳基金运营机制，积极鼓励自主研发，建立适合自己的碳基金制度，为我国节能减排工作作出贡献。②

（二）资本投入机制

1. 吸引多元资本投入

环渤海经济圈各省市要充分运用市场机制，在加大政策投入的同时，改革低碳经济投融资体制，放宽投资领域，改善投资环境，多途径、多方式广泛吸引民间、企业和外资资本，最大限度地融通全社会资金，建立多元化低碳经济发展投入机制，为低碳环保、资源开发增加动力。

2. 积极引导社会资金投入低碳产业

应该降低门槛，鼓励和吸引各类社会投资主体，以直接投资、承包、合资、股份合作等方式进入低碳开发领域。

3. 发挥金融市场作用

积极引用信托基金、产业基金、创业基金、资产证券化等新型融资方式，吸引社会资金发展低碳经济。

4. 建立和健全沿海地区科技低碳银行贷款机制

利用国家倾斜性政策，通过政府财政贷款，银行信贷或各种形式的合资，

---

① 中国绿化基金会，www. cgf. org. cn.
② 刘倩、徐天祥：《山东省发展低碳经济的对策研究》，载于《山东师范大学》2010 年。

增加对低碳产业的投入[①]。

(三) 科技创新机制

随着信息技术的发展，知识经济成为推动经济发展的主要力量，而科学技术的进步离不开区域经济的发展。正是在区域经济理念的推动下，才诞生了像美国硅谷、中国中关村等众多科技创新经济体，充分发挥区域内的规模优势，推动科技创新和技术进步。环渤海经济圈集中着国家主要科学研究所、众多科研高校，具有明显的人才优势，特别是海洋类研究所更是我国海洋研究的中坚力量。三省两市经济具有明显的互补性，为区域内合作提供了便利条件。此外，这里集中着我国北方的所有重大港口，对外贸易繁荣，为该地区对外技术交流与合作提供了得天独厚的条件。环渤海经济圈又是国家实施"海洋强国"战略下的重点海洋经济开发区，享有国家各种优惠的政策。总之，环渤海经济圈占据"天时、地利、人和"，没有理由不能在科学技术上实现突破。因此，环渤海经济圈"三省两市"政府应做好协调安排，充分利用各种条件，发挥自身优势，整合一些涉海资源，建立完善的海洋科技创新体系，把环渤海经济圈建设成我国的海洋科技创新带，以此辐射周边地区乃至带动全国的海洋经济发展。

实施人才强海战略，根据海洋经济发展需求，积极推进中国海洋大学等涉海院校学科结构调整和重点学科建设，大力培育高素质的海洋高科技人才；充分利用各种教育培训资源，加强海洋产业工人的培训，形成高素质的海洋科技队伍和海洋产业技术工人。要制定公平竞争、唯才是用的人才政策，营造使人才进得来、留得住的良好环境，充分调动科研人员的积极性。鼓励企业与高等院校、科研院所以资产为纽带的产学研联合，提高自主创新能力，抓好引进技术的消化、吸收和创新，培育壮大海洋高新技术产业，不断提升科技对海洋经济的贡献率。

高校、科研院所应当发挥出开发和研究的长处和优势，为我国低碳经济的发展提供智力支持。环渤海经济圈海洋科技力量雄厚，拥有众多海洋科研机构，在全国都具有显著优势。例如，仅在山东地区，就有中央和地方海洋科研教育机构40余处，海洋科研机构专业技术人员近2000名，占全国的1/5；天

---

① 黄瑞芬：《环渤海经济圈海洋产业集聚与区域环境资源耦合研究》，《中国海洋大学博士论文》，2009年。

津市拥有涉海科研机构 10 所，天津大学、南开大学、天津科技大学等高校均设有海洋专业，人才培养、科研开发能力较强。

同时，也应发挥企业自主创新能力，这样在提高能效、降低排放和新能源的研发中才不至于落后，实现绿色 GDP。中小企业推动技术创新有着不同于科研单位和大企业的强大的内在动力，为了生存，它们必须去研发、去创新。这种创新不是传统的学术导向的技术创新，而是市场导向的，是为提升企业竞争力服务的。这种强大的动力是推动企业技术创新的最有效方法，在保证企业生存的同时，也发展了低碳技术。

（四）公众参与机制

保护海洋环境、合理开发海洋资源、倡导和实践低碳经济，人人有责。要实现环渤海经济圈低碳产业的合理发展，要合理开发渤海资源，保护渤海生态系统和环境功能，维护渤海可持续利用的能力和基础，单靠政府职能部门的力量是不够的，要通过各种方式来推动公众的广泛参与，提高公众的海洋意识和海洋知识水平。通过各种层次和各专业领域的培训、教育和交流等活动以及新闻媒体的宣传，增强环渤海经济圈公众对渤海保护的意识，促进渤海沿岸地区企业与经济实体在控制污染与合理利用海域资源技术能力的提高，形成环渤海信息、教育和交流的公众信息网，提升广大公众参与环境监督、管理的积极性，疏通公众参与环境管理的渠道和途径，真正发挥广大公众保护渤海环境、监督环境污染的"主人翁"作用。[①]

四、耦合协调机制的运行

以上各个层面的机制分别发挥作用，并通过效力的传递和反馈使各种机制有效配合，最终实现或达到低碳经济系统与环境资源系统的良性互动发展，各个层面机制的作用途径如图 8-2 所示。

外围层为宏观层面协调机制，包括法律协调机制、经济协调机制、行政协调机制、区域协调机制，这些机制的协调配合为低碳经济发展、环境保护、资源开发提供健全的法律基础、有效的激励措施和高效的管理手段，从而促进低碳产

---

① 黄瑞芬：《环渤海经济圈海洋产业集聚与区域环境资源耦合研究》，中国海洋大学，2009 年。

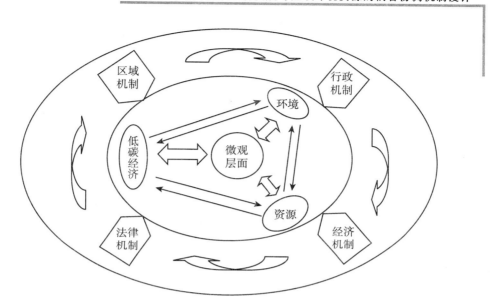

图 8 - 2　低碳经济与环境、资源系统耦合协调机制运行示意

业发展，保证环境保护和资源合理开发的顺利实施，实现两者的协调发展。

中间层为中观层面，也是宏观层面协调机制作用的对象，包括海洋产业和环境资源两大系统，其中环境和资源又可以分成两个小系统，三个系统受外层宏观层面协调机制的影响，同时接受来自内层微观层面协调机制的反馈。

内层为微观层面，包括影响低碳经济发展和环境资源关系的微观主体，主要有相关企业、科研高校、资本投入等具体因素，它们能及时感知低碳发展与环境资源系统之间耦合关系的变化，并主动采取相应措施，对这种关系进行反馈，在宏观协调机制的配合下，促进两者耦合协调关系向着健康、完善的方向发展。①

---

①　黄瑞芬：《环渤海经济圈海洋产业集聚与区域环境资源耦合研究》，《中国海洋大学博士论文》，2009 年 9 月 24 日。

第九章

海洋低碳经济发展的政策建议

第一节

低碳技术促进低碳发展的作用机制

一、产学研结合，加强海洋低碳技术研发

海洋低碳技术的创新能力是环渤海经济圈低碳经济发展的决定性力量，只有持续不断的低碳技术创新，才能保证低碳经济的持续稳定发展。当今世界，国家、地区间经济发展程度不一样，发达国家的低碳技术创新能力明显领先于发展中国家。根据《联合国气候变化框架公约》，倡导发达国家与发展中国家合作，发达工业化国家有义务为落后国家提供资金和技术支持。因此，一方面，环渤海经济圈可以利用此契机，进一步扩大对外开放，积极接受发达国家技术转让，加强对外低碳技术交流与合作。另一方面，更要加大低碳技术开发力度，加大研发投入，提高自主创新能力，尽快形成海洋低碳技术储备。重点研发的海洋低碳技术包括：潮汐能、风力发电、海底可燃冰开发、海水淡化、低碳船舶制造等。[①] 由于海洋低碳技术蕴藏着巨大的发展潜力，各级政府应加大科研投入，吸引更多的专业人才投身于新兴的海洋低碳技术的研发中，早日突破技术"瓶颈"，降低生产转换成本，实现规模化商业运作。

用低碳技术改造海洋传统产业。目前，我国的海洋产业既包括了海洋渔

[①] 孙加韬：《中国海洋低碳经济发展模式探讨》，载于《现代经济探讨》2010年。

业、海洋交通运输业、海洋油气业、海洋船舶工业、海洋工程装备制造业、海盐及海洋化工业等传统产业，也包括滨海旅游业、海水利用业、海洋生物医药业、海洋新能源开发等新兴产业。然而，我国的海洋经济发展还是以发展海洋传统产业为主。因此，未来环渤海经济圈低碳经济的发展重点还是以用低碳技术改造海洋传统产业为主，推动环渤海经济圈产业结构升级。环渤海经济圈的海洋渔业、海洋交通运输业、海洋船舶和油气产业均比较发达，推进传统产业的低碳技术改造，必然为环渤海经济圈经济发展注入新的活力。与日本、韩国相比，在低碳技术改造方面，我们仍然有很长的路要走，韩国、日本已经在这一领域走在了世界前列。

再以海水养殖为例，国际上已经发展了循环经济新模式：在海水上层挂绳养海带，中间挂笼养贝类或放置深水网箱，下一层播养鲍鱼、海参和虾贝等，最底层是海底森林。第一层的废弃物及一些富余饵料进入第二层成为这一层所需要的营养物质，第二层到第三层，第三层到第四层，到海底那一层就是干净的。大力发展渔业低碳技术研究及应用包括捕捞生产低碳技术、养殖生产低碳技术、水产品加工低碳技术①：

1. 低碳捕捞技术

近年来，我国的近海渔业遭到过度的捕捞，一些海洋珍稀物种濒临灭绝，普通渔业资源也大幅减少，给近海海洋生态系统造成重大的破坏，其主要原因不乏捕捞装备和捕捞技术落后等。因此，加强海洋低碳捕捞技术的推广和应用势在必行。发展低碳捕捞技术主要有以下两个方面：捕捞装备的低碳改造和捕捞时间的科学安排。对于捕捞装备来说是低碳捕捞技术开发的重中之重，其中包括标准化船型技术、网机具配置技术、低碳捕捞器等。标准化船型就是改进船舶的发动机，降低能耗，利用主机余热进行制冷保鲜等节能技术，建立节能型的标准化渔船。网机具配置技术就是对渔具进行低碳改进，保护一些海洋珍贵物种。低碳捕捞器是指将低碳技术与捕捞装备相结合，主要是降低捕捞装备对海洋环境的危害，如宁波城展环保科技有限公司研发的蓝藻捕捞器等。

---

① 张显良：《碳汇渔业与渔业低碳技术展望》，载于《中国水产》2011 年。

2. 养殖生产低碳技术

渔业养殖在我国近海农业中占有很大比重，近年来，我国逐步加强对渔业养殖的管理，积极推进渔业养殖新技术的推广和应用。在国际上，我国也是最早提出渔业碳汇概念的国家之一，说明我国的低碳养殖技术已经处于国际先进水平。渔业碳汇产业的发展为我国的节能减排工作也做出了巨大贡献，其中藻类养殖，通过光合作用将海水中的溶解无机碳转化为有机碳，贝类等能够通过促进生长的方式使用海洋碳。据估计以目前的增长速度，到 2030 年，我国海水养殖产量将达到 2500 万吨；到 21 世纪中叶，我国海水养殖总产量预计将突破 3500 万吨，海水养殖碳汇总量可达到 400 多万吨，其中贝类固碳 180 万吨，藻类固碳 235 万吨①。环渤海地区是我国优良的渔业养殖区，应积极推进"水生生态系统碳循环特征与生物固碳机制"、"渔业生物碳汇过程与评价技术"、"海水高效低碳养殖技术"、"淡水高效低碳养殖技术"、"海洋牧场与生态礁构建技术"、"绿色安全饲料与加工低碳技术"、"渔业装备与节能减排技术"等低碳机制和低碳技术的研发和创新。

3. 水产品加工低碳技术

水产品加工业是我国推动农业发展的重点扶持产业，通过延长产业链，提高农产品的附加值，增加渔民收入，同时有利于加快城镇化。环渤海经济圈推动水产品加工低碳技术进步的路径主要包括两个：一个是加强对高新技术研究与应用，另一个是进一步延伸产业链，利用低碳技术推动产业升级。首先，应该加强资金和人力投入，鼓励中小加工企业科技创新，加强水产品加工低碳技术研发。近年来，开发的新技术包括其高压技术、栅栏技术和超细微粉末制备技术等。其次，推动低碳技术的应用，升级生产设备，提升水产品资源利用率和产品质量。最后，要与海洋医药、海洋保健品开发等战略性新兴产业相结合，推动水产品的精加工，如从水产品中提取水解蛋白、甲壳素、鱼油等。

各省市地区根据自身实际情况，加强海洋低碳技术研发。增汇是减排的重要措施，建议设立"海洋碳汇"技术研究课题。例如，福建省拥有若干所涉海高校和研究机构，国际海洋科学委员会（SCOR）的"微型生物碳泵"工作

---

① "碳汇渔业与渔业低碳技术"，工程科技论坛。

组总部就设在厦门大学，还有与台湾在海洋界交流的区位优势，因此，在海洋碳汇研究方面应该为国家应对全球气候变化做出积极贡献。环渤海经济圈是海洋经济重点开发区，但是经济发展不均衡，地区差异大也是其突出的特点，如北京、天津及山东半岛沿海地区，无论是科研水平还是经济实力远远超越环渤海经济圈其他地区，河北、辽宁等地区低碳技术研发比较落后。因此，河北和辽宁应加大对海洋经济的科研投入，继续落实"科技兴海"战略。充分利用环渤海经济圈的资源优势，加强对北京、山东等地高科技人才和低碳技术的引进。制定优惠的政策鼓励实力较强的科技型企业在本地建立分公司，带动当地技术进步和经济发展。这样不仅有利于完成环渤海经济圈的节能减排目标，而且最终有利于环渤海地区低碳经济的可持续发展。

二、提高海洋资源利用率，开发海洋新能源

（一）努力提高海洋资源利用率

资源是有限的，人类的发展是无限的，两者之间尖锐的矛盾已成为制约社会经济发展的重要因素。如何加快转变生产方式，实现经济可持续发展，是当前世界各国所要解决的首要问题之一。海洋资源作为人类开拓的新的领域和空间，成为解决和缓解人类资源稀缺的一个极其重要的发展方向，已经得到世界各国的广泛重视。目前海洋资源开发利用尚处于初级阶段，与煤炭石油等其他资源一样，存在掠夺开发、利用低效等问题，亟须改变现有开发模式，以精细方式进行优化提取和再开发。一方面是对废弃物的回收和利用，发展循环经济；另一方面，提高资源利用效率，降低能耗，减少碳排放。例如，对海洋资源开发进行长期科学的规划、对各海域海洋功能区进行合理的划分等，都能有效地实现海洋资源的合理开发和高效利用。海洋是名副其实的"资源王国"，除了丰富的生物资源外，还有储量不可估量的矿产、能源等，如何做到"因海制宜"，更加全面有效地开发保护海洋，是每一个涉海行业所必须思考的问题。

以海洋渔业为例，如何发展现代渔业，提高海洋资源利用效率呢？海洋渔业可以利用风能、太阳能、水能、生物质能、地热能、海洋能等非石化能源，其主要利用方式是集热与转化为电能替代人工辅助石化能提供渔业生产所需。在利用可再生能源的过程中，既可以用沼气技术发酵的沼肥养鱼增产、安全、

高效，是发展水产健康养殖，生产无公害、绿色、有机水产品的最佳举措，同时可以省电省煤，提高资源的利用率。

（二）大力开发海洋低碳能源

2012 年，中国化石能源消费占比达 9.1%，比 2011 年降低了 1.1 个百分点。其中，煤炭占一次能源消费总量的比重大约为 66.4%，比 2011 年下降了 2 个百分点；石油和天然气分别占一次能源消费总量的 18.9% 和 5.5%，分别提高了 0.3 个和 0.5 个百分点。随着我国节能减排工作的继续进行，我国的能源消费结构需要进一步调整，海洋新能源作为非化石燃料，在未来拥有广阔的发展空间。

1. 海洋新能源开发的必要性和可行性

目前，环渤海经济圈的能源消费结构还是以化石燃料为主，给当地的生态环境造成严重的影响，特别是煤炭燃烧产生的烟尘，产生严重的雾霾问题，威胁到居民的生活和健康。海洋能源通常指海洋中所蕴藏的可再生的自然能源，主要为潮汐能、波浪能、海流能、海水温差能和海水盐差能等。这些能源资源丰富、清洁干净、可再生性强，与生态环境和谐，是最理想、最有前景的替代能源之一。如果这些能源能够得到有效开发利用，将会大幅减少当前使用不可再生能源所造成的温室气体排放量，减少生态环境中参与碳循环的碳数量，减缓温室效应。低碳性与可再生性使得海洋能源的发展前景广阔，成为建构海洋资源可持续开发与环境保护的低碳发展模式的新路径。

海洋能源开发成本高、风险大的特点，需要充足的资本和先进的技术为支撑。环渤海地区金融发展和技术水平均处于全国领先地位，且地理位置优越，为开发海洋新能源提供了得天独厚的条件。海洋新能源的开发不仅可以缓解我国能源短缺的现状，而且可以带来良好的技术外溢效应，推动环渤海经济圈相关产业的发展，为该地区海洋经济发展注入新的活力。

2. 海洋新能源的开发现状

从总体上看，我国海洋新能源储量丰富，其中温差能密度居世界前列；其次是潮汐能，我国海域辽阔，潮汐能开发有着广阔的前景；同时，海洋离岸风能资源和海洋生物质能等皆开发潜力巨大。我国海流能可开发的资源量约为

1400 万千瓦，主要集中在浙江沿岸、台湾、福建、辽宁等省份的沿岸；我国波浪能可开发的资源量约为 1300 万千瓦，山东沿海也有较丰富的蕴量，占 10% 以上；在我国，海洋风能资源主要集中在福建、江苏和山东等地，储量达 7.5 亿千瓦，超出陆地风能资源两倍之多。从我国海洋能分布情况看，环渤海经济圈内，辽宁、山东等地的蕴藏量最为丰富，发展水平也处于国内领先水平。

我国的海洋新能源开发技术分化严重，且地区发展不平衡。其中我国的浅海能源开发技术领先于深海开采技术，已达到国际先进水平，浅海油气开采量逐年上升。而深海能源开发严重不足，一些深海开采技术仍然被发达国家垄断。但是，随着我国海洋能源开发体系的完善，自身的技术创新能力已经有了很大的提高，其中开采装备水平和作业能力已达到亚洲领先水平，对近海能源开发技术水平位居世界前列，国际竞争力明显提高。总之，我国的海洋能开发在技术的总体特点是：技术研发起步晚、进步快；海外技术引进多，自主创新少。要想改变目前现状，国家在战略层面需要进一步扩大对外开放，加强科技投入，坚持市场化，推动新技术的商业化。[①]

3. 借鉴国内外海洋能发电技术

根据对我国海洋能发电现状的分析，我国在海上风电和潮汐能发电技术上已经相对比较成熟，环渤海经济圈可以积极借鉴其他沿海地区的先进经验，扩大海洋能发电规模。除了德国北海海岸的布苏姆潮汐电站、法国希列塔尼米岛圣马洛湾朗斯河口的朗斯潮汐电站等，英国和意大利也已建成潮汐电站并投入使用，并且英国最新研制成功的潮汐发电机技术处于世界领先水平。尽管我国也已经开始了潮汐发电站的尝试，先后建成浙江江夏潮汐试电站、福建平潭幸福洋潮汐发电站、山东乳山白沙口潮汐发电站等中小型潮汐电站，但是我国的潮汐能利用仍然不够充分，规模也远不能满足潮汐能开发的需要。潮汐发电可再生、无污染，而且可得到如水产养殖、旅游观光等诸多副产品，可谓前景光明。在国内，"十一五"时期的国家科技支撑项目，还分别支持了哈尔滨工程大学和东北师范大学开展的 150 千瓦潮流能电站和 20 千瓦海流能发电装置的研制；海洋热能转换（OTEC）技术通称海水温差发电。OTEC 系统是拥有巨大潜力的可再生能源开发利用技术，而且在发电过程中不排放温室气体，可以

---

① 中国行业咨询网 www.china-consulting.cn.

为世界提供能源安全和应对气候变化的先进绿色能源技术①。

第二节

低碳产业引领低碳经济发展的作用机制

促进沿海地区的低碳经济发展首先必须坚持"产业低碳性"，以低碳产业发展为重点，调整产业结构，构建产业低碳化体系。其次充分利用海洋优势和借鉴国外先进经验，将低碳产业做大做强，使之成为主导产业。最终基于低碳产业向周边产业辐射，形成高低端产业结合、产业多样化发展的均衡产业生态。

一、调整产业结构，构建产业低碳化体系②

（一）大力发展海洋第三产业

1. 以发展旅游业为重点

环渤海地区旅游资源丰富，滨海旅游业发展已较为成熟，但主要还是局限于传统的滨海旅游内容，发展广度尚有所欠缺。大力发展海洋第三产业，还需以发展滨海旅游业为重点，在传统基础上推陈创新，将旅游区域从近海推广纵深到远海及海岛范围，因地制宜发展特色项目，形成立体纵深的海洋旅游网络；相关部门应根据各旅游区的特色、功能等进行科学合理的划分与规划，优化各旅游区的功能定位和布局；当地政府要重视旅游区品牌的树立，并进行国内外的宣传、推广。

2. 大力发展海洋交通运输和港口业

海洋交通运输业和港口业在海洋第三产业中占有重要的比重，并且是低碳经济的重要组成部分。发展好海洋交通运输业和港口业，使其能够发挥辐射作用，带动钢铁、机械等上下游产业的高效发展，促进区域经济以其为依托实现

---

① 高艳波、柴玉萍、李慧清、陈绍艳：《海洋可再生能源技术发展现状及对策建议》，载于《可再生能源》2011 年。

② 海南省人民政府关于低碳发展的若干意见，载于《海南省人民政府公报》2010 年 12 月 15 日。

结构优化和产业转型，最终能够推动整个城市乃至地区的发展。同时，海洋交通运输业和港口业和新能源等低碳技术也有着密切的联系，是低碳技术应用普及的前沿产业。如何使两者与低碳技术有机结合、相互推进，直接关系到低碳技术的应用前景。

3. 加强海洋服务体系建设

海洋服务体系是用来进行海洋环境观测，制作海洋环境情报、预报产品并提供预报、预警服务的现代化海洋业务系统。作为技术支持与保障，海洋资源勘探、海洋环境监测等科学技术应得到不断地研发及强化，从而提高海洋环境与资源监测、勘探的准确度，增强海洋资源转化为现实存量的可能性，提高海洋资源的开发和利用水平。海洋观测、预报、预警服务体系也应得到重点加强完善，使海洋开发、减灾防灾、保护海洋环境等能力能够不断满足海洋经济和低碳经济发展的需要。

（二）积极改造传统渔业

改造过度依赖近外海捕捞的传统渔业，发展捕养加并举、渔工贸一体化的现代渔业；做好渔业和其他产业的结合与转移，促进渔民、渔业转产转业，加快渔业结构调整步伐，以现代渔业为目标，以市场为导向，以效益为中心，依靠科技进步和政策支撑，把渔业经济结构调优，品种调新，质量调高，加工调深，市场调活，拓展生存和发展空间，进一步巩固其基础产业地位。大力发展海水养殖业，海水养殖主要集中在滩涂和近海区，要稳定藻类、积极发展贝类、稳步扩大对虾养殖规模，突破鱼蟹养殖难点，加速海珍品养殖。要特别防治虾病及开展其他养殖品病害的研究，提倡精养和提高质量。要面向市场，又要把握本地优势，突出抓好特色主导养殖产业和养殖品种。①

（三）鼓励发展高新技术产业

高新技术产业是沿海地区可持续发展的战略选择之一。技术进步是推动产业经济发展的核心力量，高新技术产业比重是一国经济实力强弱的重要标志。特别是在知识经济时代，科学技术突飞猛进，世界各国都在集中主要力量抢占

---

① 黄瑞芬：《环渤海经济圈海洋产业集聚与区域环境资源耦合研究》，中国海洋大学博士论文，2009 年。

高新技术产业份额。谁的技术领先,谁的国际竞争力就强,在激烈的国际竞争中就具备更强的话语权。因此,环渤海地区应该积极地鼓励发展高新技术产业,加大对新能源技术、低碳技术的资金投入,采取优惠的政策鼓励企业技术研发,积极开发低碳产品。争取未来在新能源领域、低碳产业领域有更强的国际竞争力,培育出在国际上有更强竞争力的产品和大规模的跨国公司。

除了科研投入外,环渤海经济圈还要加强基础设施和服务体系建设,构建具有自身特色的海洋科技创新体系,建设海洋新兴产业的孵化基地和示范基地,以点带面,辐射全国,推动我国海洋科技整体水平的提高,推动海洋经济可持续发展。

(四) 推动低碳技术与传统产业相结合

环渤海经济圈的经济实力在我国诸多经济开发区中位居前列,重工业发达,传统产业在经济总体中所占比重较大,也是我国空气质量较差的地区之一。环渤海地区低碳技术的发展离不开传统产业的扶持,传统产业的节能减排工作也离不开低碳技术的支持。因此,我们在注重低碳技术在推动低碳产业发展的同时,应该积极地将低碳技术应用到传统产业,加大去传统产业的技术改造,充分利用环渤海地区的油气、渔业、港口等资源优势,加快海洋新能源开发、低碳渔业、低碳船舶制造和低碳海洋运输业的发展。构建低碳技术研发支持改造传统产业体系,大力推广低碳技术的应用,搭建环渤海地区技术改造和产业升级的桥梁。除此之外,还应将低碳技术应用到海洋工程建设中,包括海岸工程、近海工程和深海工程等,如围海工程、海洋矿产资源勘探、海洋潮汐能源利用等。①

二、借鉴国外经验,完善政策扶持体系

(一) 国外经验借鉴

英国政府为本国低碳经济发展发挥了重要作用,2007 年,英国成立了气候变化办公室(OCC),负责制定气候和能源策略和处理跨部门的策略协调问

---

① 蔡元成、赵敏、康丹玉:《低碳经济背景下江苏沿海的高新技术产业选择研究》,载于《科技与经济》2010 年。

题。为了应对气候变化带来的挑战、促进低碳经济转型，英国于 2008 年 10 月成立了能源和气候变化部（DECC）。能源和气候变化部主要负责英国向低碳经济发展方向转换，另外还负责国家能源安全以及提高能源利用效率。2009 年 6 月 5 日，英国政府为了鼓励科技创新，推动产学研相结合，合并了原来的创新、大学技能部（DIUS）和商业、企业及管制改革部（BERR），新成立了商业创新和技能培训部（BIS）。2009 年 7 月 15 日，商业创新和技能培训部与能源和气候变化部联合发布《英国低碳工业战略》，详细描述英国低碳经济发展战略。此外，还发布了《英国低碳迁移计划——国家气候能源战略》，对低碳迁移的具体任务目标进行了部署①。

相对于英国政府层面的贡献，美国政府更多地采用法律和市场机制。2007 年 7 月，美国参议院提出《低碳经济法案》，2009 年通过《美国清洁能源安全法案》，提出国家燃油经济性标准，以及对高碳排产品征收"碳关税"等。美国作为市场经济最为发达的国家之一，政府更多地依赖市场机制，推动低碳经济发展。美国联邦政府并没有对碳排放做出强制要求，但是美国局部地区早已经由私人企业和组织发起了自愿参与性质组建的芝加哥气候交易所（CCX）碳排放权交易体系。此外，利用商业融资机构提供低碳融资服务。2005 年，国际碳交易成交量为 8 亿吨，到 2011 年，碳交易成交量上升至 80 亿吨，7 年期间翻了 10 倍，年均增长率高达 40%。从碳交易额上看，2005 年的碳交易额为 110 亿美元，到 2011 年实现碳交易额 1360 亿美元，增长了 11.4 倍，平均每年增长率达 43%。2007 年 8 月摩根士丹利成立碳银行，为企业减排提供咨询以及融资服务。

（二）完善我国低碳产业扶持体系

在过去的十年中，我国政府在节能减排和低碳经济发展方面做出了不懈的努力，并取得了不错的成果。"十一五"规划已经明确把节约资源作为基本国策，并进一步制定了关于降低单位 GDP 能耗和利用新能源的具体约束性目标。

现在我国的低碳产业扶持体系仍不健全，需要借鉴美欧发达国家的经验来促进我国低碳经济发展。第一，建立碳交易体系，美欧等发达国家先后建立了碳交易体系，众多融资机构在虚拟层面通过融资工具和融资服务为碳市场交易

---

① 何继军：《英国低碳产业支持策略及对我国的启示》，载于《金融发展研究》2010 年。

提供融资支持；第二，完善低碳融资体系，既要发挥银行、证券、保险以及信托等传统融资机构的主体作用，又要发挥民间金融资本的作用，切实解决好低碳企业融资难的问题。此外，在市场机制发挥主要作用的基础上，政府和非政府组织（NGO）在融资体系支持低碳产业发展过程中也应发挥相应引导作用。

（三）加速海洋战略性新兴产业的发展

大力发展海洋战略性新兴产业是我国近年来推行的主要产业政策之一，也是我国能否成为海洋强国的重要标志。目前，我国在海洋工程装备业、海洋生物医药业以及海洋新能源开发领域等海洋战略性新兴产业，都面临着资金和技术的瓶颈，都需要克服自主创新能力不足等弊端。解决以上问题需要建立行之有效的产、学、研技术开发体系，高校发挥科研创新的优势，企业积极引进高科技人才，政府做好建设海洋科技创新和服务平台工作，为未来海洋战略性新兴产业的发展打下坚实的基础。环渤海经济圈加速海洋战略性新兴产业的发展的主要路径包括：加强先进技术引进和转化、建立海洋科技创新园区、建立海洋新兴产业基地等。[1]

第三节

低碳管理制度推动低碳经济发展的作用机制

一、转变发展理念，健全政策保障机制

在海洋产业发展中，一方面，各级政府应着力推进以能源节约和二氧化碳排放强度降低为主要标志的低碳发展模式，在各经济区和各省市地区发展规划中将发展海洋低碳经济的理念融入区域长期的经济建设和社会发展中去。另一方面，政府应通过税收减免、投融资优惠的措施，宣传推广并促进相关产业链上的企业认识到低碳产业的实际经济效益与广阔的发展前景，从而主动参与到低碳技术的研发和低碳产品的使用推广中去。

---

[1] 张海翠、王爱民、胡求光：《宁波市海洋产业结构预测分析及优化对策》，载于《浙江农业科学》2011 年。

（一）创新政府管理模式，树立保护为主意识

传统的政府管理模式强调经济发展和 GDP 总量的增加，而忽略了对生态环境的保护，采取污染——治理的态度，这种模式在一定程度上纵容了对生态环境的破坏。随着党的十八大报告"美丽中国"思想的提出，从国家发展战略层面，由上而下推动政府创新管理模式，摒弃传统观念，从污染——治理向保护——开发转变。与污染治理相比，后者更加强调对资源环境的保护，重点在防而不在治。这种管理模式有效地防治政府陷入污染——治理——再污染——再治理的"怪圈"。

在推动环渤海地区低碳经济发展和海洋资源环境保护方面，环渤海地方政府应发挥其管理者作用，在坚持市场是主要资源配置手段的前提下，做好宏观调控：首先，将海洋低碳经济发展纳入该地区发展规划中，鼓励海洋低碳技术创新；其次，调整产业结构，降低低碳企业的市场准入门槛，加大政府扶持力度，大力发展海洋低碳产业；最后，改善政府内部管理，加强政府管理人员海洋低碳知识培训，使其更好地为低碳企业服务。走以政府、企业、公民为参与主体的低碳海洋经济发展路子，创新政府管理模式，把低碳管理模式作为科学发展与文明生活方式的重要技术选择。

建议环渤海经济圈有关部门设立低碳经济指导专委会，由有关方面领导、专家和有关职能部门负责人参与组成，负责低碳经济的规划、咨询、协调、指导工作。在不同地区、不同行业间将减排任务进行分解。例如，就我国渔业发展现状来看，在把握渔业经济增长机遇和发展低碳经济、转变渔业经济发展方式的过程中。应立足于环渤海经济圈的实际情况，坚持短期利益与长期利益相结合，更加重视长远利益的原则，走出一条经济发展与资源环境相协调，依靠低碳技术发展推动经济整体进步的发展之路。

（二）加强海洋资源保护的立法与执法

我国在海洋立法方面比较落后，还没有形成一个比较完善的海洋保护法律体系。在改革开放后很长一段时期内，我国海洋资源的粗放型开发模式，给我国近海的生态环境造成了巨大的破坏。因此，在环渤海经济圈海洋资源保护方面，应加强立法和提高执法力度。在立法层面，环渤海地方政府应积极贯彻国家法律法规精神，结合本地实际情况，健全地方性的海洋资源保护法律法规。

在执法层面，环渤海经济圈的三省两市政府，应相互配合，共同打击海洋环境污染和海洋资源滥采行为，致力于环渤海地区经济发展和海洋生态环境和谐发展。特别是在海洋渔业保护方面，应加强执法力度。

近年来，由于渔业资源的过度捕捞，我国近海的渔业资源濒临枯竭，广大渔民不得不选择远洋捕捞，为此，与邻国的渔业纠纷也越来越多。所以应该严格限制捕捞量和捕捞期，对违规行为加大处罚力度，以保证海洋资源利用的可持续性与海洋生物多样性。在海洋环境立法方面，要完善对企业排污限制的立法，减少工业废水对海洋的污染，在立法逐步完善的同时，加大执法力度，做到有法可依、执法必严。完善促进渔业低碳经济发展的相应政策法规。在建设资源节约型、环境友好型社会的发展要求下，结合我国实际国情，确保渔业经济稳定发展，并有针对地制定、实行低碳经济发展战略。完善法律条款，遏制气候环境变化，逐步形成完整法律体系。

（三）大力发展海洋战略性新兴产业

大力发展海洋战略性新兴产业是我国海洋产业结构调整、转变海洋经济发展方式的重要任务，也是发展低碳经济的必然选择。发展海洋战略性新兴产业不能继续依靠传统产业发展道路，必须通过自主创新、技术创新、管理体制创新等，开发出一条适合自身条件，满足低碳经济发展要求的新型工业化道路。在《"十二五"国家战略性新兴产业发展规划》中，明确了节能环保产业、生物产业、新能源产业、高端装备制造业、新材料产业、新能源汽车产业、生物产业等七大战略新兴产业。其中，生物产业、新能源产业和新材料产业在海洋低碳经济开发领域，发展前景十分光明。

（四）推进低碳岛、低碳港和低碳区建设

环渤海经济圈具有众多岛屿和优良港口，并是国家重点低碳经济开发区。因此，应积极推进低碳岛、低碳港试点工作，目标建成国家低碳岛屿和低碳港口示范区，以此吸引更多的资金和人才，推动环渤海经济圈低碳经济发展。针对低碳区建设，应该建立包含低碳技术科研院所和产业工业园的低碳工业体系以及"海洋低碳经济发展区"。在低碳发展区积极探索实现对海洋能等新能源的开发利用，减少煤炭、石油等传统能源比重，通过产业结构优化升级，转向低碳经济发展，尤其是侧重海洋服务产业的发展。

（五）重视对海洋新能源的开发利用

虽然目前来看我国对海洋可再生能源的利用比较少，可再生能源在能源构成中比例较小，但是作为具有发展前景与潜力的新能源，未来在能源领域肯定大有所为。加大对海洋可再生能源的开发利用，通过政策激励、研发支持等方式促进海洋再生新能源的发展，最终为经济发展提供动力支持。

1. 把优先发展海洋能源作为当前能源开发工作的重中之重

完善《可再生能源法》等相关法律法规，研究制定促进海洋能源开发的政策，提高工作人员对海洋可再生能源重要战略地位的认识。政府相关部门要提高自己的行政水平，提高办事效率，切实做好海洋可再生能源统筹规划，通过海洋新能源优化区域能源结构。将能源结构优化同国土资源开发、国防建设和环境保护联系起来，促进海洋再生能源开发利用。

2. 政府财政政策和资金支持

在我国，海洋可再生能源行业尚处于起步阶段，大部分企业都属于创新性企业，不可避免地遭遇开发成本大、融资难等问题。因此，政府应该对海洋新能源开发企业给以扶持。首先，政府应加大科技支出，支持海洋可再生能源技术研究，鼓励企业技术创新。其次，政府应该为海洋新能源开发企业行政审批开绿灯，简化审批流程，缩短审批周期，提高办事效率等。最后，政府应该为海洋新能源开发企业提供良好的政策环境，制定如激励、税收、补助、低息贷款、加速折旧、帮助开拓市场等一系列优惠政策。同时鼓励资本市场和外商直接投资，积极拓宽海洋可再生能源的融资渠道。

3. 对大中型国企能源消费实行最低配额制

大中型国企是我国国民经济命脉的重要组成部分，是地区经济发展的基石，然而这类企业大多是重型化工企业、钢铁公司等能源消费大户。政府可以通过配额制等行政命令约束为这类国企扩大对可再生能源消费的比例，改善能源消费结构。政府为大中型国企设立可再生能源消费配额，有利于减少二氧化碳等温室气体的排放，同时也为我国低碳经济发展提供参考。此外，对达到要求的企业给予奖励，对达不到可再生能源最低配额要求的的企业，加大处罚力度。

4. 加强人才队伍培养

海洋新能源技术开发关键在于人才。目前，在海洋可再生能源的开发领域，我国人才严重匮乏，造成这种现状的原因很多，其中包括我国企业自主创新能力差，更加倾向于对外来技术的借鉴等原因。海洋可再生能源开发从根本上说要依靠科技进步，要在高新技术后援的条件下，促进先进技术的产业化。在专业人才培养方面，需要国家教育部分和科研院所设立海洋能源开发相关的专业，培养复合型、应用型、创新型专业人才。

5. 设立开发利用海洋可再生能源的风险基金

海洋能源开发具有高技术、高风险、高投入的特点，因此需要国家设立海洋能源开发风险基金会，在研发失败或工程破坏的情况下，如果风险由不可抗拒和突发事件导致，基金会提供资金补助，支持研发过程的继续推进，促进高风险研发过程的持续，促进海洋能源的成果转化。

二、鼓励海洋低碳生活及消费方式

宣传海洋经济低碳发展，加强社会公众认知，实现海洋强国战略必须大力发展海洋经济，海洋低碳经济对于促进经济转型发展意义重大。加大对海洋经济发展的可持续性关注，努力促进海洋经济发展与环境相协调，加深公众对低碳经济发展的认识，强化低碳意识，突出海洋碳汇作用，助力海洋经济发展向低碳模式转变。根据联合国的环境报告可知，通过对海洋生物资源的保护，有助于减少缩减当前化石燃料3%～7%的碳排放量。海洋有利于实现低碳化发展，同时低碳经济有助于海洋经济可持续发展，两者相辅相成，相互促进。

海洋生态环境的恶化很大部分是受陆源污染所致，其中沿海地区的生活污水是海水污染的重要原因，生活污水排放的缩减成为遏制海水污染的一项重要课题。据相关资料统计，陆源污染造成了约80%的海洋污染，生活垃圾是陆源污染的重要污染源。全球能源消耗比例构成中大城市约占75%，大城市温室气体排放量占全球80%，因此培养居民个人生活习惯，促进居民消费方式低碳化转变具有十分重要的意义。政府部门应发挥自己的积极引导作用，通过媒体宣传、法规引导等方式唤醒公众的低碳意识，提倡公众对海洋资源可持续开发与环境保护低碳发展模式的理解与参与，使之形成低碳环保的生活方式，从而改变以往各种有违低碳发展理念的陋习，实现有利于低碳发展的公众正向参与。通过政府和社会各界的努力，使自觉保护海洋资源与环境、热衷低碳生活的意识深入人心，在群众中形成良好的社会风气，最终使社会各界都肩负起保护海洋资源与环境的责任。

政府可以出台相应政策，鼓励引导消费者和企业进行低碳生活和低碳消费，从身边的小事以及小的生活习惯做起，如不生产、购买烦琐包装产品，购物改用菜篮以减少塑料袋使用。营造户外海滩健身、增氧的树林绿茵地，保护城区原始河流湖泊，积极推广清洁能源使用，如太阳能路灯等。

三、加强海洋环境保护，护航海洋低碳经济发展

要大力发展我国海洋低碳经济，首先要做的就是保护好现有的海洋环境，海洋资源。环境是制约经济发展的一个重要因素，要建立完善的海洋低碳经济发展机制，保护海洋环境是必不可少的一个重要环节。

（一）海洋环境问题日益严峻

随着我国社会生产力和科学技术的迅猛发展，海洋受到了各方面不同程度的污染和破坏，日益严重的污染给人类的生存和发展带来了极为不利的后果。概括地说，由于人类的生活和生产活动给海洋带来的突出环境问题分为环境污染和资源破坏。这些问题都严重侵害了人类的生命安全和经济的可持续发展。

1. 海洋环境污染

人类活动所产生的污染物多种多样，所有这些污染物质除直接排放入海外，还可通过江河径流、大气扩散和雨雪沉降而进入海洋，所以有人称海洋是陆上一切污染物的最终目的地和"垃圾桶"。污染物质有污水、营养物质、合成的有机化合物、沉淀物、垃圾和塑料、重金属、放射性物质、石油烃及其衍生物和热污染物等数千种之多。据统计，每年约有6.5亿吨垃圾排入大海，经由各种途径进入海洋的石油烃每年达600万吨左右。美国每年倾倒入海的工业废渣就达5000万桶之多。俄罗斯当局也承认，第二次世界大战后30年来，苏联的核动力舰与破冰船所使用过的放射性废料，大部分被抛入北极海域。在全

球 220 多个入海河口，出现了海洋生命"禁区"。而在东北太平洋，存在一个主要由废弃塑料制品组成的重达 450 万吨的垃圾山，而且逐年增大，被称为形成中的地球"第六大洲"。联合国的专家报告指出："在海洋中，到处都有人类的指纹，从极地到热带，从海滨到海洋深渊，现在都能观测到化学污染和垃圾。"

我国从 1995 年开始发布海洋环境质量国家公报，从历年的监测数据分析可见：海洋环境污染严重，虽经多方防治，情况并无明显好转，个别海域更是呈现加剧趋势。主要表现是：海洋灾害频发，经济损失惨重；重金属和农药污染，直接危及人的生命健康；石油及石油制品对海洋的污染突出；重点海域和河流入海口污染严重。

2. 海洋资源破坏

（1）海洋生物资源的过度利用造成资源衰竭。

据估计，海洋每年的总渔获量可达 7000 万吨而不损害海洋生物种群的自然增长。人类每年从海洋捕捞和收获上亿吨的鱼、虾、贝、藻等海产品是对海洋生态系统造成的最严重冲击。联合国粮农组织的报告称，海洋鱼类资源处于过度捕捞的状态。高强度捕捞的结果是造成大多数高等级的鱼类数量急剧下降，出现过度捕捞的局面。

近海域过度捕捞形成恶性循环：过度捕捞造成生态系统中高价值、大个体种类减少，人们继而捕捞那些价值较低的物种，随着价值较低物种的随之减少，人们的捕捞目标转向价值更低物种，整个过程造成了生态系统所有物种的过度使用，使得渔业资源逐渐枯竭，物种品种逐渐退化。自改革开放至 20 世纪末，随着海洋机动渔船数量的增加，我国近海渔获量逐渐增长。然而进入21 世纪以后，即使在机动渔船数量持续增长的情况下，我国近海渔获量却出现了下降，这就表明了我国近海海洋生态系统遭受了过度捕捞，使得生态系统难以承受。此外，在我国，海域渔业资源还因为捕捞方式不当、捕捞渔具的管理混乱等原因，致使近海重要渔业资源严重衰退，严重影响了海洋渔业的持续发展。

（2）环境污染破坏海洋自然环境。

改革开放以来，我国进行了大规模的海洋开发，使得沿海地区遭受巨大的环境与资源压力，海洋环境与经济发展两者之间形成越来越突出的矛盾。20

世纪 70 ~ 80 年代，大规模开发产生了巨大的海洋污染问题，一直没有得到有效治理与遏制，同时 20 世纪 90 年代以来对海洋资源的超负荷利用使得海洋生态系统破坏问题更为突出。在海洋生态系统的维护过程中，我们付出了很多努力，也取得局部海域生态环境改善的效果，但是总体来说，仍表现为趋于恶化。最近十几年来，由于大规模的填海造陆，造成了滨海湿地以及近海生态的损坏。同时，石油、化工以及冶金等化工企业转移到沿海地区以及全国还港口群和核电建设，大规模挖采海砂，大规模的海水养殖，对海洋生物生存环境和生物资源造成破坏，对海洋生态系统造成了损害，以至于至今无法全面定量给予科学评估。

由《中国海洋发展报告（2012）》可知，2010 年，如下六个地区的生物体内石油烃含量过高，包括古黄河口、杭州湾、台州杜桥、嵊泗、三门湾和晋江围头湾。生物体内石油烃含量超过第三类海洋生物质量标准的监测站比例达到 12%。"蓬莱 19 - 3"溢油造成山东长岛附近海域漂浮油类物质，同时造成了鱼类非正常死亡事件。河北省乐亭县海滩上发现油污，渔民养殖扇贝大量死亡。报告显示，海洋石油开发对环渤海经济圈海洋生态系统造成严重威胁。

（3）不合理的人类活动破坏近海生态。

不合理的人类活动包括大面积砍伐红树林、改造盐沼滩、近海旅游开发等，以经济利益至上，不注重保护，致使近海生态系统遭受严重的破坏。红树林是热带、亚热带岸线最重要的生态系统之一，也是被人类严重破坏的生态系统。一方面人们为了获得木材和燃料而大肆砍伐红树林；另一方面是为了扩大耕地面积（如种植水稻）或建造养殖场而破坏红树林，很多国家的红树林沼泽已遭严重损害。我国历史上红树林面积达到 25 万公顷，到 20 世纪 50 年代剩 5 万公顷，现仅存 1.5 万公顷。20 世纪 50 年代和 80 年代的两次围海造田和发展养虾业的大规模围海热潮，使沿海自然滩涂面积减少了一半。结果不仅使滩涂湿地的自然景观遭受到极大的破坏，而且大大降低了滩涂湿地调节气候、储水防洪、抵御风暴潮及护岸保田的能力。

人类不合理的海上和海岸工程对近岸的生境造成严重损害。在海岸带围海填地、修堤筑坝、疏浚港湾和其他改变岸线结构的工程建设，可能改变潮流方向、增加污染物及其他杂质淤积、损害原著生物群落结构、阻断洄游生物迁徙通道，都可能对沿岸潮间带和浅海生态系统构成巨大压力，使海涂湿地、红树林、珊瑚礁、河口三角洲等多种类型的生态系统急剧减少，使滨海地区的生态平衡失调。另外，底层拖网对海床环境的破坏，破坏底栖生物的生存环境和生态过程①。

（二）从海洋环境保护角度出发的海洋低碳经济发展的对策建议

1. 建立健全海洋环境保护相关法律制度

自20世纪80年代以来，虽然我国的海洋环保立法得到了加强，但不可否认存在大量原则性的规定，适用性、可操作性较差。目前，我国涉海法律制度面临两大难题：一是有法可依尚存在问题，我国目前的涉海法律法规不够完善，客观上不能保证海洋环境保护与促进海洋经济发展的需要，不能保证上位法的实施。二是法律法规不够协调统一，法律法规与法律法规之间、法律法规与政策之间发生冲突的现象时有发生，使得涉海法律制度难以符合社会主义法律体系的内在有机统一的要求。在全球化的背景下，我国海洋环境保护法制建设一定要适应全球化背景下的海洋环境保护的发展趋势，海洋环境保护的立法、司法、行政权力的实施也必须随着全球化的时代潮流而发生相应的转变。

2. 完善海洋环境民事赔偿制度

"谁开发，谁保护，谁污染，谁治理"是我国环境保护的基本原则。此外，我国还应完善海洋环境民事赔偿制度。这一制度在国际上早已成为共识，海洋环境污染事故所造成的损害，给社会带来重大损失，为防止海洋污染，减轻污染损害，必须建立统一的赔偿制度，确定当事者的民事责任，使受害者得到适当的赔偿。例如，国际社会于1969年签署了《国际油污损害民事责任公约》，该公约于1975年生效。我国于1980年1月加入该公约。公约对海洋油污建立了统一的赔偿制度，在确定当事者的民事责任，受害者获得适当的补偿等方面做出了新的规定。因此，有必要借鉴有关国际公约的规定和国际上的经验，完善相关的民事责任。对此，国家完善并实施船舶油污损害赔偿责任制，按照船舶油污损害赔偿责任由船东和货主共同承担风险的原则，建立船舶油污保险、油污损害赔偿基金制。修正法的规定为未来立法中民事责任的归责奠定

---

① 高益民：《海洋环境保护若干基本问题研究》，中国海洋大学硕士论文，2009年。

了基础[①]。

此外，还应健全责任保险制度、基金制度、国家赔偿制度等，进一步完善我国的海洋环境民事赔偿制度。责任保险是一种补充性救济保险，主要为传统民事损害赔偿，保险标的为被保险人向第三人承担的赔偿责任，被保险人缴纳保险费给保险人，在被保险人向第三人负有赔偿责任时，由保险人按照保险合同向被保险人支付保险赔偿金[②]。通常来说，海洋污染事故造成的损失比较大，因此凭借单个责任方无法负担全部的赔偿金，甚至给责任方企业带来破产的严重后果，不利于社会秩序和经济的稳定发展，因此责任保险具有重要的经济和社会意义。基金的赔偿范围包括两种情况：第一，赔偿义务人赔偿金额不足以弥补损失部分；第二，赔偿义务人对受害人损失可以不给予赔偿的部分。基金的来源主要是从污染行为获益者缴纳，通过受害人实际损失核算缴纳数额，难以量化的损失不包含在内，同时存在一定赔偿限额和免责条款[③]。环境污染侵犯了公众利益，污染的长久性使得弱小团体和个人难以承担诉讼，因此，应该进一步完善国家赔偿制度，保护受害人的个人利益。

3. 完善海洋污染事故应急制度

在过去的"十一五"期间，全国海洋石油勘探开发溢油污染事故共 41 起，其中渤海 19 起，南海 22 起。虽然海洋石油勘探开发溢油污染所占比例并不大，但由于海上情况复杂，一旦发生溢油污染，消除其危害及影响的成本巨大，风险极高，因此，有必要完善海洋污染事故应急制度，把污染损失降到最少。

环渤海地区各直属海事局应当遵照《中国海上船舶污染应急计划》文件要求，做好船舶污染的应急处理，负责分析本辖区历年船舶污染案例，对事故多发地点、特征、季节等做好统计分析，对港口的应急资源进行全面的整合，构建本辖区船舶污染的应急体系。

2006 年 10 月 26 日，《渤海海域船舶污染应急联动协作备忘录》在滨海新区签订，签订方包括辽宁、天津、山东、河北四省市。至备忘录签订日，环渤

---

① 许立阳：《国际制度背景下的我国海洋环境法律制度建设研究》，中国海洋大学硕士论文，2007 年。

② 王保树：《中国商事法》，人民法院出版社 1996 年版，第 580 页。

③ 王曦：《国际环境法》，法律出版社 1999 年版，第 90 页。

海海域船舶污染联动机制正式启动。这一机制将在日后发挥抵御渤海海域船舶重大污染事故的重大作用，并且能够有效保护海洋环境。这是我国首次建立防范海洋污染应急联动机制。

联动机制的基本原则是"属地管理、统一指挥，区域协作、资源共享，快速反应、联动高效"。该机制内的各成员将取得协作与联动的框架，联动机制的建立，有利于解决各辖区应急反应能力不足的问题，有利于提升渤海海域污染应急防备与合作能力，有利于实现各辖区成员进行信息交流与资源共享。在四种情况下联动协作机制将被启动；第一，重大污染事故；第二，船舶污染事故存在危及其他成员的可能性；第三，联动有助于快速化解险情；第四，成员间需要协作支援。

4. 构建全面系统的海洋资源保护法律体系

我国为保护海洋环境，实现海洋资源合理开发制定了一系列法律法规，这些法律法规对防治海洋污染，保护海洋环境资源起到至关重要的作用。2013年12月全国人大常务委员会修改了《中华人民共和国海洋环境保护法》第七部法律，进一步完善《海洋环境保护法》。将第二十三条第二款修改为："到中华人民共和国与有关国家缔结的协定确定的共同管理的渔区或者公海从事捕捞作业的捕捞许可证，由国务院渔业行政主管部门批准发放。海洋大型拖网、围网作业的捕捞许可证，由省、自治区、直辖市人民政府渔业行政主管部门批准发放。其他作业的捕捞许可证，由县级以上地方人民政府渔业行政主管部门批准发放；但是，批准发放海洋作业的捕捞许可证不得超过国家下达的船网工具控制指标，具体办法由省、自治区、直辖市人民政府规定。"将第四十三条修改为："海岸工程建设项目的单位，必须在建设项目可行性研究阶段，对海洋环境进行科学调查，根据自然条件和社会条件，合理选址，编报环境影响报告书，并报环境保护行政主管部门审查批准。"将第五十四条修改为："勘探开发海洋石油，必须按有关规定编制溢油应急计划，报国家海洋行政主管部门的海区派出机构备案。"

但是，目前还有很多法规是在我国加入《海洋法公约》之前制定的，没有考虑到与国际海洋法律制度接轨等问题，如《海上交通安全法》、《防止船舶污染海域管理条例》等。因此，有关部门应根据《海洋法公约》和修订的《海洋环境保护法》抓紧时间尽快制定配套法规，如制定建立船舶油污保险、油污损害赔偿基金制度等规定，修订不符合时代发展要求的法规，完善防治船舶污染海洋管理法规体系，与国际接轨，加强防治外国籍船舶对我国海洋的污染。

我国至今没有一部专门的海洋资源法，有关海洋资源开发利用的规定散见于《海洋环境保护法》和其他单项法规之中，这种状况不利于扭转我国海洋资源开发利用中无序、无度的状况。由于综合性法律立法的滞后，也加大了海洋资源专项管理法律制定和实施的难度。如《海岸带法》立法草案提出后，因对其必要性和可行性的争论太大最后"无疾而终"。究其原因，主要是由于没有厚重的理论支持和综合性法律的缺位。对于我国已制定的海洋资源开发利用的法律法规，绝大多数都是单项法规，法律的效力层次较低。而且许多法规是由开发利用该资源的部门制定，这难免会带上部门利益的痕迹并缺乏对海洋环境整体协同性的考虑，致使有的法规不协调，不系统，这些缺乏系统性的法规组合并不能解决有关协调各海洋产业和开发利用海洋的活动之间关系问题，难以达到合理开发利用海洋资源、使各海洋产业协调发展的目的。另外，由于立法前的调研、论证工作不深入，对立法的对象和法的适用范围没有严格、科学地界定，导致现行法的执行中出现许多矛盾之处，影响法的权威性和实际效力。因此，我们要在充分考虑海洋资源的独特特征以及与国际海洋保护法律制度衔接等各种因素的基础上，增加法律供给，构建完善的海洋保护体系。①

5. 完善海洋自然保护区制度

海洋自然保护区是保护海洋环境，实现海洋物种多样化的有效手段，是落实科学发展观，实现海洋经济可持续发展的必然选择。由于过度捕捞、海洋污染和海洋资源肆意开发等问题，造成我国近海海洋生态系统变得异常脆弱，生物资源逐年减少，因此，建立完善海洋自然保护区制度已经迫在眉睫。在海岸带或海域建立海洋自然保护区是世界各国保护一些特定的海洋生物和海洋生态系统的主要方法。联合国教科文组织人与生物圈计划将世界各国的一些特定的海洋自然保护区联系起来统一协调保护行动。在海洋自然保护区内，通过制定各种适当的保护措施，保持良好的生态环境，为生物提供安全的生活场所，为人类提供有价值的观光、科研、教育场所。在环渤海地区，三省两市政府必将

---

① 陈巍：《论国际海洋环境保护立法的发展与完善》，中国海洋大学硕士论文，2008年。

为制定更加完善海洋自然保护区制度而努力①。

（三）加强海洋环境文化建设

海洋环境文化并不等同于环境和文化的简单相加，而是致力于人与海洋环境、人与人的和谐，致力于海洋保护和开发的和谐统一。随着人类科技的进步，人类对海洋的认知也越来越丰富，探索海洋的步伐也逐渐加快，但是截至目前，仍然没有摆脱"征服海洋"的思维。持续不断地向海洋索取，而不顾海洋生态环境保护，导致海洋灾害频发，人类遭受的财产和人身伤害越来越大，甚至威胁到人类的生存。海洋环境文化从本质上是海洋文化的一个分支，是人类文明的重要组成部分，海洋环境文化的核心是海洋的生态文明。建设环渤海海洋环境文化，提高人们的海洋环保意识的政策建议主要包括以下两点②：

1. 建立海洋环境文化的法律和道德相结合的保障体系

法律和道德都是调控社会关系和规范人类行为的重要机制，法律属于社会制度范畴，具有强制性，道德依靠传统习惯和思想教育发挥作用，两者相互渗透、相互支持、相互转化、相辅相成。建立健全法律和道德相结合的保障体系是发展海洋环境文化的必由之路。

法律层面，我国制定颁布了 9 部环境保护法律，30 多项环境法规。1999年、2012 年、2013 年、2014 年全国人民代表大会常务委员会多次修改《中华人民共和国海洋环境保护法》。

道德层面，道德教育是防治海洋污染、保护海洋的有效途径。从本质上讲，海洋污染是一种海洋保护意识淡薄的表现，只有通过道德教育整体提高公民的环保意识，使其建立起坚定地海洋保护意识，才能从根源上制止破坏行为，真正起到杜绝海洋污染的效果。要让保护海洋、杜绝污染成为全社会的价值观念导向，必须要创建一系列保障措施，例如，普通民众认可的判断标准和行为准则，更重要的是提倡和鼓励民众绿色的消费方式和生活方式。道德和法律是相辅相成的，如果保护海洋的道德准则得不到认可，那么我们保护海洋的

---

① 陈巍：《论国际海洋环境保护立法的发展与完善》，中国海洋大学硕士论文，2008 年。
② 郑冬梅、洪荣标：《关于海洋环境文化建设与海洋环境保护的若干思考》，载于《海洋环境科学》2008 年。

一系列法律法规就不能更好地贯彻实施，其结果是民众法律意识淡薄，海洋污染加剧。此外，道德教育还是海洋环境文化建设的前提条件，对提高公民的海洋保护意识起到关键的作用。

2. 健全公民参与机制，推动海洋环境文化建设

公众参与包含公众协商和公众介入参与两种重要形式。公众协商包括从项目方到人群和从人群到项目方的两种信息流动方式。公众介入参与是一种自愿过程，是指直接受影响的个人、团体或其他非政府组织，与项目方一起来协调、控制项目的设计和项目的管理中的决策过程。海洋环境文化建设的核心同样是"以人为本"，建设的目的是为人民群众提供更好的文化服务，提倡保护海洋的低碳生活。海洋环境文化建设离不开人民群众的支持，建设过程同样离不开公民的广泛参与。海洋环境信息公开化、海洋环境决策民主化是未来海洋环境保护的发展趋势。公众参与机制包括：提高公众对海洋环境保护知识的认知和对海洋开发项目的了解；公众对海洋开发项目决策过程的了解，对影响居民生活的项目拥有决策的权利；公众对海洋开发项目的监督，对治理近海污染提供建议；自我参与宣传海洋环保知识，制止海洋污染行为。

（四）　健全海洋环境保护的金融服务体系

欧美等主要发达国家在海洋环境保护的金融服务体系已经相对比较完善。以美国为例，第一，财政拨款，早在 2000 年，美国就颁布并实施了《2000 年海洋法》，全面阐述了如何利用财政拨款扶持海洋产业，特别是有利于海洋环境保护和可持续发展的开发项目和技术研究。第二，建立海洋信托基金，资金主要来源于美国联邦政府对海上油气开发公司收取的资源使用费，通过建立基金，为海洋可再生资源开发提供资金支持。第三，为海洋保护宣传教育提供资金支持，赞助民间海洋环保组织进行海洋保护知识宣传教育，提高公民海洋环境保护意识。[1]

我国最近几年正在实施海洋强国战略，在大力发展和建设蓝色经济区的背景下，深入研究支持环渤海经济圈海洋环境保护的融资渠道，根据我国海洋环境保护金融支持的现状，提出以下几点建议：

---

①　李莉、周广颖、司徒毕然：《美国、日本金融支持循环海洋经济发展的成功经验和借鉴》，载于《生态经济》，2009 年。

1. 发展"蓝色信贷"

"蓝色信贷"即围绕蓝色经济开展信贷服务。蓝色信贷的目的是促进海洋经济发展，为海洋产业升级提供后盾。蓝色信贷扶持的重点行业包括海洋新能源开发、海洋生物化工、海洋科技等新兴产业。在我国，涉海产业风险高、投资大、周期长等特点使其融资渠道非常狭窄，随着蓝色信贷的发展，如海域使用权抵押融资贷款的快速发展，大大增加了涉海企业的流动性，资金来源方式实现了多样化。融资难的问题一直是我国高新技术企业发展的障碍，通过加大海洋新兴产业贷款比例，扩大海洋低碳产业的贷款额度，能有效解决涉海创新型企业的融资难问题，为海洋经济发展开创新的道路。

2. 推进海洋环保的金融服务体系和产品创新

建立和完善海洋环保的金融服务体系包括两个方面：一方面是完善海洋环保企业的融资体系，另一方面是完善海洋环保产业的风控体系。完善海洋环保企业的融资体系，在市场配置资源的前提下，有效发挥商业银行、基金公司、证券公司和信托公司等资金融通和分配作用。措施包括：对海洋环保企业贷款实行利息优惠，鼓励有实力的海洋环保企业发行股票或债券在资本市场融资，发展股权融资市场，设立海洋环保金融租赁公司、设立海洋环保基金等。完善海洋环保产业的风控体系，即引导风险资本进入海洋环保产业，并完善海洋环保的保险支持体系。措施包括：建立和完善保险和再保险市场，开发针对海洋灾害的保险新模式，设立专门的海洋保险机构等。

推进海洋环保的金融产品创新是丰富资本市场的有效途径，也是推动海洋环保产业发展的有效手段。金融产品创新主要包括两个方面：第一，直接融资性金融产品创新，如股权、债券类金融产品创新；第二，间接融资性产品创新，如海域使用权质押贷款等。除了发挥以上金融机构的作用外，政府也应该为海洋环保产业提供财政资金支持，弥补金融市场配置资金的不足，改善海洋环保企业资金不足的现状。

3. 建立政策性海洋环保产业金融机构

政策性银行作为国家产业政策的融资支持机构在我国运行比较成功，中国国家开发银行、中国进出口银行、中国农业发展银行为我国国民经济建设做出了巨大的贡献。与三大政策性银行类似，建立政策性海洋环保产业金融机构是支持我国海洋产业发展助力器。政策性金融机构凭借贷款利率优惠、期限长的特点一直受到创新型企业的青睐，特别是其有特定的服务对象，操作更加专业化，使其融资效率更高。政策性海洋环保产业银行和政策性环保产业信用担保机构是政策性金融体系的核心元素。建立政策性环保产业信用担保机构是建立环保产业融资体系的基础性工作，没有信用担保体系，整个系统的金融风险就无法控制，资金融通的各个环节就不能链接，资金就不能保证流通到企业。环保产业信用担保机构的组建模式主要包括两种：一是政府组建，市场化运作；二是混合组建，市场化运作。前者主要依靠政府的财政资金，不以营利为目的，坚决贯彻政府相关产业政策。后者采取以市场资金为主体，财政资金为辅的原则，采取完全的市场化运作。混合组建保证了环保产业信用担保机构市场主体地位，有效规避了政企不分的弊端，运营更有效率。此外，这两种模式相互配合、相互补充，既体现了市场配置资源的主体地位，又体现了政府宏观调控的支撑作用。政策性环保产业信用担保机构真正做到权责分明、自负盈亏的有机统一，最终使众多海洋环保企业从中受益。

政策性环保银行的作用与我国三大政策性银行的作用类似，主要是配合政府的环保产业政策，为海洋环保企业提供贷款优惠和其他融资支持。例如，响应政府环保产业政策为海洋环境保护提供专项资金支持，降低海洋环保企业的贷款利率，扩大贷款额度等。政策性环保银行的资金来源可以由政府财政资金为主导，主动吸纳银行资本、投资基金、民间资本，确保为海洋环保企业提供可靠、持久的资金支持。同时，成立政策性环保银行还应借鉴国外发达国家的成功经验，坚持金融市场化导向，利用股票市场和债券市场，拓宽融资渠道。政策性环保银行应当顺应我国金融市场化改革的方向，制定相应的规章制度和运营机制，合理控制风险，兼顾效率和公平，最大限度地发挥政策性资金的功效。

（五）建立海洋环保产业工业园区

工业园区是我国区域经济发展的重点。一个特色的、标准化的产业园区集该种产业所需的各类生产要素为一体，在一定的区域范围内进行科学的整合，实现了规模化优势，提高了工业化的集约强度，能大大地提高生产效率。建立海洋环保产业工业园区能有效地吸纳有利于支持海洋环境保护的各类生产要素，不仅能够延长企业的生产线，提高生产效率，而且能够降低人力、运输等成本，提高企业的盈利水平。更重要的是海洋环保产业工业园区与海洋环保企业文化建设是相辅相成的，园内各成员对海洋环境保护有高度的认同感，更容易达成融洽的合作关系，有利于推动海洋环保企业文化建设。海洋环保产业工业园区内企业享受政府的土地使用、税收等优惠政策，凭借产业集群化和技术专业化的优势，能够创新出高质量的海洋环保产品，更有可能诞生规模大、专业化程度高、技术先进的品牌企业。除了规模化和技术专业化的优势外，建立海洋环保产业工业园区，更容易吸引战略投资者。战略投资者注重长期投资，更加关注企业的发展前景，有利于降低海洋环保企业的融资风险，有利于环渤海经济圈海洋环保产业的可持续发展①。

---

① 王珺红、吕善利：《海洋环境保护的金融支持研究》，载于《山东社会科学》2010 年。

参 考 文 献

［1］黄瑞芬：《环渤海经济圈海洋产业集聚与区域环境资源耦合研究》，《中国海洋大学博士论文》，2009 年 9 月 24 日。

［2］李鹏：《我国发展低碳经济的财政政策研究》，《河南大学硕士论文》，2011 年 5 月 1 日。

［3］孙昊：《我国低碳经济发展的对策研究》，《河北大学硕士论文》，2011 年 5 月 1 日。

［4］闫卡：《中国低碳经济发展策略研究》，《海南大学硕士论文》，2011 年 5 月 1 日。

［5］尹海伟：《山东经济增长与资源、环境时空变动及区域调控研究》，《山东师范大学硕士论文》，2003 年。

［6］刘美平：《我国低碳经济推进与产业结构升级之间的融合发展》，载于《当代财经》，2010 年第 10 期。

［7］孙颖士、邓松岭：《近年海洋灾害对我国沿海渔业的影响》，载于《中国水产》，2009 年第 9 期，第 18～20 页。

［8］史言信、熊旭航：《中国新型工业化进程中的产业政策》，载于《当代财经》，2005 年第 10 期，第 85～89 页。

［9］赵雪珂：《日本发展低碳经济对我国的启示》，载于《环渤海经济瞭望》，2010 年第 5 期。

［10］王茂洋、何洪发：《光伏产业循环经济发展现状与对策》，载于《经济问题探索》，2010 第 7 期。

［11］《生物质能源：双重危机下的新能源》荆楚网新闻，http：//news.cnhubei.com。

［12］季玉凤：《基于产业结构调整视角的河北省低碳经济发展策略研究》，《河北工程大学硕士论文》，2011 年。

[13] 李宏岳、陈然：《低碳经济与产业结构调整》，载于《经济问题探索》，2011年。

[14] 郭先登：《关于青岛建设低碳城市的研究》，载于《青岛日报》，2010年2月20日。

[15]《我国新能源和可再生能源领域的发展状况》，中国能源报，2009年4月21日。

[16] 刘倩、徐天祥：《山东省发展低碳经济的对策研究》，载于《山东师范大学》，2010年。

[17] 孙加韬：《中国海洋低碳经济发展模式探讨》，载于《现代经济探讨》，2010年。

[18] 张显良：《碳汇渔业与渔业低碳技术展望》，载于《中国水产》，2011年。

[19] 高艳波、柴玉萍、李慧清、陈绍艳：《海洋可再生能源技术发展现状及对策建议》，载于《可再生能源》，2011年。

[20] 蔡元成、赵敏、康丹玉：《低碳经济背景下江苏沿海的高新技术产业选择研究》，载于《科技与经济》，2010年。

[21] 何继军：《英国低碳产业支持策略及对我国的启示》，载于《金融发展研究》，2010年。

[22] 张海翠、王爱民、胡求光：《宁波市海洋产业结构预测分析及优化对策》，载于《浙江农业科学》，2011年。

[23] 史兆光、单新静：《海洋资源可持续开发与环境保护的低碳发展模式》，载于《南京林业大学学报》，2011年。

[24] 高益民：《海洋环境保护若干基本问题研究》，《中国海洋大学硕士论文》，2009年。

[25] 许立阳：《国际制度背景下的我国海洋环境法律制度建设研究》，《中国海洋大学硕士论文》，2007年。

[26] 王保树：《中国商事法》，人民法院出版社1996年版，第580页。

[27] 王曦：《国际环境法》，法律出版社1999年版，第90页。

[28] 陈巍：《论国际海洋环境保护立法的发展与完善》，《中国海洋大学硕士论文》，2008年。

[29] 郑冬梅、洪荣标：《关于海洋环境文化建设与海洋环境保护的若干思考》，载于《海洋环境科学》，2008年。

后　　记

低碳经济是以低能耗、低污染、低排放为基础的经济模式，其实质是能源高效利用、清洁能源开发、追求绿色 GDP 的问题，核心是能源技术和减排技术创新、产业结构和制度创新以及人类生存发展观念的根本性转变。低碳经济自提出之日起，就受到越来越多国家的重视，并被许多国家上升到发展战略的高度。

发展低碳经济对于我国具有重要的现实意义，不仅是我国转变发展方式、调整产业结构、提高资源能源使用效率、保护生态环境的需要，也是在国际金融危机的背景下增强国内产品的国际竞争力、扩大出口的需要，还是缓解在全球排放等问题上面临的国际压力的需要。

本书以环渤海经济圈为研究对象，立足于资源环境和可持续发展的理论，综合运用灰色关联和耦合模型等实证分析方法，探讨了低碳经济发展与区域环境资源之间的耦合关系，丰富了低碳经济研究的内容。本书关于系统耦合的学术构想最早源于作者早期承担的"908 国家海洋专项沿海区域经济与产业布局研究——海洋产业与区域经济关系研究"，在作者的博士学位论文《环渤海经济圈海洋产业集聚与区域环境资源耦合研究》中创新性地构建了系统耦合测度的方法，并于随后主持的山东省自然基金——山东省产业集聚与区域环境资源的耦合研究课题中延续了该领域的研究，本书作为教育部人文社科项目——环渤海经济圈低碳经济发展与环境资源的耦合研究的成果，不仅深化了系统耦合的研究思想，而且也将国家海洋局软科学项目——海洋产业低碳发展水平及效果评价的成果加以融会贯通，予以提炼、归纳与总结。希望此书可以为环境资源约束背景下低碳经济发展理论的后续研究与应用提供有益的借鉴。

本书在研究过程中获得了中国海洋大学"985 工程"海洋发展人文社会科学研究基地建设经费部分资助出版，同时本书也是教育部人文社会科学研究项目（10YJA790077）；经济科学出版社责任编辑段钢对编辑和出版工作给予了宝贵的修改、补充意见。在此，谨向上述单位和同志表示衷心的感谢！同时我的硕士研究生宋庆孟、谷小更、袁晓磊、王轲、王凯华等同学在书稿的编撰过程中作了大量的资料收集、数据处理与分析工作，再次感谢他们付出的辛劳。

　　由于作者知识水平和编写时间的局限，书中难免有缺点、错误，敬请诸位读者和专家批评指正。

黄瑞芬

2015 年 4 月于青岛